北京大學《儒藏》編纂與研究中心　編

《儒藏》精華編選刊

新學僞經考

〔清〕康有爲　撰

傅　翀　校點

北京大學出版社
PEKING UNIVERSITY PRESS

圖書在版編目(CIP)數據

新學僞經考 /（清）康有爲撰；北京大學《儒藏》編纂與研究中心編. --北京：北京大學出版社，2025.4. --（《儒藏》精華編選刊）. --ISBN 978-7-301-33498-0

Ⅰ. Z126.1；B258.1

中國國家版本館CIP數據核字第2025UF8839號

書　　名	新學僞經考 XINXUE WEIJING KAO
著作責任者	〔清〕康有爲 撰 傅翀 校點 北京大學《儒藏》編纂與研究中心 編
策劃統籌	馬辛民
責任編輯	周　粟
標準書號	ISBN 978-7-301-33498-0
出版發行	北京大學出版社
地　　址	北京市海淀區成府路205號　100871
網　　址	http://www.pup.cn　新浪微博：@北京大學出版社
電子郵箱	編輯部 dj@pup.cn　總編室 zpup@pup.cn
電　　話	郵購部 010-62752015　發行部 010-62750672 編輯部 010-62756694
印 刷 者	三河市北燕印裝有限公司
經 銷 者	新華書店 650毫米×980毫米　16開本　25.25印張　295千字 2025年4月第1版　2025年4月第1次印刷
定　　價	100.00元

目録

校點説明

康有爲（一八五八—一九二七），原名祖詒，字廣夏，先後號長素、明夷、更生、更甡、天遊化人、西樵山人、南海老人，南海（今屬廣東佛山）人。清光緒二十一年（一八九五）進士，參與、領導若干影響歷史的事件，其著述論説在當時産生很大波瀾。成書於一八九一年的《新學僞經考》，爲其代表作之一。康有爲痛於「孔教衰、人道廢」，究其緣由，他認爲是古文經學變亂孔子真經，使天下學者「入迷途而苦難」，思以今學革古學、以真經逐僞經，從而變易政俗。是書内容，梁啓超《清代學術概論》括爲五點：「一、西漢經學，並無所謂古文者，凡古文皆劉歆僞作。二、秦焚書，並未厄及六經，漢十四博士所傳，皆孔門足本，並無殘缺。三、孔子時所用字，即秦、漢間篆書，即以『文』論，亦絶無今古之目。四、劉歆欲彌縫其作僞之跡，故校中秘書時，於一切古書多所羼亂。五、劉歆所以作僞經之故，因欲佐莽篡漢，先謀湮亂孔子之微言大義。」並述其影響：「第一，清學正統派之立脚點，根本摇動。第二，一切古書，皆須從新檢查估價。」梁啓超認定《新學僞經考》是思想界「一大颶風」，欲復真經，則必先破除僞經。李瀚章評康有爲有「本意遵聖，乃至疑經」之語。

該書一出，「各省五縮印」，風靡一時。三年之後（一八九四），余晉珊等上書請焚。據康有爲自述，此後分别於一八九八年、一九〇〇年又遭「毁板」，亦可見是書流傳，屢禁不止。

崔適在一九一一年二月二十五日致錢玄同信中説：「《新學僞經考》字字精確，自漢以來未有能及之者。」（見錢玄同《重論經今古文學問題》）錢玄同同樣「確信《新學僞經考》是一部極重要極精審的辨僞專著」，認爲是書「出世以後，漢古文經之爲僞造已成不易之定論」。也有人指出《新學僞經考》「多臆測」（《續修四庫全書總目提要》）。然而，《新學僞經考》的歷史意義毋庸置疑，置於清今文經學的發展脈絡之中，如非「集大成者」，亦庶幾近之。《新學僞經考》不僅將歷來疑經之説推於極端，還在之後《孔子改制考》的配合之下，爲創立孔教打下了理論基礎。無論是其引導的對千年來所公認經典的根本懷疑，還是對孔子的絶對推崇，或者如梁啓超所論的最終導致思想的「全然解放」，都使得今文經學應對晚清變局，呈現爲一種具有實踐意義的思想。

《新學僞經考》主要版本如下：一、萬木草堂（廣州）光緒十七年（一八九一）初刻本，有翻刻本與石印本。二、一九一七年開雕，一九一九年刊成的萬木草堂（北京）重刻本，改名

《僞經考》，改正了初刻本中的一些錯誤，並刪改少量語句，亦有翻刻本。三、北平文化學社一九三一年排印本，方國瑜標點，以初刻本爲底本。四、上海商務印書館一九三六年《國學基本叢書》排印本，以重刻本爲底本。五、中華書局一九五六年排印本，以北平文化學社本爲底本，章錫琛校點。

本書以《續修四庫全書》影印光緒十七年廣州萬木草堂本爲底本，參校一九一九年重刻本，並將《重刻僞經考後序》附録於後。標點參考了排印本。引文與原文出入處，如非相異至影響原意，均不出校。

校點者　傅　翀

新學僞經考卷一❶

南海康祖詒廣廈撰一名有爲❷

❶「新學」，重刻本無此二字。
❷作者題名，底本僅此處有之，重刻本各卷端皆有，題作「南海康有爲學」。
❸「焚」，重刻本作「漢」。

《新學僞經考》凡十四篇，❶敘其目而繫之辭曰：始作僞，亂聖制者，自劉歆；布行僞經，篡孔統者，成於鄭玄。閲二千年歲月日時之綿曖，聚百千萬億衿纓之問學，統二十朝王者禮樂制度之崇嚴，咸奉僞經爲聖法，誦讀尊信，奉持施行，違者以非聖無法論，亦無一人敢違者，亦無一人敢疑者。於是奪孔子之經以與周公，而抑孔子爲傳。於是掃孔子改制之聖法，而目爲斷爛朝報。六經顛倒，亂於非種；聖制埋瘗，淪於霿霧；天地反常，日月變色。以孔子天命大聖，歲載四百，地猶中夏，蒙難遘閔，乃至此極，豈不異哉！且後

---

❶「新學」，重刻本作「吾爲」。

世之大禍，曰任奄寺，廣女色，人主奢縱，權臣篡盜，是嘗累毒生民，覆宗社者矣。古無有是而皆自劉歆開之。是上爲聖經之篡賊，下爲國家之鴆毒者也。夫始於盜篡者，終於即真；始稱僞朝者，後爲正統。司馬盜魏嵇紹忠，曹節矯制張奐賣。習非成是之後，丹黄亂色，甘辛變味。孤鳴而正易之，吾亦知其難也。然提聖法於既墜，明六經於闇曶，劉歆之僞不黜，孔子之道不著。吾雖孤微，烏可以已！竊怪二千年來，通人大儒，肩背相望，而咸爲瞀惑，無一人焉發奸露覆，雪先聖之沈冤，出諸儒於雲霧者，豈聖制赫闇有所待邪？不量緜薄，摧廓僞説，犂庭掃穴，魑魅奔逸，霿散陰豁，日燭星呀，冀以起亡經，翼聖制，其於孔氏之道，庶幾禦侮云爾。光緒十七年夏四月朔，南海康祖詒長素記。❶

述敘既訖，乃爲主客發其例曰：

客問主人曰：「僞經何以名之新學也？《漢·藝文志》號爲古經，《五經異義》稱爲古説，諸書所述古文尤繁。降及隋唐，斯名未改，宜仍舊貫，俾人易昭。」主人听然曰：❷「若客所云，是猶爲劉歆所紿也。夫古學所以得名者，以諸經之出於孔壁，寫以古文也。夫孔壁既虚，古文亦贋僞而已矣，何古之云！後漢之時，學分今古，既託於孔壁，自以古爲尊，此新歆所以售其欺僞者也。今罪人斯得，舊案肅清，必也正名，無使亂實。歆既飾經佐篡，身爲新臣，則經爲新學，名義之正，復何辭焉！後世漢、宋互爭，門户水

❶「祖詒長素」，重刻本作「有爲廣廈」。

❷「听」，重刻本作「喟」。

火。自此視之，凡後世所指目爲漢學者，皆賈、馬、許、鄭之學，乃新學，非漢學也。即宋人所尊述之經，乃多僞經，非孔子之經也。新學之名立，學者皆可進而求之孔子，漢、宋二家退而自訟，當自咎其夙昔之眯妄，無爲謬訟者矣。」

客又問主人曰：「别僞文，正新名，既得聞命矣。主人所著《毛詩僞證》、《古文尚書僞證》、《古文禮僞證》、《周官僞證》、《明堂月令僞證》、《費氏易僞證》、《左氏傳僞證》、《國語僞證》、《古文論語僞證》、《古文孝經僞證》、《爾雅僞證》、《小爾雅僞證》、《説文僞證》，既徧攻僞經，何不合作一書，滄海之觀既極，犂軒之幻自袪，發蒙曉然，絶其根株？離而貳之，鄙猶惑諸。」主人曰：「僞經雖攻，然其蒂附深遠，未能盡去也。百詩證王肅之僞《書》，而王《書》自行也；司馬證劉炫之僞《傳》，而劉《傳》自傳也。吾採西漢之説，以定孔子之本經，亦附新學之説，以證劉歆之僞經，真僞相校，黑白昭昭，是非𧞤𧞤，雖有蘇、張，口呿舌撟，無事麕聚於此，致啟嘵嘵。」

客又問主人曰：「主人之於文字，既攻許學之僞矣，然三古之真字不傳，後世之野文日增，傳流有緒，無如《説文》。雖亂淄澠，猶有寄君。若舍洨長，將何依因？」主人曰：「文字之别，有户有門，尋端繹緒，承變相因。若欲復篆，中隔漢隸，難逾此關。魏晉争亂，書體雜越，更難求真。唯開元之定今隸，爲後世之矩繩，於今用之，正極爲衡。《開成石經》、《干禄字書》、《九經字樣》、《五經文字》，依此寫定，是師是承。其張、唐二本，如『桃杝』、『桒刊』，《説文》、《石經》兩體並存。《九經字樣》不言《石經》，然曰「經典相承」，即《石經》之類也。考中郎刊正，本主今文；南閣稽撰，專宗古學。今尊《石經》，其諸雅正歟！」

門人好學，預我玄文。其贊助編檢者，則南海陳千秋、新會梁啓超也；❶校讎譌奪者，則番禺韓文舉、新會林奎也。

秦焚六經未嘗亡缺考第一❷

按：後世六經亡缺，歸罪秦焚，秦始皇遂嬰彌天之罪，不知此劉歆之僞説也。歆欲僞作諸經，不謂諸經殘缺，則無以爲作僞竄入之地，竊有秦焚之間，故一舉而歸之。一則曰「書缺簡脱」，《漢書·藝文志》《楚元王傳》。一則曰「學殘文缺」，《漢書·楚元王傳》。又曰：「秦焚《詩》、《書》，六藝從此缺焉。」《漢書·儒林傳》、《史記·儒林傳》亦竄入。又曰：「秦焚《詩》、《書》，❸書散亡益多。」《史記·儒林傳》竄入。學者習而熟之，以爲固然，未能精心考校其説之是非，故其僞經得乘虚而入，蔽掩天下，皆假校書之權爲之也。今據《史記》及諸傳記條別證之如左。

三十四年。丞相臣斯昧死言：「臣請史官非秦紀皆燒之。非博士官所職，天下敢有藏《詩》、《書》、百家語

---

❶「新會梁啓超也」，重刻本作「最勤而敏也」。

❷此標題前，重刻本另起一卷，卷題爲「僞經考卷一」，第二行下端署「南海康有爲學」。即重刻本有兩個卷一，疑書首「卷一」當作「卷首」之類。

❸「詩」，重刻本無此字。

者，悉詣守尉雜燒之。令下三十日不燒，黥爲城旦。所不去者，醫藥、卜筮、種樹之書。若欲有學法令，❶《集解》徐廣曰：「一無『法令』二字。」以吏爲師。」制曰：「可。」《史記·秦始皇本紀》。

按：焚書之令，但燒民間之書，若博士所職，則《詩》、《書》、百家自存。夫政、斯焚書之意，但欲愚民而自智，非欲自愚。若并祕府所藏、博士所職而盡焚之，而僅存醫藥、卜筮、種樹之書，是秦并自愚也，何以爲國？《史記》別白而言之，曰「非博士所職藏者悉燒」。則博士所職，保守珍重，未嘗焚燒，文至明也。又云「若欲有學，❷以吏爲師」，吏即博士也。然則欲學《詩》、《書》、六藝者，詣博士受業則可矣。實欲重京師而抑郡國，彊榦弱支之計耳。漢制「郡國計偕，詣太常，受業如弟子」，猶因秦制也。夫博士既有守職之藏書，學者可詣吏而受業，《詩》、《書》之事，尊而方長。然則謂「秦焚《詩》、《書》，六藝遂缺」，非妄言而何？然而二千年之學者遂爲所惑，雖魁儒輩出，無一人細心讀書袪其僞妄者，豈不異哉！

或疑《始皇紀》云：「今天下已定，法令出一。士則學習法令辟禁。今諸生不師今而學古，以非當世。」然則秦焚書之意，蓋深忌士之學古，而專欲其學習法令，豈焚書之後尚有聽習《詩》、《書》之制？則所謂欲學者以吏爲師，必爲學法令明矣。釋之曰：秦焚《詩》、《書》，博士之職不焚。是《詩》、《書》，博士之專職。秦博士如叔孫通，有儒生弟子百餘人，諸生不習《詩》、《書》，何爲復作博士弟子？既從博士受業，如秦無

❶ 「欲有」，重刻本作「有欲」。
❷ 「欲有」，重刻本作「有欲」。

以吏爲師之令，則何等腐生，敢公犯詔書，而以私學相號聚乎？「不師今而學古」，乃一時廷議之虚辭；至詣博士受《詩》、《書》，則一朝典制。佐驗顯然，必不能以虚辭顛倒者矣。《朱子語類》亦有「秦只教天下焚書，他朝廷依舊留得」之説，見卷一百三十八。

「古者天下散亂，莫能相一，是以諸侯並作，語皆道古以害今，飾虚言以亂實，人善其所私學，以非上所建立。今陛下并有天下，辨白黑而定一尊，而私學乃相與非法教之制，聞令下，即各以其私學議之，入則心非，出則巷議，非主以爲名，異趣以爲高，率羣下以造謗。如此不禁，則主勢降乎上，黨與成乎下。禁之便。臣請諸有文學、《詩》、《書》、百家語者，蠲除去之。令到，滿三十日弗去，黥爲城旦。所不去者，醫藥、卜筮、種樹之書。若有欲學者，以吏爲師。」始皇可其議，收去《詩》、《書》、百家之語，以愚百姓，使天下無以古非今。明法度，定律令，皆以始皇起。《史記·李斯傳》。

按：《秦始皇本紀》云：「若欲有學法令，以吏爲師。」徐廣曰：「一無『法令』二字。」以《李斯傳》考之，云「若有欲學者，以吏爲師」，無「法令」二字。此爲當時令甲，故史公録之，無一字異。二文互證，然則「法令」二字爲劉歆所竄亂者可見矣。徐廣所見，猶是史公原本。《十二諸侯年表》云：「爲成學治古文者要删焉。」徐廣曰：「一云『治國聞』。」亦是史公原本如此。然則《史記》若是之類，其爲歆所竄者，皆可以此推之矣。

侯生、盧生相與謀曰：「始皇爲人，天性剛戾自用。起諸侯并天下，意得欲從，以爲自古莫能及己。專任獄吏，獄吏得親幸。博士雖七十人，特備員弗用。丞相諸大臣皆受成事，倚辨於上。上樂以刑殺爲威，天下畏罪持禄，莫敢盡忠。上不聞過而日驕，下懾伏謾欺以取容。秦法：『不得兼方，不驗，輒死。』然候星氣者至三百人，皆良士，畏忌諱諛，不敢端言其過。天下之事，無大小皆決於上。上至以衡石量書，日夜有呈，不中呈不得休息。貪於權勢至如此，未可爲求僊藥。」於是乃亡去。始皇聞亡，乃大怒曰：「吾前收天下書不中用者盡去之。悉召文學、方術士甚衆，欲以興太平。方士欲練以求奇藥。今聞韓衆去不報，徐市等費以巨萬計，終不得藥，徒姦利相告日聞。盧生等吾尊賜之甚厚，今乃誹謗我，以重吾不德也。諸生在咸陽者，吾使人廉問，或爲訞言以亂黔首。」於是使御史悉按問諸生。諸生傳相告引，乃自除。犯禁者四百六十餘人，皆阬之咸陽，使天下知之，以懲後。益發謫徙邊。《史記·秦始皇本紀》。

按：秦雖不尚儒術，然博士之員尚七十人，可謂多矣。且召文學甚衆，盧生等尊賜甚厚，不爲薄也。阬者僅咸陽諸生四百六十餘人，誣爲妖言，傳相告引，此亦漢鉤黨之類耳。❶鉤黨殺天下高名善士百餘人，然郡國不遭黨禍之士，尚不啻百億萬也。伏生、叔孫通即秦時博士，張蒼即秦時御史。自兩生外，魯諸生隨叔孫通議禮者三十餘人，皆秦諸生，皆未嘗被阬者。其人皆懷蘊六藝，學通《詩》、《書》，逮漢猶存者也。然則以阬儒爲絕儒術者，亦妄言也。

二世皇帝元年，令羣臣議尊始皇廟。羣臣皆頓首言曰：「古者天子七廟，諸侯五，大夫三，雖萬世世不軼毀。今始皇爲極廟，四海之內，皆獻貢職，增犧牲，禮咸備，毋以加。先王廟或在西雍，或在咸陽。天子儀當獨奉酌祠始皇廟。自襄公已下軼毀。所置凡七廟。」《史記·秦始皇本紀》。

---

❶「此亦」至「類耳」八字，重刻本作「且多方士非盡儒者漢」，「漢」從下讀。

此議與《穀梁》、《王制》、《禮器》、《荀子》合。博士之議固存也。

乃從荀卿學帝王之術。太史公曰：「斯知六藝之歸。」《史記·李斯傳》。

沛公至咸陽，諸將皆争走金帛財物之府分之。何獨先入收秦丞相、御史律令圖書藏之。《史記·蕭相國世家》。

按：焚書在始皇三十四年，阬儒在始皇三十五年，始皇崩於三十七年七月。戍卒陳涉反於二世元年七月，李斯誅於二世二年七月，漢高祖入咸陽在二世三年十月。自焚書至陳涉反，凡四年；至高祖入關，凡六年；自阬儒至陳涉反，凡三年；至高祖入關，凡五年。阬、焚之後，尚有荀卿高弟「知六藝之歸」李斯其人者爲丞相，死於陳涉反後。阬、焚至漢興爲日至近，博士具官儒生甚夥，即不焚燒，罪僅城旦，天下之藏書者尤不少，况蕭何收丞相、御史府之圖書哉！丞相府圖書，即李斯所領之圖書也。斯知六藝之歸，何收其府圖書，六藝何從亡缺？何待共王壞壁，忽得異書邪？事理易明，殆不待辨。

後陵遲以至於始皇，天下並争於戰國，儒術既絀焉，然齊、魯之間學者獨不廢也。及高皇帝誅項籍，舉兵圍魯，魯中諸儒尚講誦，習禮樂，絃歌之音不絶。豈非聖人之遺化，好禮樂之國哉？故孔子在陳，曰：「歸歟，歸歟！吾黨之小子狂簡，斐然成章，不知所以裁之。」夫齊、魯之間於文學，自古以來，其天性也。故漢興，然後諸儒始得修其經藝，講習大射、鄉飲之禮。叔孫通作漢禮儀，因爲太常；諸生弟子共定者，咸爲選首，於是喟然歎興於學。然尚有干戈，平定四海，亦未暇遑庠序之事也。孝惠、吕后時，公卿皆武力有功之臣。孝文時頗徵用，然孝文本好刑名之言。及至孝景，不任儒者，而竇太后又好黄老之術。故諸博士具官待問，未有進者。《史記·儒林傳》。

按：《儒林傳》言戰國絀儒，然齊、魯學者不廢；又言高帝圍魯，諸儒講誦習禮樂不絕；又言聖人遺化，好禮樂之國，於文學其天性也；漢興，諸儒修其經藝，習大射、鄉飲之禮，諸生弟子隨稷嗣而定禮儀。高、惠、文、景雖不好儒，而博士之官仍具。以斯而觀，凡抱禮器之孔甲，被圍之諸儒，定禮之諸生，具官之博士，皆生長焚書之前，逃出於阬儒之外。所云「講誦」，所云「經藝」，皆孔子相傳之本。加有口誦，非城旦之刑、數年之間所能磨滅，必不至百篇之《書》亡其大半，逸《禮》、《周官》、《左傳》若罔聞知也。然則焚書阬儒，雖有虐政，無關六經之存亡。而僞經突出哀、平之世，固不足攻，即出共王、安國之時，亦不足攻矣。

魯世世相傳以歲時奉祠孔子冢，而諸儒亦講禮鄉飲、大射於孔子冢。孔子冢大一頃，故所居堂弟子内，後世因廟，藏孔子衣、冠、琴、車、書，至於漢二百餘年不絕。《史記·孔子世家》。

按：諸儒講禮於孔子冢，不過《鄉飲》、《大射》之篇，《儒林傳》同。皆十七篇所有。孔子之書藏於廟，自子思至漢，凡二百餘年不絕。而孔襄嘗爲孝惠博士，忠、武、延年、安國、霸、光，皆傳《尚書》爲博士，所謂「傳十餘世，學者宗之」也。史遷讀孔氏書，又嘗觀其藏書之廟堂及車服禮器，又講業其都，未嘗言及孔廟所藏之六經有缺脱而歎息痛恨之。獻王、共王、安國所得之古文，自《尚書》外，有《毛詩》、《周官》、《逸禮》、《左傳》，爲孔氏世傳之所無，未嘗一贊美喜幸之。劉歆欲立古文，而孔光不助焉。然則孔氏之本，具在不缺，無古文之名，亦無後出古文之書，至明矣。

楚元王交，字游，高祖同父少弟也。好書，多材藝。少時嘗與魯穆生、白生、申公俱受《詩》於浮丘伯。伯者，孫卿門人也。文帝時，聞申公爲《詩》最精，以爲博士。元王好《詩》，諸子皆讀《詩》，申公始爲《詩》傳，號《魯詩》。元王亦次之《詩》傳，號曰《元王詩》，世或有之。《漢書・楚元王傳》。

陳餘者，亦大梁人也，好儒術。《史記・陳餘傳》。

張丞相蒼者，陽武人也，好書、律、曆。秦時爲御史，主柱下方書。而張蒼乃自秦時爲柱下史，明習天下圖書、計籍。《史記・張丞相傳》。

酈生食其者，陳留高陽人也，好讀書。騎士曰：「沛公不好儒，諸客冠儒冠來者，沛公輒解其冠，溲溺其中。與人言，常大駡，未可以儒生説也。」《史記・酈生傳》。

陸生時時前説，稱《詩》、《書》，高帝駡之曰：「迺公居馬上而得之，安事《詩》、《書》！」陸生曰：「居馬上得之，寧可以馬上治之乎？且湯、武逆取，而以順守之；文武並用，長久之術也。昔者吴王夫差、智伯，極武而亡；秦任刑法不變，卒滅趙氏。鄉使秦已并天下，行仁義，法先聖，陛下安得而有之？」高帝不懌而有慙色，迺謂陸生曰：「試爲我著秦所以失天下，吾所以得之者何，及古成敗之國。」陸生乃粗述存亡之徵，凡著十二篇。每奏一篇，高帝未嘗不稱善。左右呼萬歲。號其書曰《新語》。《史記・陸賈傳》。

劉敬曰：「陛下取天下，與周室異。周之先自后稷，堯封之邰，積德累善，十有餘世。公劉避桀居豳。大王以狄伐故，去豳，杖馬箠居岐，國人争隨之。及文王爲西伯，斷虞、芮之訟，始受命，吕望、伯夷自海濱來歸之。武王伐紂，不期而會孟津之上八百諸侯，皆曰『紂可伐矣』。遂滅殷。成王即位，周公之屬傅相焉，乃營成周洛邑，以此爲天下之中也。諸侯四方納貢職，道里均矣。」《史記・劉敬傳》。

叔孫通者，薛人也。秦時以文學徵，待詔博士。數歲，陳勝起山東，使者以聞。二世召博士諸儒生問曰：

「楚戍卒攻蘄入陳，於公如何？」博士諸生三十餘人前曰：「人臣無將，將即反，罪死無赦。願陛下急發兵擊之！」二世怒作色。叔孫通前曰：「諸生言皆非也。夫天下合爲一家，毁郡縣城，鑠其兵，示天下不復用。且明主在其上，法令具於下，使人人奉職，四方輻輳，安敢有反者？此特羣盜鼠竊狗盜耳，何足置之齒牙間？郡守尉今捕論，何足憂？」二世喜曰：「善。」盡問諸生，諸生或言「反」，或言「盜」。於是二世令御史按諸生。言「反」者下吏，非所宜言；諸言「盜」者皆罷之。迺賜叔孫通帛二十匹，衣一襲，拜爲博士。叔孫通已出宫，反舍。諸生曰：「先生何言之諛也？」通曰：「公不知也，我幾不脱於虎口。」乃亡去，之薛，薛已降楚矣。及項梁之薛，叔孫通從之，敗於定陶。從懷王。懷王爲義帝，徙長沙。叔孫通留事項王。漢二年，漢王從五諸侯入彭城，叔孫通降漢王。漢王敗而西，因竟從漢。叔孫通儒服，漢王憎之，乃變其服，服短衣，楚製，漢王喜。叔孫通之降漢，從儒生弟子百餘人，然通無所言進，專言諸故羣盜壯士進之。弟子皆竊罵曰：「事先生數歲，幸得從降漢；今不能進臣等，專言大猾，何也？」叔孫通聞之，迺謂曰：「漢王方蒙矢石争天下，諸生寧能鬭乎？故先言斬將搴旗之士。諸生且待我，我不忘矣。」漢王拜叔孫通爲博士，號稷嗣君。漢五年，已并天下，諸侯共尊漢王爲皇帝於定陶，叔孫通就其儀號。高帝悉去秦苛儀法，爲簡易。羣臣飲酒争功，醉或妄呼，拔劒擊柱，高帝患之。叔孫通知上益厭之也，説上曰：「夫儒者，難與進取，可與守成。臣願徵魯諸生，與臣弟子共起朝儀。」高帝曰：「得無難乎？」叔孫通曰：「五帝異樂，三王不同禮。禮者，因時世人情爲之節文者也。故夏、殷、周之禮所因損益可知者，謂不相復也。臣願頗采古禮與秦儀雜就之。」上曰：「可試爲之。令易知，度吾所能行爲之。」於是叔孫通使徵魯諸生三十餘人。魯有兩生不肯行，曰：「公所事者且十主，皆面諛以得親貴。今天下初定，死者未葬，傷者未起，又欲起禮樂。禮樂所由起，積德百年而後可興也。吾不忍爲公所爲。公所爲不合古，吾不行。公往矣，無汙我。」叔孫通笑曰：「若真鄙儒也。不知時變。」遂與所徵三十人西，及上左右爲學者與其弟子百餘人爲綿蕞野外，習之月餘。叔孫通曰：「上可試觀。」上即觀，使行禮，曰：「吾能爲此。」迺令羣臣習肄，❶會十月。漢七年，長樂宫成。諸侯羣臣皆朝十月。儀：先平明，謁者治禮，引以次入殿門；廷中陳車騎、步卒衛宫，設兵張旗志。傳言「趨」。殿下郎中俠陛，陛數百人。功臣列侯、諸將軍、軍吏以次陳西方，東鄉；文官丞相以下陳東方，西鄉。大行設九賓，臚句傳。於是皇帝輦出房，百官執職傳警，引諸侯王以下至吏六百石以次奉賀。自諸侯王以下，莫不振恐肅敬。至禮畢，復置法酒，諸侍坐殿上，皆伏抑首，以尊卑次起上壽。觴九行，謁者言「罷酒」。御史執法，舉不如儀者，輒引去。竟朝置酒，無敢讙譁失禮者。於是高帝曰：「吾迺今日知爲皇帝之貴也。」迺拜叔孫通爲太常，賜金五百斤。叔孫通因進曰：「諸弟子儒生隨臣久矣，與臣共爲儀。願陛下官之。」高帝悉以爲郎。叔孫通出，皆以五百斤金賜諸生。諸生迺皆喜，曰：「叔孫生誠聖人也！知當世之要務。」《史記·叔孫通傳》。

賈山，潁川人也。祖父袪，故魏王時博士弟子也。山受學袪所。《漢書·賈鄒枚路傳》。

賈生名誼，雒陽人也。年十八，以能誦《詩》屬書聞於郡中。孝文皇帝初立，聞河南守吴公治平爲天下第一，故與李斯同邑而常學事焉，乃徵爲廷尉。廷尉乃言賈生年少，頗通諸子百家之書。《史記·賈生傳》。

---

❶「肄」，原作「隸」，據重刻本改。

文翁，廬江舒人也。少好學，通《春秋》。景帝末，爲蜀郡太守。《漢書·循吏傳》。

右見《史記》、《漢書》者，并伏生、申公、轅固生、韓嬰、高堂生計之，皆受學秦焚之前，其人皆未阬之儒，其所讀皆未焚之本；博士具官者七十，諸生弟子定禮者百餘；李斯再傳爲賈誼，賈祛一傳爲賈山，皆儒林淵源可考者。統而計之：其一，博士所職六經之本具存，七十博士之弟子，當有數百，則有數百本《詩》、《書》矣，此爲六經監本不缺者一。其二，丞相所藏，李斯所遺，此爲六經官本不缺者二。其三，御史所掌，張蒼所守，此爲六經中祕本不缺者三。其四，孔氏世傳六經本不缺者四。其五，齊、魯諸生六經讀本不缺者五。其六，賈祛、吴公傳六經讀本不缺者六。其七，藏書之禁僅四年，不焚之刑僅城旦，則天下藏本必甚多，若伏生、申公之倫，天下六經讀本不缺者七。其八，經文簡約，古者專經在諷誦，不徒在竹帛，則口傳本不缺者八。有斯八證，六藝不缺，可以見孔子遺書復能完，千歲蔀説可以祛。鐵案如山，不能摇動矣。

新學僞經考卷二❶

史記經説足證僞經考第二

經學紛如亂絲，於今有漢學、宋學之争，在昔有有今學、古學之辨。❷不知古學皆劉歆之竄亂僞撰也。凡今所争之漢學、宋學者，又皆歆之緒餘支派也。經歆亂諸經、作《漢書》之後，凡後人所考證，無非歆説，徵應四布，條理精密，幾於攻無可攻。此歆所以能欺紿二千年，而無人發其覆也。今取西漢人之説證之，乃知其僞亂百出，而司馬遷《史記》統六藝，述儒林，淵源具舉，條理畢備，尤可信據也。察遷之學，得於六藝至深。父談既受《易》於楊何，遷又問《書》故於孔安國，聞《春秋》於董生，講業於齊、魯之都，觀孔子之遺風，鄉射鄒嶧，其於孔門淵源至近。孔子一布衣耳，而於《周本紀》、十二國《世家》，遷皆書「孔子卒」，因尊孔子爲「世家」。《太史公自序》曰：「周室既衰，諸侯恣行。仲尼悼禮廢樂崩，追修經術以達王道，匡亂世反之於正，見於文辭，爲天下制儀法，垂六藝之統紀於後世。」《孔子世家》贊曰：

❶ 卷題，重刻本無「新學」二字，第二行題「南海康有爲學」，以後各卷倣此，不再出校。

❷ 上「有」字，疑衍。

「言六藝者，皆出於夫子。可謂至聖矣。」《自序》曰：「孔子卒後，至於今五百歲，有能紹明世，正《易傳》，繼《春秋》，本《詩》、《書》、《禮》、《樂》之際，意在斯乎！意在斯乎！小子何敢讓焉。」其預聞六藝，至足信矣。雖其書多爲劉歆所竄改，而大體明粹。以其説與《漢書》相校，真僞具見。孔子六經之傳，賴是得存其真。史遷之功於是大矣。《儒林傳》詳傳經之人，今以爲主，而《孔子世家》、《河間獻王》、《魯共王世家》附焉。竄附之説，並辨於後。

《孔子世家》

孔子之時，周室微而禮樂廢，《詩》、《書》缺。追迹三代之禮，序《書傳》，上紀唐、虞之際，下至秦繆，編次其事。曰：「夏禮，吾能言之，杞不足徵也；殷禮，吾能言之，宋不足徵也。足，則吾能徵之矣。」觀殷、夏所損益，曰：「後雖百世可知也，以一文一質。周監二代，郁郁乎文哉！吾從周。」故《書傳》、《禮記》自孔氏。孔子語魯太師：「樂其可知也。始作翕如，縱之純如、皦如、繹如也，以成。吾自衛反魯，然後樂正，《雅》、《頌》各得其所。」古者《詩》三千餘篇，及至孔子，去其重，取可施於禮義，上采契、后稷，中述殷、周之盛，至幽、厲之缺，始於衽席，故曰「《關雎》之亂，以爲《風》始，《鹿鳴》爲《小雅》始，《文王》爲《大雅》始，《清廟》爲《頌》始」。三百五篇，孔子皆弦歌之，以求合《韶》、《武》、《雅》、《頌》之音。禮樂自此可得而述，以備王道，成六藝。孔子晚而喜《易》，序《彖》、《繫》、《象》、《説卦》、《文言》。讀《易》韋編三絶，曰：「假我數年，若是，我於《易》則彬彬矣。」孔子以《詩》、《書》、《禮》、《樂》教，弟子蓋三千焉。乃因史記作《春秋》，上至隱公，下訖哀公十四年，十二公。據魯，親周，故殷，運之三代，約其文辭而指博。故吳、楚之君自稱王，而《春秋》貶之曰「子」；踐土之會實召周天子，而《春秋》諱之曰「天王狩於河陽」。推此類以繩當世，貶損之義，後有王者舉而開之，《春秋》之義行，則天下亂臣賊子懼焉。孔子在位聽訟，文辭有可與人共者，弗獨有也。至於爲《春秋》，筆則筆，削則削，子夏之徒不能贊一辭。弟子受《春秋》，孔子曰：「後世知丘者以《春秋》，罪丘者亦以《春秋》。」魯世世相傳，以歲時奉祀孔子冢，而諸儒亦講禮、鄉飲、大射於孔子冢。孔子冢大一頃，故所居堂弟子內。後世因廟，藏孔子衣、冠、琴、車、書，至於漢，二百餘年不絶。高皇帝過魯，以太牢祠焉。諸侯卿相至，常先謁，然後從政。孔子生鯉，字伯魚。伯魚年五十，先孔子死。伯魚生伋，字子思，年六十二，嘗困於宋。子思作《中庸》。子思生白，字子上，年四十七。子上生求，字子家，年四十五。子家生箕，字子京，年四十六。子京生穿，字子高，年五十一。子高生子慎，年五十七，嘗爲魏相。子慎生鮒，年五十七，爲陳王涉博士，死於陳下。鮒弟子襄，年五十七，嘗爲孝惠皇帝博士，遷爲長沙太守，❶長九尺六寸。子襄生忠，年五十七。忠生武。武生延年及安國，安國爲今皇帝博士，至臨淮太守，蚤卒。安國生卬，卬生驩。

太史公曰：《詩》有之：「高山仰止，景行行止。」雖不能至，然心鄉往之。余讀孔氏書，想見其爲人。適魯，觀仲尼廟堂、車服、禮器，諸生以時習禮其家，余祗回留之不能去云。天下君王至於賢人衆矣，當時則榮，没則已焉。孔子布衣，傳十餘世，學者宗之。自天子王侯，中國言六藝者，折中於夫子，可謂至聖矣。

---

❶ 「長」，原作「常」，據重刻本改。

史遷所述六經篇章指義，孔氏世家傳授，齊、魯儒生講習如此。六經完全，皆無缺失，事理至明。史遷去聖不遠，受楊何之《易》於父談，問《書》故於安國，聞《春秋》於董生，講業齊、魯之都，親登孔子之堂，觀藏書禮器。若少有缺失，寧能不言邪？此爲孔子傳經存案，可爲鐵證。

《河間獻王世家》

河間獻王德，以孝景帝前二年用皇子爲河間王。好儒學，被服造次必於儒者。山東之儒，多從之游。二十六年，卒。

《魯共王世家》

魯共王餘，以孝景前二年，用王子爲淮陽王。二年，吴、楚反。破後，以孝景前三年徙爲魯王。好治宫室、苑囿、狗馬。季年好音，不喜辭辯，爲人吃。二十六年，卒。

古文諸僞經，皆託於河間獻王、魯共王，以史遷考之，寥寥僅爾。若有搜遺經之功，立博士之典，史遷尊信六藝，豈容遺忽？若謂其未見，則《左氏》乃其精熟援引者，「天下遺文古事，靡不畢集太史公」，不容不見矣。辨詳於下。此爲無古文之存案。并《儒林傳》考之，古文經之出於僞撰，「鐵案如山摇不動，萬牛回首丘山重」矣。

《儒林傳》

太史公曰：余讀功令，至於廣厲學官之路，未嘗不廢書而歎也。曰：嗟乎！夫周室衰而《關雎》作，幽、厲微而禮樂壞，諸侯恣行，政由彊國。故孔子閔王路廢而邪道興，於是論次《詩》、《書》，修起禮樂。適齊，聞《韶》，三月不知肉味。自衛返魯，然後樂正，《雅》、《頌》各得其所。世以混濁莫能用，是以仲尼干七十餘君無所遇，曰：「苟有用我者，期月而已矣。」❶西狩獲麟，曰：「吾道窮矣！」故因史記作《春秋》，以寓王法，其辭微而指博。後世學者多録焉。

自是之後，言《詩》，於魯則申培公，於齊則轅固生，於燕則韓太傅；言《尚書》自濟南伏生；言《禮》自魯高堂生；言《易》自菑川田生；言《春秋》於齊、魯自胡毋生，於趙自董仲舒。

申公者，魯人也。高祖過魯，申公以弟子從師入見高祖於魯南宫。吕太后時，申公游學長安，與劉郢同師。已而郢爲楚王，令申公傅其太子戊。戊不好學，疾申公。及王郢卒，戊立爲楚王，胥靡申公。申公恥之，歸魯，退居家教，終身不出門，復謝絶賓客，獨王命召之乃往。弟子自遠方至，受業者百餘人。申公獨以《詩經》爲訓以教，無傳疑，疑者則闕不傳。蘭陵王臧既受《詩》，以事孝景帝，爲太子少傅，免去。今上初即位，臧乃上書宿衛上，累遷，一歲中爲郎中令。及代趙綰亦嘗受《詩》申公，綰爲御史大夫。綰、臧請天子，欲立

❶「矣」，重刻本作「可也」。

明堂以朝諸侯，不能就其事，乃言師申公。於是天子使使束帛加璧、安車駟馬迎申公，弟子二人乘軺傳從。至，見天子。天子問治亂之事。申公時已八十餘，老，對曰：「爲治者不在多言，顧力行何如耳。」是時，天子方好文辭，見申公對，默然。然已招致，則以爲太中大夫，舍魯邸，議明堂事。太皇竇太后好老子言，不説儒術，得趙綰、王臧之過以讓上。上因廢明堂事，盡下趙綰、王臧吏，後皆自殺。申公亦疾免以歸，數年卒。弟子爲博士者十餘人。孔安國至臨淮太守，周霸至膠西内史，夏寬至城陽内史，碭魯賜至東海太守，蘭陵繆生至長沙内史，徐偃爲膠西中尉，鄒人闕門慶忌爲膠東内史。其治官民，皆有廉節，稱其好學。學官弟子，行雖不備，而至於大夫、郎中、掌故，以百數。言《詩》雖殊，多本於申公。

清河王太傅轅固生者，齊人也。以治《詩》，孝景時爲博士。與黄生争論景帝前。黄生曰：「湯、武非受命，乃弑也。」轅固生曰：「不然。夫桀、紂虐亂，天下之心皆歸湯、武，湯、武與天下之心而誅桀、紂。桀、紂之民不爲之使而歸湯、武，湯、武不得已而立，非受命爲何？」黄生曰：「冠雖敝，必加於首；履雖新，必關於足，何者？上下之分也。今桀、紂雖失道，然君上也；湯、武雖聖，臣下也。夫主有失行，臣下不能正言匡過以尊天子，反因過而誅之，代立，踐南面，非弑而何也？」轅固生曰：「必若所云，是高帝代秦即天子之位，非邪？」於是景帝曰：「食肉不食馬肝，不爲不知味。言學者無言湯、武受命，不爲愚。」遂罷。是後學者莫敢明受命放殺者。竇太后好老子書，召轅固生問老子書。固曰：「此是家人言耳。」太后怒曰：「安得司空城旦書乎！」乃使固入圈刺豕。景帝知太后怒，而固直言無罪，乃假固利兵。下圈刺豕，正中其心，一刺，豕應手而倒。太后默然，無以復罪，罷之。居頃之，景帝以固爲廉直，拜爲清河王太傅。久之，病免。今上初即位，復以賢良徵固。諸諛儒多疾毀固，曰「固老」。罷歸之。時固已九十餘矣。固之徵也，薛人公孫弘亦徵，側目而視固，固曰：「公孫子，務正學以言，無曲學以阿世。」自是之後，齊言《詩》皆本轅固生也。諸齊人以《詩》顯貴，皆固之弟子也。

韓生者，燕人也。孝文帝時爲博士。景帝時爲常山王太傅。韓生推《詩》之意，而爲《内外傳》數萬言。其語頗與齊、魯間殊，然其歸一也。淮南賁生受之。自是之後，而燕、趙間言《詩》者由韓生。韓生孫商，爲今上博士。

按：申公爲荀卿再傳弟子，高祖至魯，已能從師而見。轅固生至景帝時罷歸，年九十餘，當秦時，年已二十餘矣。韓生爲文帝博士，必爲當時耆儒。三家蓋皆讀秦焚前書者。齊、魯諸儒生千百，而三家所傳，其歸一也。其爲孔子之傳，確矣。三家之外，史公無一字。此爲孔子《詩》學存案。而後有舍三家而言《詩》者，其真僞可引此案決之。

伏生者，濟南人也，故爲秦博士。孝文帝時，欲求能治《尚書》者，天下無有。乃聞伏生能治，欲召之。是時伏生年九十餘，老不能行。於是乃詔太常，使掌故晁錯往受之。秦時焚書，伏生壁藏之，其後兵大起，流亡。漢定，伏生求其《書》，亡數十篇，獨得二十九篇，即以教於齊、魯之間。學者由是頗能言《尚書》，諸山東大師無不涉《尚書》以教矣。伏生教濟南張生及歐陽生。歐陽生教千乘兒寬。兒寬既通《尚書》，以文學應郡舉，詣博士受業，受業孔安國。兒寬貧無資用，常爲弟子都養，及時時間行傭賃，以給衣食。行常帶經，止息則誦習之。以試第次補廷尉史。是時張湯方鄉學，以爲奏讞掾，以古法議決疑大獄，而愛幸寬。寬爲人温良，有廉智，自持，而善著書、書奏。敏於文，口不能發明也。湯以爲長者，數稱譽之。及湯爲御史大夫，以兒寬爲掾，薦之天子。天子見問，説之。張湯死後六年，兒寬位至御史大夫。九年而以官卒。寬在三公位，以和良承意從容得久，然無有所匡諫。於官，官屬易之，不爲盡力。張生亦爲博士。而伏生孫以治《尚書》徵，不能明也。自此之後，魯周霸、孔安國，雒陽賈嘉，頗能言《尚書》事。

按：伏生當孝文時年九十餘，計當焚書時年已六七十矣。從始皇三十四年焚書之時上推，魯滅於楚，當莊襄王元年，僅三十七年，正值春申君爲相之時。荀卿自齊歸春申君，伏生當其時已二三十歲矣，上距孟子，亦不過數十年。齊、魯諸儒生千百，而治《尚書》者唯伏生爲首，藏書之禁僅數年，藏書之刑僅城旦，不能害也。然則伏生之《書》爲孔子之正傳，確矣。此爲孔子《書》學存案。而後有舍伏生而言《書》者，其真僞可引此案決之。

孔氏有古文《尚書》，而安國以今文讀之，因以起其家，《逸書》得十餘篇，蓋《尚書》兹多於是矣。❶

諸學者多言《禮》，而魯高堂生最本。《禮》固自孔子時而其經不具，及至秦焚書，書散亡益多，於今獨有《士禮》，高堂生能言之。而魯徐生善爲容。孝文帝時，徐生以容爲禮官大夫，傳子至孫徐延、徐襄。襄，其天姿善爲容，不能通《禮經》。延頗能，未善也。襄以容爲漢禮官大夫，至廣陵内史。延及徐氏弟子公户滿意、桓生、單次，皆常爲漢禮官大夫。而瑕丘蕭奮以《禮》爲淮陽太守。是後能言《禮》爲容者，由徐氏焉。

❶ 「兹」，《史記》作「滋」。

按：《禮》以高堂生爲最本，而高堂生傳《禮》凡十七篇。《孔子世家》所言諸儒習鄉飲、大射在其中，《王制》所言冠、昏、喪、祭、鄉、相見在其中，《禮運》、《昏義》所言冠、昏、喪、祭、射、鄉、朝、聘在其中。孔子傳十餘世不絶，諸生以時習禮其家，其爲孔子之傳，確矣。此爲孔子《禮》學存案。而後有舍高堂生之《禮》而言《禮》者，其真僞可引此案決之。

自魯商瞿受《易》孔子，孔子卒，商瞿傳《易》，六世至齊人田何，字子莊，而漢興。田何傳東武人王同子仲，子仲傳菑川人楊何。何以《易》，元光元年徵，官至中大夫。齊人即墨成以《易》至城陽相。廣川人孟但以《易》爲太子門大夫。魯人周霸、莒人衡胡、臨菑人主父偃皆以《易》至二千石。然要言《易》者，本於楊何之家。

《易》不經焚，爲完書，上自商瞿爲嫡派，下至田何、楊何。太史遷爲楊何再傳弟子，其爲孔子之傳尤確矣。此爲孔子《易》學存案。而後有舍田何、楊何而言《易》者，其真僞可引此案決之。

董仲舒，廣川人也。以治《春秋》，孝景時爲博士。下帷講誦，弟子傳以久次相受業，或莫見其面。蓋三年董仲舒不觀於舍園，其精如此。進退容止，非禮不行，學士皆師尊之。今上即位，爲江都相。以《春秋》災異之變推陰陽所以錯行。故求雨閉諸陽，縱諸陰；其止雨反是。行之一國，未嘗不得所欲。中廢爲中大夫，居舍，著《災異之記》。是時，遼東高廟災，主父偃疾之，取其書奏之天子。天子召諸生示其書，有刺譏。董仲舒弟子吕步舒不知其師書，以爲下愚。於是下董仲舒吏，當死，詔赦之。於是董仲舒竟不敢復言災異。董仲舒爲人廉直。是時方外攘四夷，公孫弘治《春秋》不如董仲舒，而弘希世用事，位至公卿。董仲舒以弘爲從諛，弘疾之，乃言上曰：「獨董仲舒可使相膠西王。」膠西王素聞董仲舒有行，亦善待之。董仲舒恐久獲罪，疾免，居家。至卒，終不治産業，以修學著書爲事。故漢興至於五世之間，唯董仲舒爲明於《春秋》。其傳公羊氏也。

胡毋生，齊人也。孝景時爲博士，以老歸教授。齊之言《春秋》者多受胡毋生。公孫弘亦頗受焉。

瑕丘江生爲《穀梁春秋》。自公孫弘得用，嘗集比其義，卒用董仲舒。仲舒弟子遂者，蘭陵褚大、廣川殷忠、温吕步舒。褚大至梁相。步舒至長史，持節使決淮南獄，於諸侯擅專斷，不報，以《春秋》之義正之，天子皆以爲是。弟子通者，至於命大夫，爲郎、謁者、掌故者以百數。而董仲舒子及孫皆以學至大官。

《春秋》但有《公》、《穀》二家。胡毋生，孝景時爲博士，且以老歸矣，其傳《春秋》必在秦前。上述《春秋》云「學者多録焉」，則齊、魯諸生傳《春秋》之盛可知。其爲孔子之傳，確矣。此爲孔子《春秋》學存案。而後有舍《公》、《穀》而言《春秋》者，其真僞可引此案決之。

或疑諸經古文不列學官，以《儒林傳》從功令、依博士敘之，其不列學官者，自不能及。釋之曰：若古文爲真，古文《逸書》亦不列學官，而《儒林傳》已言之。同爲不列學官，於古文《逸書》則詳之，於《毛詩》、《逸禮》、《周官》、《左傳》則略之，豈情理乎？此可一言斷也。

按史遷述六藝之序曰：《詩》、《書》、《禮》、《樂》、《易》、《春秋》。凡西漢以前之説皆然。《論語》曰：「興於《詩》，立於《禮》，成於《樂》。」又曰：「《詩》、《書》、執《禮》，皆雅言也。」《王制》：「順先王《詩》、《書》、《禮》、《樂》以造士。」《經解》：「其爲人也，温柔敦厚，《詩》教也；疏通知遠，《書》教也；絜静精微，《易》

教也；❶恭儉莊敬，《禮》教也；廣博易良，《樂》教也；屬辭比事，《春秋》教也。」《莊子·天運篇》：「丘治《詩》、《書》、《禮》、《樂》、《易》、《春秋》。」《徐無鬼篇》：「横説之，則以《詩》、《書》、《禮》、《樂》，縱説之，則以《金板》、《六弢》。」《天下篇》：「《詩》以道志，《書》以道事，《禮》以道行，《樂》以道和，《易》以道陰陽，《春秋》以道名分。」《列子·仲尼篇》：「曩吾修《詩》、《書》，正《禮》、《樂》。」又曰：「吾始知《詩》、《書》、《禮》、《樂》無救於治亂。」《荀子·儒效篇》：「故《詩》、《書》、《禮》、《樂》之歸是矣。《詩》言，是其志也；《書》言，是其事也；《禮》言，是其行也；《樂》言，是其和也；《春秋》言，是其微也。」《商君書·農戰篇》：「《詩》、《書》、《禮》、《樂》。」《春秋繁露·玉杯篇》：「《詩》、《書》，序其志；《禮》、《樂》，純其養；《易》、《春秋》，明其知。」諸所言六藝之序如是，皆以《詩》、《書》爲稱首，無以《易》爲先者，更無以《書》先《詩》者。《王制》：「冬夏教以《詩》、《書》。」《秦本紀》：「天下敢有藏《詩》、《書》、百家語者，悉詣守尉雜燒之；有敢偶語《詩》、《書》者，棄市。」舉《詩》、《書》者至繁，誠不勝數，聊舉數條例之，從無異説。此爲孔門六經之序存案，可爲鐵證。其有舍史遷《儒林傳》而顛倒其序者，其真僞可引此案決之。又按《史記·外戚世家》：「《易》基乾坤，《詩》始《關雎》，《書》美釐降，《春秋》譏不親迎。」《滑稽列傳》：「孔子曰：六藝於治一也。《禮》以節人，《樂》以發和，《書》以道事，《詩》以達意，《易》以神化，《春秋》以道義。」《太史公自序》：「有能紹明世，正《易傳》，繼《春秋》，本《詩》、《書》、《禮》、《樂》之際。」又曰：「《易》著天地、陰陽、四時、五行，故長於變。《禮》經紀人倫，故長於行。《書》記先王之事，故長於政。《詩》記山川谿谷、禽獸草

❶ 「絜静精微易教也」，據《禮記》當在「樂教也」下。

木、牝牡雌雄，故長於風。《樂》樂所以立，故長於和。《春秋》辯是非，故長於治人。」又曰：「伏犧至純厚，作《易》八卦。堯、舜之盛，《尚書》載之，禮樂作焉。湯、武之隆，詩人歌之。《春秋》采善貶惡，推三代之法。」史公於此數條，皆有顛倒，此則行文無定之筆，於傳經體式次敘無關者也。

《太史公自序》

太史公學天官於唐都，受《易》於楊何。

夫儒者以六藝爲法。六藝經傳以千萬數，累世不能通其學，當年不能究其禮。故曰「博而寡要，勞而少功」。

講業齊、魯之都，觀孔子之遺風，鄉射鄒嶧。

幽、厲之後，王道缺，禮樂衰。孔子修舊起廢，論《詩》、《書》，作《春秋》，則學者至今則之。

有能紹明世，正《易傳》，繼《春秋》，本《詩》、《書》、《禮》、《樂》之際，意在斯乎！意在斯乎！小子何敢讓焉。

太史公曰：余聞董生曰：「周道衰廢，孔子爲司寇，諸侯害之，大夫壅之。孔子知言之不用，道之不行也，是非二百四十二年之中，以爲天下儀表。貶天子，退諸侯，討大夫，以達王事而已矣。」子曰：「我欲載之空言，不如見之於行事之深切著明也。」夫《春秋》上明三王之道，下辨人事之紀，別嫌疑，明是非，定猶豫，善善惡惡，賢賢賤不肖，存亡國，繼絶世，補敝起廢，王道之大者也。《易》著天地、陰陽、四時、五行，故長於變。《禮》經紀人倫，故長於行。《書》記先王之事，故長於政。《詩》記山川谿谷、禽獸草木、牝牡雌雄，故長於風。《樂》樂所以立，故長於和。《春秋》辯是非，故長於治人。是故《禮》以節人，《樂》以發和，《書》以道事，《詩》

以達意，《易》以道化，《春秋》以道義。撥亂世反之正，莫近於《春秋》。《春秋》文成數萬，其指數千。萬物之散聚，皆在《春秋》。

伏犧至純厚，作《易》八卦。堯、舜之盛，《尚書》載之，禮樂作焉。湯、武之隆，詩人歌之。《春秋》采善貶惡，推三代之德，襃周室，非獨刺譏而已也。

昔西伯拘羑里，演《周易》；孔子戹陳、蔡，作《春秋》；屈原放逐，著《離騷》；左丘失明，厥有《國語》；孫子臏脚，而論《兵法》；不韋遷蜀，世傳《吕覽》；韓非囚秦，《説難》、《孤憤》。

按《漢書·司馬遷傳》載遷《報任安書》云：「左丘失明，厥有《國語》；孫子臏脚，《兵法》修列。」下云：「及如左丘明無目，孫子斷足，終不可用，退論書策以舒其憤，思垂空文以自見。」《十二諸侯年表》云：「表見《春秋》、《國語》。」合此三條觀之，如丘明兼作二書，太史公乃舍其《春秋》而稱其外傳，豈理也哉！或疑作《國語》者爲左丘，作《春秋傳》者爲左丘明，分爲二人。則《報任安書》明云「及如左丘明無目」則明明左丘明矣。二人之説蓋不足疑，《左傳》從《國語》分出，又何疑焉。

於是漢興，蕭何次律令，韓信申軍法，張蒼爲章程，叔孫通定禮儀，則文學彬彬稍進，《詩》、《書》往往間出矣。自曹參薦蓋公，言黄、老，而賈生、晁錯明申、商，公孫弘以儒顯。百年之間，天下遺文古事靡不畢集太史公。太史公仍父子相續纂其職。

厥協六經異傳，整齊百家雜語。

史遷敘六藝之指，兼及其所受六藝之學，著書之由，見書之故。少則講業齊、魯之都，長則續纂太史之職，天下遺文古事咸集，不言孔氏有古文之逸經，則僞經之證，殆不足辨也。凡此數條，史遷所傳孔子六藝之源流至足信者。凡《詩》三百五篇，其四始之義，❶以《關雎》爲《風》始，《鹿鳴》爲《小雅》始，《文王》爲《大雅》始，❷其《詩》，孔子皆絃歌之，以求合《韶》、《武》、《雅》、《頌》之音。傳之有魯、齊、韓三家，無所謂《毛詩》者。其《書》，上紀唐、虞之際，無《舜典》，但有伏生今文二十八篇。其「八」字作「九」字，後人追改，辨見於下。以《魯共王世家》考之，無所謂壁中古文《尚書》者。其《禮》，唯有高堂生所傳十七篇，而無《逸禮》三十九篇、《周官》五篇及《明堂陰陽》、《王史氏記》也。其《易》，則伏犧畫八卦，文王重六十四卦，孔子繫之辭，無以爲周公，亦無《説卦》、《序卦》、《雜卦》三篇，❸亦無十翼之説。傳授人自商瞿至田何，再傳至楊何，無所謂古文費氏也。其《春秋》，唯有《公羊》、《穀梁》二家，無所謂《左氏傳》也。經師皆先秦之遺民，去聖不遠。經次與《經解》相合，證應無分。據以考孔子全經，具著於是，人人共熟讀，無由竄亂。故能條章明秩，如日中天，誠經學之象魏，先聖之護法，學士之瓌寶。今據之以攻古學，若發矇焉。知《毛詩》、古文《尚書》、《逸禮》、《周官》、《費氏易》、《左氏春秋》，皆僞經也。於以洗二千年歆、莽之僞氛，復孔聖傳授之微言，皆賴於此。學者知其真者，乃能辨其僞者，悟於此義，思過半矣。

---

❶「其四始之義」，重刻本無此五字。

❷「始」下，重刻本有「清廟爲頌始」五字。

❸「無以」至「三篇」十五字，重刻本作「無以爲周公作亦無有序卦雜卦二篇」。

《儒林傳》雖粹然完書，然云：「秦時焚書，伏生壁藏之，其後兵大起，流亡。漢定，伏生求其《書》，亡數十篇，獨得二十九篇，即以教於齊、魯之間。」又云：「孔氏有古文《尚書》，而安國以今文讀之，因以起其家，《逸書》得十餘篇，蓋《尚書》滋多於是矣。」又云：「《禮》固自孔子時，而其經不具，及至秦焚書，書散亡益多，於今獨有士禮，高堂生能言之。」此三條，是劉歆竄亂以惑人者。考六經之傳，有書本，有口説。博士所職，孔廟藏書，是傳本也。然吴祐寫書，汗青盈車，其子輒以薏苡之謗爲諫，則當時寫本甚難，頗賴口説。伏生於《尚書》，是其專門，即有百篇，皆所熟誦。當時《春秋》賴口説流傳，《詩》則以其諷誦，皆至公羊壽、申公、轅固生、韓嬰乃著竹帛，以故《公》、《穀》二傳，魯、齊、韓三家《詩》，文字互異，良由口説之故。且古人字僅三千，理難足用，必資通假，重義理而不重文字，多假同音爲之，與今泰西文字相近。譬由繙繹，但取得音，不能定字。一英吉利也，而可作英圭黎。一法蘭西也，而可作佛狼機。一西班牙也，而可作日思巴尼亞。漢儒之尊，以其有專輒之權，得擅繙經之事。《詩》不過三百五篇，《書》不過二十八篇，爲文甚簡，人人熟誦，誠不賴書本也。若專賴壁藏之簡，而後二十九篇得存，則《詩》、《春秋》未聞有壁藏之簡，何以三百五篇之文，二百四十二年之事得全乎？若謂《詩》有韻語，諷誦易存，《書》文聱牙，非簡不存，則《春秋》及二傳豈有韻語乎？故《隋志》之言曰：「至漢，唯濟南伏生口傳二十八篇，又河内女子得《泰誓》一篇獻之。」曰「口傳」，曰「二十八篇」，曰「河内女子得《泰誓》一篇」，其説出《論衡》。此必今學家之説，足以破壁藏流亡失數十篇之謬，并足破伏生得二十九篇之誤矣。今學以《尚書》二十八篇比二十八宿，以後得《泰誓》一篇比北斗，其説可據。且伏生爲秦博士，秦雖焚書而博士所職不焚，則伏生之本無須藏壁而致亡也。知此，則壁藏亡失之説，更不待攻，而二十八篇爲孔子未經秦火之《書》，愈明矣。云「二十九篇」者，蓋《太誓》後得，後人忘其本原，輕改《史記》「八」字爲「九」字，必非史遷原文，并非歆竄原文。猶戴聖《禮記》本四十六篇，馬融增三篇爲四十九篇，而《後漢書》曹褒、橋仁傳《禮記》皆四十九篇，蓋亦後人追改之辭也。

難者曰：若謂孔子傳《書》祇二十八篇，則《史記》所引《書》篇名，《禮記》、《左傳》、《國語》、《孟子》、《管子》、《墨子》、《尚書大傳》所引《書》篇名，非歟？釋之曰：《書》經孔子所論定者凡二十八篇，餘則孔子所未定之《書》。猶《春秋》有已修之《春秋》、未修之《春秋》也。《詩》有刪定之《詩》已刪之《逸詩》，本固不同。夫「血流漂杵」之虐，孟子不信《武成》，孔子豈肯存之乎？今所見《逸詩》三百餘條，雜引於《禮記》、《左傳》、諸子，人人皆知其非三百五篇之《詩》，則《史記》及諸傳記所引之《書》，豈可闌入孔子所定二十八篇之列乎？不疑《逸詩》而疑刪《書》，是知二五而不知十也。且《湯誓》爲今學，而《墨子》引之爲「湯説」，凡三條，則百篇所無之名矣。如以「説」爲文誤，不應三條皆誤。如以爲異篇，何以《書序》無之？此類之疑尚多，不能悉數。其詳見《書序辨僞》。二十八篇中，如《堯典》、《禹貢》、《洪範》、《無逸》等文，經緯人天，試問史記《湯誥》、《太誓》之文，厠於其間，能相稱否？《漢志》之《周書》七十一篇，如《世俘解》之爲《武成》等類，其或有孔子已刪之《書》存焉，而史遷取之歟？要之，孔子定本之《書》，伏生傳二十八篇，無數十篇之亡，亦無百篇之《序》，可斷斷也。

若云「孔氏有古文《尚書》」，所謂「孔氏」者，《漢志》所謂魯共王壞壁所得之《書》也，《史記》於《魯共王世家》何以無之？且其時河間獻王亦得古文《書》，同異若何？史公於《河間世家》何以無之？其詳見《漢書藝文志辨僞》。史公尊經，河間、魯共有此巨典，豈其疏脱若是？若謂「安國以今文讀之」，「《逸書》得十餘篇」，則安國兒延年、延年子霸、霸子光世治《尚書》，應傳古文。而劉歆欲立古文《尚書》，光不肯助，何也？安國古文傳都尉朝，朝傳膠東庸生；然安國又傳兒寬，寬授歐陽生之子，世世傳之，則今古文同出一師，何以今文無十餘篇之《逸書》？且史遷嘗從安國問故，而所聞亦無出二十八篇外者？夫《共王傳》不著壞壁得《書》之事，孔光不助古文《書》之立，兒寬、司馬不見《逸書》之文，則此條之爲竄入，無可疑矣。

難者曰：《尚書大傳》有引《九共篇》語，此伏生所述亡失篇之確據，而「古文《逸書》有之，又十餘篇，與伏生合」之明徵也。釋之曰：《尚書大傳》自宋不傳，經説自劉歆後多竄僞，即不然，則伏生引已删之《書》目耳。《禮》十七篇之爲足本，説已見上。此云「《禮》固自孔子時，而其經不具」，《周禮》無可考，今《禮經》皆孔子所作，昔之具不具無可考。歆蓋言其不具以爲僞作地耳。至云「秦焚書多散亡」，辨見前篇。高堂生所傳十七篇，除《冠》、《昏》、《相見》、《喪》四篇外，餘皆大夫、諸侯、天子之禮，安得曰「士禮」乎？歆僞作《明堂》、《巡狩》等三十九篇《逸禮》及《周官》五篇，皆天子、諸侯之禮。其作《七略》，曰「猶瘉倉等推士禮而致於天子之説」，則此士禮，歆所改也。若《儀禮》之名，又述歆者改抑之辭，西漢前但曰《禮》而已。

難者曰：《儒林傳》全篇粹完，若歆能竄入，則歆爲《毛詩》、《逸禮》、《周官》、《費易》、《左傳》，何不并竄之？釋之曰：若歆能將諸僞經全行竄入，則證據堅確，吾誠無如之何，今日更無以發明其僞矣。但《史記·儒林傳》人人共讀，若驟竄羣經之名，諸儒驟起，按舊本而力争，則其僞更易露。唯略爲點綴一二語，使無大迹，非唯不攻，且足爲其徵助矣。如王肅既僞古文《尚書》，而偏缺《舜典》一篇，又缺「粵若稽古帝舜」二十八字，待姚方興得於大桁頭而後補之。其綴緝諸書，皆與原文少異，或增或漏，故示缺略。凡此皆作僞者之伎倆，欲使人疑信參半，而憑託既深，卒不能去，則其術售矣。古今作僞如出一軌。《儒林傳》所以獨竄古文《尚書》而不他及，猶《封禪書》之竄《周官》，《十二諸侯年表》之竄《左氏春秋》，皆於旁見側出以亂人耳目。作僞之訣皆如是，一經勘破，肺肝如見。今將劉歆竄亂之文條列於下。

古文八條

總之不離古文者近是。《五帝本紀》。

《史記·五帝本紀》，依《五帝德》、《帝繫姓》而作。古文如《周官》、《左傳》、《國語》則添出伏犧、神農、少昊，與《史記》大相違謬，何爲忽以「古文」爲「近是」？得無自相矛盾乎？其添設之迹，不攻自破。

余讀諜記，黄帝以來皆有年數，稽其曆譜諜終始五德之傳，古文咸不同乖異。《三代世表》。

此言諜記與鄒衍終始五德之傳不同乖異，如何著得「古文」二字？

於是譜十二諸侯，自共和訖孔子，表見《春秋》、《國語》學者所譏盛衰大指著於篇，爲成學治古文者徐廣曰：「一云『治國聞者』也。」要删焉。《十二諸侯年表》。

上云著盛衰之大指，其爲「治國聞者」之要删無可疑，忽插「古文」二字，作何解？徐廣所見，猶爲原本。其餘可推。

羣儒既已不能辨明封禪事，又牽拘於《詩》、《書》古文而不能騁。《封禪書》。

「羣儒牽拘於《詩》、《書》而不能騁」，則文從矣。插「古文」二字，其「古文」何文邪？若即《詩》、《書》邪？則已該之。其《逸禮》邪？則何不別舉之乎？其爲添竄，不待問矣。

余讀《春秋》古文。《吴世家》。

「《春秋》古文」者，《左氏傳》耳。《儒林傳》、《河間獻王世家》無之。此忽出之，其爲讕言易見。

則論言弟子籍，出孔氏古文，近是。《仲尼弟子傳》。

「孔氏古文」者何？殆指魯共王壞壁所得之古文《論語》也。無如《共王世家》無是事何！

年十歲則誦古文。

秦撥去古文。以上《太史公自序》。

《史記·賈生傳》稱「以能誦《詩》屬《書》」，《漢書》東方朔亦稱「學《詩》、《書》，誦二十二萬言」，無言誦古文者。且古文者，如《索隱》以爲古文《尚書》邪？如劉氏以爲《左傳》、《國語》、《世本》邪？則其妄已辨之矣。若秦祇云燒《詩》、《書》，何以云「撥古文」乎？其竄亂至顯也。

《詩》、《書》**六條**言《書序》者先焉。

至於序《尚書》，則略無年月。或頗有，然多闕，不可録。《三代世表》。

孔子之時，周室微而禮樂廢，《詩》、《書》缺。追迹三代之禮，序《書傳》，上紀唐、虞之際，下至秦繆，編次其事。《孔子世家》。

按：《書序》之僞，已詳《書序辨僞》。或據此二條以爲孔子有《書序》之證，不知爲劉歆所竄入也。且《易》無序矣，而《孔子世家》之「孔子晚而喜《易》，序《彖》、《繫》、《象》、《説卦》、《文言》」，此「序」字在首，不得如《正義》作《序卦》解，當亦次序之辭。此「序《書》」即不僞竄，亦非今《書序》可知也。

秦既得意，燒天下《詩》、《書》、諸侯史記尤甚，爲其有所刺譏也。《詩》、《書》所以復見者，多藏人家。《六國表》。

歆云「藏人家」者，暗指古文而言，忘卻博士之職不失也。

夫學者載籍極博，猶考信於六藝。《詩》、《書》雖缺，然虞、夏之文可知也。《伯夷列傳》。

及至秦之季世，焚《詩》、《書》，阬術士，六藝從此缺焉。

孝文帝時，欲求能治《尚書》者，天下無有。乃聞伏生能治，欲召之。是時伏生年九十餘，老，不能行，於是乃詔太常，使掌故鼂錯往受之。秦時焚書，伏生壁藏之。其後兵大起，流亡。漢定，伏生求其《書》，亡數十篇，獨得二十九篇，即以教於齊、魯之間。學者由是頗能言《尚書》。孔氏有古文《尚書》，而安國以今文讀之，因以起其家。《逸書》得十餘篇，蓋《尚書》滋多於是矣。

《禮》二條

諸學者多言《禮》，而魯高堂生最本。《禮》固自孔子時，而其經不具，及至秦焚書，書散亡益多，於今獨有士禮，高堂生能言之。以上《儒林傳》。

辨見前。

封禪用希，曠絶莫知其儀禮，而羣儒采封禪《尚書》、《周官》、《王制》之望祀、射牛事。《封禪書》。

《周官》一篇，《史記》自《河間獻王世家》、《儒林傳》皆不著。一部《史記》無之，唯《封禪書》有此二字，其爲歆竄入何疑焉！凡作盜，皆不敢於顯明，而多嘗試於幽暗也。

《易》三條

孔子晚而喜《易》，序《彖》、《繫》、《象》、《説卦》、《文言》。《孔子世家》。

按：《漢書·藝文志》云：「孔子爲之《彖》、《象》、《繫辭》、《文言》、《序卦》之屬十篇。」《儒林傳》云：費直「亡章句，徒以《彖》、《象》、《繫辭》十篇，《文言》解説上下經」。《隋書·經籍志》云：「及秦焚書，《周易》獨以卜筮得存，唯失《説卦》三篇，後河内女子得之。」《隋志》之説出於《論衡》，此必王充曾見武、宣前本也。《説卦》：「帝出乎震，齊乎巽，相見乎離，致役乎坤，説言乎兑，戰乎乾，勞乎坎，成言乎艮。」又曰：「震，東方也；離也者，南方之卦也；兑，正秋也；坎者，正北方之卦也。」與焦、京《卦氣圖》合。蓋宣帝時，説《易》者附之入經，田何、丁寬之傳無之也。史遷不知焦、京，必無之，此二字不知何時竄入。至《序卦》、《雜卦》，所出尤後，《史記》不著。蓋出劉歆之所僞，故其辭閃爍隱約，於《藝文志》著《序卦》，於《儒林傳》不著，而以「十篇」二字總括其間。要之，三篇非孔子經文。《説卦》之僞，見《易漢學辨》；十篇之僞，見《藝文志辨僞》。

周太史過陳，陳厲公使以《周易》筮之，卦得觀之否。賈逵曰：「坤下巽上觀，坤下乾上否，觀爻在六四，變而之否。」按：六爻有變象，有互體。是謂「觀國之光，利用賓於王」。《陳世家》。○《田敬仲完世家》略同。

初，畢萬卜仕於晉國，遇屯之比。賈逵曰：「震下坎上屯，坤下坎上比，屯初九變之比。」辛廖占之曰：「吉。屯固比入。吉孰大焉！其後必蕃昌。」《晉世家》。○《魏世家》略同。

顧氏炎武《日知録》曰：「凡卦爻二至四、三至五，兩體交互，各成一卦，先儒謂之曰『互體』。然夫子未嘗及之。後人以雜物撰德之語當之，非也。其所論二與四、三與五，同功而異位，特就兩爻相較言之，初何嘗有『互體』之説？《晉書》荀顗嘗難鍾會『《易》無互體』，見稱於世，其文不傳。新安王炎晦叔嘗問張南軒曰：『伊川令學者先看王輔嗣、胡翼之、王介甫三家《易》，何也？』南軒曰：『三家不論互體故耳。』朱子《本義》不取『互體』之説，唯《大壯》六五云：『卦體似兑，有羊象焉。』不言『互』而言『似』，『似』者，合兩爻爲一爻，則似之也。然此又創先儒所未有，不如言『互體』矣。《大壯》自三至五成兑，兑爲羊，故爻辭並言羊。」全氏祖望《經史問答》曰：「漢、晉諸儒無不言『互體』者，至王輔嗣、鍾士季始力排之，然亦終不能絀也。特是漢儒言『互』，祇就一卦一爻配象，❶未能探其所以然。至王伯厚作《鄭康成易注序》始發之，謂：

❶「配」，《日知録》作「取」。

『八卦之中，乾、坤純乎陰陽，故無互體。若震、巽、艮、兑，分主四時，而坎、離居中以運，❶是以下互震而上互艮者，坎也；下互巽而上互兑者，離也；若震、巽分乾、坤之下畫，則上互有坎、離；艮、兑分乾、坤之上畫，則下互有坎、離；而震、艮又自相互，巽、兑又自相互，斯陰陽老少之交相資也。』愚再以十辟卦推之：五陽辟，以震、兑與乾、坤合而成；五陰辟，以巽、艮與乾、坤合而成；乃夬、姤近乎純乾，剥、復近乎純坤，故無互體。而艮、兑之合乾、坤也，爲臨，爲遯，則下互有震、巽；震、巽之合乾、坤也，爲大壯，爲觀，則上互有艮、兑。至乾、坤合而爲泰，則下互兑而上互震；乾、坤合而爲否，則下互艮而上互巽。坎、離於十辟卦雖不預，而以既、未濟自相互，是陰陽消長之迭爲用也。蓋伯厚八卦之旨，即『中央寄王』之義也；愚所推十辟卦之旨，即『六律還宮』之義也。是以朱子晚年謂從《左氏》悟得互體，而服漢儒之善於經説者，有自來矣。」按：「互體」之説，實創於劉歆，經無之也。歆竄入《左傳》，則惑人深矣。史公受楊何之《易》，必無之，蓋亦歆所竄入也。若互體之謬，鍾會發之於前，張南軒、顧亭林述之於後，可謂絶世之識，惜其不知《左傳》爲僞説。朱子卒亦惑之。全謝山更無論也。

《春秋》九條附《宋世家》贊一條。

是以孔子明王道，干七十餘君，莫能用。故西觀周室，論史記舊聞，興於魯而次《春秋》，上記隱，下至哀之獲

❶ 「運」下，《日知録》有「之」字。

麟。約其辭文，去其煩重，以制義法，王道備，人事浹。七十子之徒口受其傳指，爲有所刺譏、褒諱、挹損之文辭，不可以書見也。魯君子左丘明，懼弟子人人異端，各安其意，失其真，故因孔子史記具論其語，成《左氏春秋》。鐸椒爲楚威王傅，爲王不能盡觀《春秋》，采取成敗，卒四十章，爲《鐸氏微》。趙孝成王時，其相虞卿，上采《春秋》，下觀近世，亦著八篇，爲《虞氏春秋》。呂不韋者，秦莊襄王相，亦上觀尚古，删拾《春秋》，集六國時事，以爲八覽、六論、十二紀，爲《呂氏春秋》。及如荀卿、孟子、公孫固、韓非之徒，各往往捃摭《春秋》之文以著書，不可勝紀。漢相張蒼曆譜五德，上大夫董仲舒推《春秋》義，頗著文焉。《十二諸侯年表》。

按：今博士謂「左氏不傳《春秋》」。《儒林傳》述《春秋》有《公羊》、《穀梁》，而無《左氏》。史遷徵引《左氏》至多，如其傳經，安有不敘？此爲辨今古學真僞之鐵案。孔子《春秋》之義法，唯七十子能傳之，即《公羊》、《穀梁》之說也。自非七十子，其不傳明矣。此表驟言「左氏」，且稱丘明爲「魯君子」，懼弟子「各安其意」而「失其真」，抑《公》、《穀》而尊《左氏》如此。考文翁《孔廟圖》、《史記・仲尼弟子傳》，無左丘明名。且《左傳》稱「悼四年」，據《史記・六國表》，悼公之薨在獲麟後五十餘年，則丘明在孔子後遠矣。豈七十子學成德尊，所存者不足據，而非弟子之丘明反足據乎？此又不待辨也。下雜敘《鐸氏微》、《虞氏春秋》、《呂氏春秋》諸書，各體既雜而不類，又《呂氏春秋》於十二諸侯年月事無關，《虞氏春秋》在《儒家》，於十二諸侯年月事亦必無關。以此例之，不過歆以《史記・儒林傳》彰著，難於竄亂，故旁竄於《十二諸侯年表》，以爲《左傳》之證；又多竄數書，故爲繁重，以泯其迹。「安意」、「失真」之說與《七略》同，其爲歆言，無疑義矣。

太史公曰：神農以前尚矣。蓋黄帝考定星曆，建立五行，起消息，正閏餘，於是有天地神祇物類之官，是謂五官。各司其序，不相亂也。民是以能有信，神是以能有明德。民神異業，敬而不瀆，故神降之嘉生，民以物享，災禍不生，所求不匱。少皞氏之衰也，九黎亂德，民神雜擾，不可放物，禍菑薦至，莫盡其氣。顓頊受之，乃命南正重司天以屬神，命火正黎司地以屬民，使復舊常，無相侵瀆。其後三苗服九黎之德，故二官咸廢所職，而閏餘乖次，孟陬殄滅，攝提無紀，曆數失序。堯復遂重、黎之後不亡舊者，使復典之，而立羲和之官，明時正度，則陰陽調，風雨節，茂氣至，民無夭疫。年耆禪舜，申戒文祖，云：「天之曆數在爾躬。」舜亦以命禹。由是觀之，王者所重也。夏正以正月，殷正以十二月，周正以十一月。蓋三王之正若循環，窮則反本。天下有道則不失紀序，無道則正朔不行於諸侯。幽、厲之後，周室微，陪臣執政，史不記時，君不告朔，故疇人子弟分散，或在諸夏，或在夷狄。是以其禨祥廢而不統。周襄王二十六年閏三月，而《春秋》非之。先王之正時也，履端於始，舉正於中，歸邪於終。履端於始，序則不愆；舉正於中，民則不惑；歸邪於終，事則不悖。《曆書》。

考五帝無少皞之説，《逸周書·嘗麥解》云：「昔天之初，誕作二后，乃設建典，命赤帝分正二卿，命蚩尤於宇，少皞以臨四方。」又云：「乃命少皞清司馬鳥師，以正五帝之官，故名曰『質』。」按：蚩尤爲古之諸侯。而少皞與蚩尤爲二卿，同受帝命，則少皞亦古之諸侯，與蚩尤同；非五帝，更非黄帝之子，甚明。劉歆欲臆造三皇，變亂五帝之説，以與今文家爲難，因躋黄帝於三皇，而以少皞補之。其造《世經》，以太皞帝、炎帝、黄帝、少皞帝、顓頊、帝嚳、唐帝、虞帝爲次，隱寓三皇、五帝之説。又懼其説異於前人，不足取信，於是竄入《左傳》、《國語》之中，一則曰「我高祖少皞摯之立也」，《左傳》昭十七年。再則曰「少皞有四叔」，《左傳》昭十九年。三則曰「而封於少皞之虚」，《左傳》定四年。四則曰「及少皞之衰也」，《國語·楚語》。又僞作《月令》，以孟秋爲「其帝少皞」，皆所以證成其《世經》之説，而不知其猶有《逸周書》遺文，不能彌縫也。夫出於一己者，則較若畫一。偶見他書者，輒判然不同。其爲己所私造，尚待辨邪？歆又竄之《史記·曆書》中曰「少皞氏之衰也」，即《國語·楚語》之文。《史記》紀五帝用《大戴禮》、《世本》之説，若《左傳》、《國語》有少皞事，史公於二書素所引用，何以遺之？其爲僞竄，益無疑矣。如謂《本紀》據《大戴》，不兼他書，則八愷等説固兼《左傳》矣。如《左》、《國》有少皞，斷無不兼及也。文十八年，「少皞氏有不才子」，與縉雲氏並稱，縉雲氏非古天子，則少皞未可遽以爲天子，殆即《逸周書》所稱之類。《五帝本紀》亦有此語，今皆不必斷爲竄僞。

> 昔有過氏殺斟灌，以伐斟尋，滅夏后帝相。帝相之妃后緡方娠，逃於有仍，而生少康。少康爲有仍牧正。有過又欲殺少康，少康奔有虞。有虞思夏德，於是妻之以二女，而邑之於綸，有田一成，有衆一旅。後遂收夏衆，撫其官職，使人誘之，遂滅有過氏，復禹之績，祀夏配天，不失舊物。今吴不如有過之彊，而句踐大於少康。今不因此而滅之，又將寬之，不亦難乎！《吴世家》。

《夏本紀》無夏中亡而少康中興事。此何事也，而史公於述《本紀》若不知，而於《吴世家》乃敘之邪？其謬不待言。然此事亦非全無來歷。《離騷》：「夏康娱以自縱，不顧難以圖後兮，五子用失乎家巷。羿淫游以佚田兮，❶又好射夫封狐。固亂流其鮮終兮，浞又貪夫厥家。澆身被服彊圉兮，縱欲而不忍。日康娛而自忘兮，厥首用夫顛隕。及少康之未家兮，留有虞之二姚。」蓋戰國多雜説，史遷所謂「言不雅馴」者，歆入之於《左傳》，并竄之於《史記》耳。《夏本紀》稱禹後有斟尋氏，亦所自出也。但恐歆校詩賦，并《離騷》亦歆所竄入。不然，何此一事敘至十二句邪？

四十六年，惠公卒。長庶子息攝當國，行君事，是爲隱公。初，惠公適夫人無子，公賤妾聲子生息。息長，爲娶於宋。宋女至而好，惠公奪而自妻之，生子允；登宋女爲夫人，以允爲太子。及惠公卒，爲允少故，魯人共令息攝政，不言即位。

按：《漢書·王莽傳》，莽奏曰：「《尚書·康誥》『王若曰，孟侯，朕其弟，小子封』，此周公居攝稱王之文也。《春秋》：『隱公不言即位，攝也。』此二經，周公、孔子所定，蓋爲後法。」觀此，知歆之僞撰《左傳》書法，所以翼成王莽居攝而篡位者也。不聞《公》、《穀》有是義。史遷聞《春秋》於董仲舒，述《儒林》無《左氏》。若真有《左氏》解經語，豈容没之？足見歆之竄僞也。

八年，鄭易天子之太山之邑祊及許田。君子譏之。二年，以宋之賂鼎入於大廟。君子譏之。

比及葬，三易衰。君子曰：「是不終也。」以上《魯世家》。

穆公九年，病，召大司馬孔父謂曰：「先君宣公舍太子與夷而立我，我不敢忘。我死，必立與夷也。」孔父曰：

❶ 「以」，原重文，據重刻本删。

「羣臣皆願立公子馮。」穆公曰：「毋立馮。吾不可以負宣公。」於是穆公使馮出居於鄭。八月庚辰，穆公卒。兄宣公子與夷立，是爲殤公。君子聞之曰：「宋宣公可謂知人矣，立其弟以成義。然卒其子復享之。」十二年春，宋襄公爲鹿上之盟，以求諸侯於楚。楚人許之。公子目夷諫曰：「小國争盟，禍也。」不聽。秋，諸侯會宋公盟於盂。目夷曰：「禍其在此乎！君欲已甚，何以堪之！」於是楚執宋襄公以伐宋。冬，會於亳以釋宋公。子魚曰：「禍猶未也。」十三年夏，宋伐鄭。子魚曰：「禍在此矣。」秋，楚伐宋以救鄭。襄公將戰，子魚諫曰：「天之棄商久矣，不可。」冬十一月，襄公與楚成王戰於泓。楚人未濟，目夷曰：「彼衆我寡，及其未濟，擊之。」公不聽。已濟未陳，又曰：「可擊。」公曰：「待其已陳。」陳成，宋人擊之。宋師大敗，襄公傷股。國人皆怨公。公曰：「君子不困人於阨，不鼓不成列。」子魚曰：「兵以勝爲功，何常言與？必如公言，即奴事之耳，又何戰爲！」是年，晉公子重耳過宋。襄公以傷於楚，欲得晉援，厚禮重耳以馬二十乘。十四年夏，襄公病傷於泓而竟卒。

三十七年，熒惑守心。心，宋之分野也。景公憂之。司星子韋曰：「可移於相。」景公曰：「相，吾之股肱。」曰：「可移於民。」景公曰：「君者待民。」曰：「可移於歲。」景公曰：「歲飢民困，吾誰爲君！」子韋曰：「天高聽卑，君有君人之言三，熒惑宜有動。」於是候之，果徙三度。

太史公曰：《春秋》譏宋之亂，自宣公廢太子而立弟，國以不寧者十世。襄公之時，修行仁義，❶欲爲盟主。

---

❶「修行仁義」，重刻本作「修仁行義」。

其大夫正考父美之，故追道契、湯、高宗，殷所以興，作《商頌》。襄公既敗於泓，而君子或以爲多，傷中國闕禮義，褒之也，宋襄之有禮讓也。以上《宋世家》。

按：《世家》敘宣公事，以爲立弟成義，子復享之；敘襄公事，譏其得禍致怨。皆用《左氏》義。漢人之學，皆有家法，何以同一《世家》，贊譏宣公之亂宋，褒襄公之禮讓，獨用《公羊》義？一文矛盾，何至於是？其爲歆所竄入，最爲易見。以此推之，《秦本紀》、《魯世家》之「君子」，亦爲竄入無疑矣。《秦本紀》引「君子」凡二條，以其無關《春秋》書法，故不録。「分野」爲歆僞撰，辨見卷十四。

凡所引《史記》竄入諸條，皆確鑿無可疑者。考《史記》一書，《太史公自序》稱「凡百三十篇，五十二萬六千五百字」，本自完具。唯班固所見，已云「十篇有録無書」，《漢書·藝文志》《司馬遷傳》。而褚少孫補之。《太史公自序》集解引張晏説。故索隱述贊云：「惜哉殘缺，非才妄續。」然自褚少孫後，續者尚多。《後漢書·班彪傳》：「武帝時，司馬遷著《史記》，自太初以後，闕而不録。後好事者頗或綴集時事，然多鄙俗，不足以踵繼其書。」章懷注：「好事者，謂楊雄、劉歆、陽城衡、褚少孫、史孝山之徒也。」《史通·正史篇》云：「其後劉向、向子歆及諸好事者若馮商、衛衡、楊雄、史岑、梁審、肆仁、晉馮、段肅、金丹、馮衍、韋融、蕭奮、劉恂等，相次撰續，迄於哀、平間，猶名《史記》。」若楊終之删《太史公書》爲十餘萬言，《後漢書·楊終傳》。猶不數也。當成帝時，東平王寓以叔父之尊，上疏求《太史公書》，朝廷不與，《漢書·東平思王傳》。則外人見者絶少。其唯劉歆肆行竄入至易也。《太史公自序》集解引張晏曰「遷没之後，亡《景紀》、《武紀》、《禮書》、《樂書》、《兵書》、《漢興以來將相年表》、《日者列傳》、《三王世家》、《龜策列傳》、

《傳靳蒯成列傳》」，則張晏見本序目有《兵書》也。顔師古注《漢書·司馬遷傳》曰：「序目本無《兵書》，張云亡失，此説非也。」劉奉世曰：「《兵書》即《律書》，蓋當時有爾。」蓋史遷有《兵書》，無《律書》，師古據其所見歆本誤言之。蓋《律書》亦歆所竄補者也。趙氏翼論《史記》爲後人增竄甚詳，惜未知即爲劉歆所竄，而頻疑褚少孫耳。今全録於此。《廿二史劄記》「褚少孫補《史記》不止十篇」條云：「《漢書·司馬遷傳》謂『《史記》内十篇，有録無書』，顔師古注引張晏曰：『遷没後，亡《景紀》、《武紀》、《禮書》、《樂書》、《兵書》、《漢興以來將相年表》、《日者列傳》、《三王世家》、《龜策列傳》、《傳靳蒯成列傳》，凡十篇。元、成間，褚少孫補之，文辭鄙陋，非遷原本也。』是少孫所補，祇此十篇。然細按之，十篇之外，尚有少孫增入者。如《外戚世家》，增尹、邢二夫人相避不相見，及鉤弋夫人生子，武帝將立爲太子，而先賜鉤弋死；又衛青本平陽公主騎奴，後貴爲大將軍，而平陽公主寡居，遂以青爲夫等事。《田仁傳》後，增仁與任安皆由衛青舍人選入，見帝，二人互相舉薦，帝遂拔用之等事。又《張蒼申屠嘉傳》後，增記征和以後爲相者。車千秋之外，有韋賢、魏相、丙吉、黄霸，皆宣帝時也；韋玄成、匡衡，❶則元帝時也。此皆少孫别有傳聞，綴於各傳之後。今《史記》内各有『褚先生曰』以别之。其無『褚先生曰』者，則於正文之下另空一字，以爲識别。此少孫所補，顯然可見者也。又有就史遷原文而增改者。《楚元王世家》

---

❶ 「玄」，原作「元」，避清諱，今回改。後倣此，不再出校。

後，敘其子孫有地節二年者，❶則宣帝年號也。《齊悼惠王世家》後，敘朱虚侯子孫，有至建始三年者，則成帝年號也。此則皆在遷後，而遷書内見之，則亦少孫所增入也。又《史記·匈奴傳》：太初四年，且鞮侯單于立。其明年，浞野侯亡歸。又明年，漢使李廣利擊右賢王於天山；又使李陵出居延，陵敗，降匈奴，則天漢二年也。又二年，漢使廣利出朔方，與匈奴連戰十餘日，廣利聞家已族滅，遂降匈奴，則應是天漢四年事。然《漢書·武帝紀》：天漢二年，李陵降匈奴，與此傳同；而廣利之降則在征和三年，距天漢四年尚隔七年，殊屬歧互。不知者必以史遷爲及身親見，與班固事後追書者不同，自應以《史記》爲準。然征和元年巫蠱事起，二年太子斬江充，戰敗自殺；而廣利之降，則以太子既死之明年。廣利出擊匈奴，丞相劉屈氂餞於郊外。廣利以太子既死，屬屈氂勸上立昌邑王爲太子。昌邑王者，廣利妹李夫人所生子，廣利甥也。此語爲人所告發，帝遂誅其家。廣利聞之，乃降匈奴。是廣利之降，在衞太子死後，而太子之死，實在征和二年。此等大事，《漢書》本紀編年記載，斷無差誤。則廣利之降，必不在天漢四年明矣。再以《漢書·匈奴傳》核對，則李陵降匈奴以前，皆與《史記·匈奴傳》同。陵降後二年，廣利出兵，與單于連戰十餘日，無所得，乃引還，並未降匈奴也。又明年，匈奴且鞮侯單于死，狐鹿姑單于立，❷是爲漢太始元年。狐鹿姑立六年，遣兵入寇上谷、五原、酒泉。漢乃又遣廣利出塞。戰

❶「有」下，《廿二史劄記》有「至」字。

❷「立」，原作「位」，據《廿二史劄記》改。

勝追北，至范夫人城，聞妻子坐巫蠱事被收，乃降匈奴。計其歲年，正是征和三年之事，與《武帝紀》相合，則知《史記·匈奴傳》末所云天漢四年廣利降匈奴者，非遷原本也。遷是時目擊其事，豈有錯年歲至此？❶蓋遷所作傳，僅至李陵降後二年廣利出塞不利引還便止。遷《自敘》謂「訖於太初」，則并在陵降匈奴之前。而褚少孫於數十年後，但知廣利降匈奴之事，不復細考年代，即以係於天漢四年出兵之下，故年代錯誤也。可知《史記》十篇之外，多有少孫所竄入者。」「《史記》有後人竄入處」條云：「《史記·田儋傳》贊，忽言蒯通辨士，著書八十一篇，項羽欲封之而不受。此事與儋何涉，而贊及之？《司馬相如傳》贊，謂『相如雖多虚辭濫説，然其要歸引之節儉；楊雄以爲靡麗之賦，勸百諷一，猶馳騁鄭、衛之音，曲終而奏雅，不已虧乎！余采其語可論者著於篇』云云。按：雄乃哀、平、王莽時人，史遷何由預引其語？此并非少孫所補，而後人竄入者也。《漢書·相如傳》贊正同，豈本是班固引雄言作贊，而後人反移作《史記》傳贊邪？《外戚世家》敘衛子夫得幸之處，不曰『今上』而曰『武帝』，此或是少孫所改耳。」觀甌北所考《史記》之經後人竄亂，無足疑者，此外尚多，以文繁不復録，學者可觀省而自得焉。

❶「錯」下，《廿二史劄記》有「誤」字。

新學僞經考卷三上

漢書藝文志辨僞第三上

按：劉歆僞撰古經，由於總校書之任，故得託名中書，恣其竄亂。東漢主張古學若賈逵、班固、馬融、張衡、許慎之倫，皆校書東觀者。其守古學彌篤，蓋皆親見中古文經，故惑之彌甚。通學之徒皆已服膺，其風滅天下，力固宜然。故原僞經所能創，考古學所以行，皆由《七略》也。《漢書》爲歆所作，人不盡知；《藝文志》即《七略》原文，人皆知之。今將《藝文志》之《六藝略》條辨於先，則歆之僞盡見矣。

昔仲尼没而微言絶，七十子喪而大義乖。故《春秋》分爲五，《詩》分爲四，《易》有數家之傳。戰國從衡，真僞分争，諸子之言，紛然殽亂。至秦患之，乃燔滅文章，以愚黔首。漢興，改秦之敗，大收篇籍，廣開獻書之路。迄孝武世，書缺簡脱，禮壞樂崩，聖上喟然而稱曰：「朕甚閔焉！」於是建藏書之策，置寫書之官，下及諸子傳説，皆充祕府。至成帝時，以書頗散亡，使謁者陳農求遺書於天下，詔光禄大夫劉向校經傳、諸子、詩賦，步兵校尉任宏校兵書，太史令尹咸校數術，侍醫李柱國校方技。每一書已，向輒條其篇目，撮其旨意，録而奏之。會向卒，哀帝復使向子侍中奉車都尉歆卒父業。歆於是總羣書而奏其《七略》，故有《輯略》，有《六藝略》，有《諸子略》，有《詩賦略》，有《兵書略》，有《術數略》，有《方技略》，今删其要以備篇籍。

按《七略》之出於劉歆，此爲明條。《六藝略》爲歆專職，以承父向校經傳、諸子、詩賦也，故尤得恣其改亂，顛倒五經也。秦火雖焚，而六經無恙，博士之職不改，孔氏世世不絶，諸儒師師相受，微言大義至今具存。以爲乖絶，及「書缺簡脱，禮壞樂崩」，皆歆邪説，攻今學真經，而創古學僞經也。且所謂微言大義，即孔子改制之學也，申公、轅固生、韓嬰、伏生、高堂生、田何、胡毋生、董仲舒，四百年傳之不絶。自歆僞經出，託之周公，而後孔子之微言大義乃乖絶，實乖絶於歆也。《春秋》有公、穀，而無左氏，更無鄒、夾。《詩》有齊、魯、韓，而無毛氏。《易》出於田何，施、孟、梁丘起於宣帝後，戰國前安有數家之傳？敘仲尼七十子後，即以己僞撰之經入之，以塗學者耳目，首倡秦焚而書簡缺，言絶而諸家争。學者開卷，誦之習熟，彌滿胸臆。此所以豐蔀二千年而莫之解也。劉向所撮録，大率爲歆所改。今以劉向《新序》、《説苑》、《列女傳》校之，説皆不同，知《七略》中無向説矣。其云：「迄孝武世，書缺簡脱，禮壞樂崩，聖上喟然而稱曰：『朕甚閔焉。』」《移太常書》并以「書缺簡脱」四字誣爲詔書。考《史記》、《漢書》《儒林傳》皆載武帝制，衹有「禮廢樂崩，朕甚愍焉」八字。蓋博士具官未有進者，六藝之學朝廷未重，故以爲「禮廢樂崩」，非謂「書有缺脱」也。《儒林傳》制詔元文既無此語，則「書缺簡脱」四字，爲歆增加以證佐僞經之説明甚。劉歆僞撰古文，既妄以傳授源流强誣古人，並誣其父，又誣其君。無忌憚之小人亦至此乎！按古今總校書之任者，皆有大權，能主張學術，移易是非，竄亂古書。先徵之今，國朝《四庫全書總目提要》，羣書紀昀主之，算法則戴震主之，而《四元玉鑑》爲中國算學最精之術，戴震於《測圓海鏡》提要云：「按立天元一法，見於宋秦九韶《九章大衍數》中，厥後《授時草》及《四元玉鑑》等書皆屢見之。」則戴震必見其書，而乃不爲著録，蓋欲獨擅其術也。《提要》之及其目者，乃其不覺流露，不及校删者耳。紀昀力攻朱子，述董復亨《繁露園集》之野言，❶譏《名臣言行録》不載劉元城者數條，其他主張雜學，所以攻宋儒者無不至。後生多爲所惑。近世氣節壞，學術蕪，大抵紀昀之罪也。校書者心術若壞，何所不至？幸生當國家明盛，羣書畢備，故不至大爲竄亂。若劉歆挾名父之傳，當新莽之變，前典校書之任，後總國師之權。加漢世書籍，皆在竹帛，事體繁重，學者不從大師，無所受讀。不如後世刻本流行，挾巨金而之市，則緗載萬卷，羣書咸備也。若中祕之藏，自非馬遷之爲太史，則班嗣之有賜書，楊雄之能借讀，庶或見之，自餘學者無由竊見。故歆總其事，得以恣其私意，處處竄入。當時諸儒雖不答，師丹公孫禄雖奏劾，然天下後世則皆爲所豐蔀而無由見日矣。孔子六經不亡於秦政之燒書，而亂於新歆之校書，豈不痛哉！王允謂「不可令佞臣執筆」，若校書之權任，尤先聖大道所寄，豈可使佞人爲之哉！徒以二千年經學乖謬，有若聚訟，童年而搜研章句，白首不能辨厥要歸，科罪劉歆，猶未當其獄也！

《易》經十二篇，施、孟、梁丘三家。師古曰：「上、下經及十翼，故十二篇。」

《易》傳周氏二篇。字王孫也。

服氏二篇。師古曰：「劉向《别録》云：『服氏，齊人，號服光。』」

楊氏二篇。名何，字叔元，菑川人。

---

❶ 「復亨」，原作「亨復」，據《四庫全書》本《千頃堂書目》、道光八年味經書屋本《傳是樓書目》乙正。

蔡公二篇。衞人，事周王孫。

韓氏二篇。名嬰。

王氏二篇。名同。

丁氏八篇。名寬，字子襄，梁人也。

《古五子》十八篇。自甲子至壬子，説《易》陰陽。

《淮南道訓》二篇。淮南王安聘明《易》者九人，號《九師説》。

《古雜》八十篇，《雜災異》三十五篇，《神輸》五篇，圖一。師古曰：「劉向《別録》云：『神輸者，王道失則災害生，得則四海輸之祥瑞。』」

孟氏、京房十一篇，《災異》孟氏、京房六十六篇，五鹿充宗《略説》三篇，京氏、段嘉十二篇。蘇氏曰：「東海人，爲博士。」晉灼曰：「《儒林》不見。」師古曰：「蘇説是也。嘉即京房所從受《易》者也，見《儒林傳》及劉向《別録》。」

章句施、孟、梁丘氏各二篇。

凡《易》十三家，二百九十四篇。

《易》曰：「伏犧氏仰觀象於天，俯觀法於地，觀鳥獸之文與地之宜，近取諸身，遠取諸物，於是始作八卦，以通神明之德，以類萬物之情。」至於殷、周之際，紂在上位，逆天暴物，文王以諸侯順命而行道，天人之占，可得而効，於是重《易》六爻，作上、下篇。孔氏爲之《彖》、《象》、《繫辭》、《文言》、《序卦》之屬十篇，故曰《易》道深矣。人更三聖，世歷三古。及秦燔書，而《易》爲筮卜之事，傳者不絶。漢興，田何傳之。訖於宣、元，有施、孟、梁丘、京氏列於學官，而民間有費、高二家之説。劉向以中古文《易經》校施、孟、梁丘經，或脱去「無咎」、「悔亡」。唯費氏《經》與古文同。

按《易》學爲歆亂僞之説有三，而京、焦之説不與焉。其一，文王但重六爻，無作上、下篇之事；以爲周公之作，更其後也。其二，《易》但有上、下二篇，無十篇之説；以爲孔子作十翼，固其妄也。其三，《易》有施、孟、梁丘，並出田何，後有京氏爲異，然皆今文之説，無費氏《易》，至有高氏，益支離也。今分辨於下：

《史記・周本紀》：「西伯蓋即位五十年。其囚羑里，蓋益《易》之八卦爲六十四卦。」《日者傳》：「周文王演三百八十四爻。」《法言・問神篇》：「《易》始八卦，而文王六十四，其益可知也。」《問明篇》：「文王淵懿也。重《易》六爻，不亦淵乎！」《漢書・楊雄傳》：「文王以諸侯順命而行道，於是重《易》六爻。」此皆西漢前説辭之未著，若何而有上、下之篇？殊令人不可通曉。考馬融、陸績之説，皆以文王作卦辭，周公作爻辭。見《周易正義》一。此必有所受。《志》云「文王重六爻」，蓋未敢驟改西漢舊説，以駭觀聽，而又云「作上、下篇」，則是明以爲文王作卦辭矣。其辭閃爍，所謂「誣善之人，其辭游」也。其辨詳《經典釋文糾謬》。此《志》敘周王孫、服光、楊何、蔡公、韓嬰、王同諸《易》先師傳皆二篇，章句施、孟、梁丘氏各二篇。然則《易》之卦辭、爻辭、彖辭、象辭皆合，以其簡帙繁重，分爲上、下二篇。史遷《太史公自序》稱《繫辭》爲「《易》大傳」。蓋《繫辭》有「子曰」，則非出孔子手筆，但爲孔門弟子所作，商瞿之徒所傳授，故太史談不以爲經，而以爲傳也。至《説卦》、《序卦》、《雜卦》三篇，《隋志》以爲後得，蓋本《論衡・正説篇》「河内後得逸《易》」之事。《法言・問神篇》「《易》損其一也，雖惷知闕焉」，則西漢前《易》無《説卦》可知。楊雄、王充嘗見西漢博士舊本，故知之。《說卦》與孟、京《卦氣圖》合，其出漢時僞託無疑。《序卦》膚淺，《雜卦》則言訓詁，此則歆所僞竄，并非河内所出。宋葉適嘗攻《序卦》、《雜卦》爲後人僞作矣。《習學記言》。歆既僞《序卦》、《雜卦》二篇，爲西漢人所未見，又於《儒林傳》云費直「徒以《彖》、《象》、《繫辭》十篇文言解說上、下經」，此云「孔氏爲之《彖》、《象》、《繫辭》、《文言》、《序卦》之屬十篇」，又敘《易經》十二篇而託之爲施、孟、梁丘三家，又於《史記·孔子世家》竄入「孔子晚而喜《易》，序《彖》、《繫》、《象》、《說卦》、《文言》」，顛倒眩亂。學者傳習，熟於心目，無人明其僞竄矣。諸家引孟、京注，間有及《說卦》、《序卦》、《雜卦》者，如非竄亂之條，即爲後人附益之語，猶《左傳正義》一引《嚴氏春秋》有「孔子與左丘明觀書，丘明爲傳」之事耳，不足據也。夫《易》爲未經焚燒之書，猶可託僞，而人無疑之者，況他經哉。然則天下人之被欺，固易易耳。若非藉馬遷、王充之說，孔子之《易》幾無復發明之日，亦危矣哉！

按：西漢但有施、孟、梁丘、京氏《易》。費氏、高氏突出於哀、平之世，西漢諸儒無見之者。傳之者王璜，即傳徐敖古文《尚書》之人，其爲歆所假僞付囑，至易見也。其云「唯費氏經與古文同」，亦僞託也，務借以尊費氏而已。漢逮中葉，經業至盛，人用其私，多思僞撰。故《易》則有焦、京、趙賓以陰陽災變爲《易》，《書》則有《泰誓》、張霸《百兩篇》，《禮》則有方士、明堂諸說。蓋作僞者已多。劉歆之僞古文，發源於《左氏》，成於《周官》，徧僞諸經，爲之佐證。獨闕於《易》，遂勦焦、京之緒餘，而變其面目。故曰「長於卦筮」，又曰「亡章句，徒以《彖》、《象》、《繫辭》十篇文言解說上、下經」，蓋歆以餘力爲之，湊成諸經古文耳。《後漢書·儒林傳》：「陳元、鄭衆皆傳費氏《易》。其後馬融亦爲其傳。融授鄭玄，玄作《易注》。荀爽又作

《易傳》。自是費氏興。」《經典釋文・序録》曰：「永嘉之亂，施氏、梁丘之《易》亡。孟、京、費之《易》，人無傳者。」馬、鄭之《易》，即費氏《易》，安得謂費無傳？陸氏之説不足爲據也。是後漢末皆費氏學。而《釋文》有《費直章句》四卷，豈後人所傳益歟？然既曰「興」，又曰「人無傳者」，則必有説。今自馬融、鄭玄、荀爽、虞翻及王輔嗣注，皆費氏説，《三國志・虞翻傳》注載翻奏曰：「臣聞六經之始，莫大陰陽。」是歆六經首《易》之説也。「臣高祖父少治孟氏《易》，至臣五世。前人通講，多玩章句，雖有祕説，於經疏闊。」是翻棄師法之徵也。《翻傳》又載翻《國語訓注》，是翻蓋治古學者。蓋馬、鄭之後，費學大行。學者無不在其籠中，爲其學者又人人異論。荀爽既殊於馬、鄭，翻又異於鄭、荀，要之皆費氏之説。翻自言孟氏，蓋假借之辭耳。則今之《易》亦歆僞學也。嗚呼！後世六學，皆歆之説，孔子之道於是一變，蓋二千年矣。《儒林傳》言高相「亦亡章句，專説陰陽災異」。蓋歆別有《五行傳》之學，溢而爲此。傳又云「自言出於丁將軍」，猶《毛詩》自謂子夏所傳耳，亦猶《春秋》之故爲鄒氏、夾氏以影射耳，亦歆所爲也。唯歆斥孟、京之僞，詳《漢書儒林傳辨僞》。

《尚書》古文經四十六卷。爲五十七篇。師古曰：「孔安國《書序》云：『凡五十九篇，爲四十六卷。承詔作傳，引序各冠其篇首，定五十八篇。』鄭玄《敘贊》云：『後又亡其一篇。』故五十七。」

經二十九卷。大、小夏侯二家。歐陽經三十二卷。師古曰：「此二十九卷，伏生傳授者。」

傳四十一篇。

歐陽章句三十一卷。

大、小夏侯章句各二十九卷。

大、小夏侯解故二十九卷。

歐陽《說義》二篇。

劉向《五行傳記》十一卷。

許商《五行傳記》一篇。

《周書》七十一篇。周史記。師古曰：「劉向云：『周時誥誓號令也。』蓋孔子所論百篇之餘也。今之存者四十五篇矣。」

《議奏》四十二篇。宣帝時石渠論。韋昭曰：「閣名也，於此論書。」

凡《書》九家，四百一十二篇。入劉向《稽疑》一篇。師古曰：「此凡言『入』者，謂《七略》之外，班氏新入之也。其云『出』者，與此同。」

《易》曰：「河出圖，雒出書，聖人則之。」故《書》之所起遠矣。至孔子籑焉，上斷於堯，下訖於秦，凡百篇，而爲之序，言其作意。秦燔書禁學，濟南伏生獨壁藏之。漢興，亡失，求得二十九篇，以教齊、魯之間。訖孝宣世，有歐陽、大小夏侯氏立於學官。古文《尚書》者，出於孔子壁中。武帝末，魯共王壞孔子宅，欲以廣其宮，而得古文《尚書》及《禮記》、《論語》、《孝經》凡數十篇，皆古字也。共王往入其宅，聞鼓琴瑟鐘磬之音，於是懼，乃止不壞。孔安國者，孔子後也，悉得其書，以考二十九篇，得多十六篇。安國獻之，遭巫蠱事，未列於學官。劉向以中古文校歐陽、大小夏侯三家經文，《酒誥》脱簡一，《召誥》脱簡二。率簡二十五字者，脱亦二十五字，簡二十二字者，脱亦二十二字，文字異者七百有餘，脱字數十。《書》者，古之號令。號令於衆，其言不立具，則聽受施行者弗曉。古文讀應爾雅，故解古今語而可知也。

按：伏生所傳二十八篇。伏生故秦博士。秦焚書，非博士所職悉焚，則博士所職不焚。然則伏生之《書》，爲孔子所傳之全經，確矣。博士以《尚書》爲備，以其傳授有緒，故比之二十八宿也。歐陽、大小夏侯傳今文者無異辭。而《史》、《漢》《儒林傳》皆云「伏生求其《書》，獨得二十九篇」者，《隋志》引《論衡》以爲「河内女子得《泰誓》一篇」。劉歆《移太常書》所謂「《泰誓》後得，博士集而讀之」。故經二十九卷，大、小夏侯章句各二十九卷，大、小夏侯解故二十九篇，皆緣博士合《泰誓》於經中，并二十八篇數之，故爲二十九也。歆欲以古文亂今學，故云「凡百篇，而爲之序」、「秦燔書禁學」、「漢興，亡失，求得二十九篇」，明《書》之不備，所以便其作僞也。歆不明白言之，又竄之於《史記·儒林傳》以惑人，以便於作僞而人不驚之也。《書序》之僞，别詳《書序辨僞》中，今不詳。

壁中古文之事，其僞凡十。秦雖焚書而六經不缺。孔氏遺書藏於廟中，世世不絶，諸儒以時習之。篆與籀文相承，無從有古文。孔襄爲孝惠博士，孔忠、孔武並爲博士，亦無從突出於共王之手。其僞一。按《史記·魯共王世家》無壞孔子壁得古文經事。史遷講業齊、魯之都，加性好奇，若有之，必詳述之。其僞二。共王以景帝前二年即位，二十八年薨，爲武帝元朔元年，乃武帝初年，《志》云「武帝末」。其僞三。自元朔元年至征和二年，巫蠱事起，凡三十六年。武帝崇獎經學，搜訪遺書，安國何爲遲數十年，致遭巫蠱之時？且安國蚤卒，何得至征和時遇巫蠱？閻若璩《古文尚書疏證》據荀悦《漢紀》「安國家獻之」，然既獻之，何以武帝久不立，歐陽氏不一言之？或據《外戚陳皇后傳》，元光五年，「女子楚服等，坐爲皇后巫蠱，祠祭祝詛，大逆無道，相連及誅者三百餘人」，其時安國正爲博士，然此後都尉朝等仍可請，何不見也？其僞四。河間獻王亦得古文《書》，「天下遺文古事靡不畢集太史公」，何以史遷不見？又此本何傳，與共王出孰先後，本孰同異，增多幾何，何以《志》不敘及？豈有亡失之餘，遺書間出，而篇簡文字不謀而合之理？其爲僞造，即此已明。其僞五。孔安國以今文字讀古文。縱有壁中書，安國亦僅識二十九篇耳，若何而知爲多十餘篇？其僞六。兒寬受業於安國，歐陽、大小夏侯學皆出於寬，則皆安國之傳也。司馬遷亦從安國問故。則使確有古文，確多十六篇，歐陽、大小夏侯皆傳之，則今古文實無異本矣。《儒林傳》云「遷書載《堯典》、《禹貢》、《洪範》、《微子》、《金縢》諸篇多古文説」，凡此皆今文篇，無一增多篇者，所異者乃安國古文説耳。然古文所異在字，安國仍讀以今文，更無説也。即安國確有其説，亦與兒寬同傳。且今考史遷載《堯典》諸篇説，實皆今文，以爲古文者妄。其僞七。安國爲得古文之人，爲歐陽、大小夏侯之本師，經應全同，何以有脱簡三，脱字數十，文字異者七百有餘？其僞八。歐陽、大小夏侯既傳安國學，則亦傳古文學，何以無此十六篇，而都尉朝、膠東庸生獨有之？其僞九。安國傳《書》，至龔勝者八傳，至孔光者五傳，至趙玄者七傳。詳《漢書儒林傳辨僞》。以今學經八傳而至勝，古學經三傳而至胡常，即當哀、平世矣，何相去之遠乎？其僞十。比附觀之，蓋不待辭之窮，而其僞已露矣。武進劉逢禄曰：《尚書今古文集解》。「馬融《書傳序》稱『逸十六篇，絶無師説』，即《史記》云『《逸書》得十餘篇』，劉歆云『《逸書》有十六篇』。正義載其目云：『《舜典》一，《汩作》二，《九共》九篇十一，《大禹謨》十二，《棄稷》十三，《五子之歌》十四，《胤征》十五，《湯誥》十六，《咸有一德》十七，《典寶》十八，《伊訓》十九，《肆命》二十，《原命》二十一，《武成》二十二，《旅獒》二十三，《冏命》二十四。』《九共》九篇共卷，故十六篇。蓋此十六篇，亦《逸周書》之類，未必出於孔壁。劉歆輩增設之，以抑今文博士耳。東漢初治古文者衛、賈諸子，皆不爲注説，故遂亡佚。要之，據《舜典》、《皋陶謨》序讀之，則《典》、《謨》皆完備。《逸書》別有《舜典》、《大禹謨》、《棄稷》，必歆等之僞也。」劉氏已能發歆之僞矣，然猶以爲「亦《逸周書》之類，未必出於孔壁」，則仍爲歆所謾也。《漢書·律曆志》全用劉歆《三統曆》。其引《武成》，以《逸周書》考之，即《世俘解》也。《世俘解》云「維四月乙未日，武王成辟四方，通殷命有國」，此敍以《武成》命篇之意；次云「唯一月丙午，《志》作「壬辰」。旁生《志》作「死」。魄，若翼《志》作「翌」，下同。日丁未，《志》作「癸巳」。王乃步自於周，征伐商王紂」，《志》作「武王乃朝步自周，於征伐紂」。《漢志》同；又云「越《志》作「粤」，下同。若來二《志》作「三」。月既死魄，越五日甲子，朝至接於商，則《志》無此六字。咸劉商王紂」，《漢志》同；又云「時《志》作「唯」。四月，既旁生魄，越六日庚戌，武王朝至《志》無此二字。燎於周」，《志》下有「廟」字。《漢志》同；又云「若《志》無此字。翼日辛亥，祀於《志》下有「天」字。位，用籥於天位。《志》無此句。越五日乙卯，武王《志》無此二字。乃以庶國祀馘於周廟」，《漢志》同。其爲歆竊取以爲《武成》無疑。鄭康成以爲建武之際亡。見正義。意歆以出於《逸周書》太顯，又從而匿之邪？若此篇，劉逢禄以爲「亦《逸周書》之類」，宜也。若《舜典》者，《書序》乃有之。伏生、《史記》並爲《堯典》一篇，無二篇之説。陸氏《經典釋文》云：「元帝時，豫章内史梅賾奏上孔傳古文《尚書》，亡《舜典》一篇，購不能得，乃取王肅注《堯典》從『慎徽五典』以下分爲《舜典》篇以續之。齊明帝建武中，吴興姚方興采馬、王之注，造孔傳《舜典》一篇，云於大航頭買得，上之。梁武時爲博士，議曰：『孔《序》稱伏生誤合五篇，皆文相承接，所以致誤。《舜典》首有「曰若稽古」，伏生雖昏耄，何容合之？』遂不行用。」梁武之言，雖證方興之非真，實明伏本之不誤。計歆所僞，當别有一篇。《序》云「虞舜側微，堯聞之聰明，將使嗣位，歷試諸難，作《舜典》」，仍今《堯典》之義。趙岐《孟子注》云「孟子諸所言舜事，皆《舜典》及《逸書》所載」，意者歆竊《孟子》而爲之。然《宋書・禮志》載高堂隆引《書》「粤若稽古帝舜曰重華，建皇授政改朔」，此必歆所僞者。至於《湯誥》，竊於《殷本紀》。推此爲例，則十六篇皆歆所偷竊僞造至明也。其《儒林傳》都尉朝、膠東庸生、胡常、徐敖、王璜、塗惲、桑欽傳學姓名，率皆僞撰。又以胡常傳《左氏春秋》，徐敖傳《毛詩》，王璜傳費氏《易》，僞經師傳授受，皆此數人。然云「王莽時諸學皆立，劉歆爲國師，璜、惲等皆貴顯」，其爲歆所授意易見矣。要而論之，安國傳業於兒寬，歐陽、大小夏侯出於寬，其門徒星羅雲布於漢世，而未聞古文十六篇之異説。歆移文謂庸生學同古文，《隋志》謂安國私傳其業於都尉朝。何朝、庸生之幸，而寬與司馬遷之不幸邪？考其源流，殆不值一噱也。

《尚書》古文經四十六卷，經二十九卷。《經》者，即伏生二十八篇并後得《泰誓》之本。《古文經》四十六卷，二十九卷外并得多十六篇計之，尚缺一卷，必合《序》數之乃足，然則《序》與十六篇同出無疑。歐陽、大小夏侯皆不言《序》，後漢古文大行，注《尚書》者遂皆注《序》，則《序》出於歆之僞古文明矣。詳《書序辨僞》。或曰：歆僞《書》、《禮》、《禮記》、《周官》、《左氏春秋》、《論語》、《孝經》皆古文，《毛詩》、費氏《易》亦古文。凡後世號稱爲經者皆歆僞經，變亂先聖之典文，惑易後儒之耳目，其罪固不勝誅矣。歆所僞爲古文者，固不足信。凡《史》、《漢》所號爲古文者，舉皆歆所竄附乎？應之曰：《漢書》爲歆撰，不復據。《史記》所稱，如《太史公自序》「年十歲則誦古文」，《十二諸侯年表》「表見《春秋》、《國語》，學者所譏盛衰大指著於篇，爲成學治古文者要删焉」之類，或多竄附者也。其託之古文者，以西漢末金石之學大盛。張敞之後，若楊雄等皆好之。楊雄多識奇字，侯芭、劉棻等多從問之。《後漢書·桓譚傳》言「譚尤好古學，數從劉歆、楊雄辨析疑異」，《杜林傳》言「得漆書古文《尚書》一卷，雖遭艱困，握持不離身」，班固亦繼楊雄續《蒼頡》。其時雅才尚古，可見矣。蓋承平既久，鼎彝漸出，始而搜羅，繼而作僞，好古之風氣皆然。古董之餘，必生贋鼎。京師市賈能作僞碑僞蹟，林下才士亦作僞字僞文。是故《岣嶁禹碑》，出自用修之手；《答蘇武書》，祇爲齊、梁之文。他若《孝經》孔傳，劉炫所爲；《子貢詩傳》，豐坊所僞。大舸斷字，日本《考文》，日出不窮，更僕難數。以近世之風推漢時之俗，僞篇百兩，張霸爲先驅；改定蘭臺，行貨爲後起。歆既好奇字，又任校書，深窺此旨，藉作奸邪，乃造作文字，僞造鐘鼎，託之三代，傳之後世。徵應既多，傳授自廣。以奇字而欺人，借古文爲影射。《左氏春秋》，乃其竄僞之始；共王壞壁，肆其烏有之辭。見傳記有引未修之《書》篇，託爲《逸書》以藏身；窺士禮之不達於天子，僞造《逸禮》以創制。遭逢莽篡，適典文章。内獎闇干，以成其富貴之謀；外藉威柄，以行其矯僞之學。上承名父之業，加以絶人之才，故能徧僞諸經，旁及天文、圖讖、鍾律、月令、兵法，莫不僞竄，作爲《爾雅》、《八體六技》之書以及鍾鼎，以輔其古文之體。於是學者咸惑，豐蔀千年，皆古文之爲也。其云「古文讀應爾雅，故解古今語而可知」，此歆由僞字而造僞訓詁之由。其詳見下文，此不詳。若王肅之僞古文，則劉歆之重儓，張霸之螟蛉，近人多能言之。今但明其出於王肅，他不詳。

《詩經》二十八卷，魯、齊、韓三家。應劭曰：「申公作《魯詩》，后倉作《齊詩》，韓嬰作《韓詩》。」

魯故二十五卷。師古曰：「『故』者，通其指義也，他皆類此。今流俗《毛詩》改『故訓傳』爲『詁』字，失真耳。」

魯説二十八卷。

齊后氏故二十卷。

齊孫氏故二十七卷。

齊后氏傳三十九卷。

齊孫氏傳二十八卷。

齊雜記十八卷。

韓故三十六卷。

韓内傳四卷。

韓外傳六卷。

韓説四十一卷。

《毛詩》二十九卷。

《毛詩故訓傳》三十卷。

凡《詩》六家，四百一十六卷。

《書》曰：「詩言志，歌詠言。」故哀樂之心感，而歌詠之聲發。誦其言謂之詩，詠其聲謂之歌。故古有采詩之官，王者所以觀風俗，知得失，自考正也。孔子純取周詩，上采殷，下取魯，凡三百五篇。遭秦而全者，以其諷誦，不獨在竹帛故也。漢興，魯申公爲《詩》訓故，而齊轅固、燕韓生皆爲之傳，或取《春秋》，采雜説，咸非其本義。與不得已，魯最爲近之。三家皆列於學官。又有毛公之學，自謂子夏所傳，而河間獻王好之，未得立。

按：三家之傳，源流深遠。申公爲孫卿再傳弟子，轅固生當景帝時罷歸，已九十餘，則漢興時年已三十餘矣。韓嬰，孝文時已爲博士，則亦先秦之遺老，去七十子淵源不遠。且《儒林傳》稱《韓詩》「其語頗與齊、魯間殊，然其歸一也」，則三家之義無殊。且匪徒三家《詩》，凡今文博士之説皆同。《詩》終《三頌》，以《周頌》、《魯頌》、《商頌》終之，正與孔子作《春秋》，據魯、親周、故宋之義合。然則取《春秋》，乃三家《詩》傳孔學之正派。子夏以「禮後」悟《詩》，子貢以「切磋」悟《詩》，孟子言「憂心悄悄，愠於羣小，孔子也」，《坊記》、《中庸》、《表記》、《緇衣》、《大學》，孔門之言《詩》，皆「采雜説」。以爲「非本義」，誰得而正之？三家譜系至詳，説義歸一，未有言《毛詩》者；至平帝、王莽時，乃突出。《志》云「又有毛公之學，自謂子夏所傳」，託之「自謂」，不詳其本師。其僞一。《經典釋文·序録》引徐整云：三國吴人。「子夏授高行子，高行子授薛倉子，薛倉子授帛妙子，帛妙子授河間人大毛公。毛公爲《詩故訓傳》於家，以授趙人小毛公。小毛公爲河間獻王博士。」一云：此見陸璣《毛詩草木鳥獸蟲魚疏》，亦三國吴人。「子夏傳曾申，申傳魏人李克，克傳魯人孟仲子，孟仲子傳根牟子，根牟子傳趙人孫卿子，孫卿子傳魯人大毛公。」自東漢後，《毛詩》蓋盛行，而徐整、陸璣述傳授源流支派姓名無一同者。一以爲出於孫卿，一以爲不出於孫卿，當三國時尚無定論，則支派不清。其僞二。同一大毛公，一以爲河間人，一以爲魯人，則本師籍貫無稽。其僞三。《漢書》但稱毛公，不著大毛公、小毛公之别，不以爲二人。鄭玄、《毛詩·周南》正義引《鄭譜》：「魯人大毛公爲《訓詁傳》於其家，河間獻王得而獻之，以小毛公爲博士。」徐整、陸璣以大毛公、小毛公别爲二人。劉、班不知，鄭、徐、陸生後二百年，何從知之？則本師歧亂。其僞四。《儒林傳》云：「毛公，趙人也。治《詩》，爲河間獻王博士。授同國貫長卿，長卿授解延年，延年爲阿武令，授徐敖，敖授九江陳俠，爲王莽講學大夫。」《傳》又言敖以古文《尚書》授王璜、塗惲，莽時，歆爲國師，皆貴顯。考子夏少孔子四十四歲，見《史記·仲尼弟子傳》。孔子卒年至魏文侯元年，凡五十七年，子夏已八十六歲；自魏文侯元年下至漢景帝二年、河間獻王元年，凡二百六十九年，自河間獻王元年下至王莽居攝元年，凡一百六十年，則自子夏退居西河至莽時，凡四百二十九年。如徐整説，子夏五傳至小毛公，又三傳至徐敖，凡八傳，當莽世矣。以《儒林傳》考之，《魯詩》，申公一傳免中徐公、許生，再傳王式，三傳張生，四傳張斿卿，以《詩》授元帝，仍當宣帝時也。斿卿門人許晏，尚有二三傳乃至莽世，則已七八傳矣。《齊詩》，轅固生一傳夏侯始昌，再傳后倉，三傳匡衡，四傳滿昌，五傳張邯、皮容。《韓詩》亦五傳至張就、髮福。而伏生《尚書》六傳爲林尊，七傳爲歐陽地餘，論石渠，猶當宣帝世，林尊再傳爲龔勝、鮑宣，上距伏生凡八傳矣。商瞿傳《易》，至丁寬，已七傳，至施、孟、梁丘已九傳矣。《詩》、《書》自漢初至西漢末已八傳，而《毛詩》自子夏至西漢末僅八傳；《易》自商瞿至漢初已七傳，而《毛詩》自子夏至西漢末亦僅八傳，豈足信也？若如陸璣説，自孫卿至徐敖凡五傳，閲三百年，亦不足信也。且《魯詩》出於孫卿，若源流合一，則今荀子諸詩説何以與毛不同？傳授與年代不符。其僞五。《史記》無《毛詩》。《漢書》有毛公而無名。鄭玄、徐整以毛公有大小二人，而亦無名。陸璣疏、《後漢書·儒林傳》以爲毛亨、毛萇矣。夫劉、班、鄭、徐之不知，吳、宋人如何知之？襲僞成真，歧中又歧。如公羊、穀梁，本無名字，公羊、穀梁音相近，蓋卜商之音譌。二書有口説，無竹帛，故傳誤。而公羊忽名高，穀梁忽名赤、名俶，幾若踵事增華，習久成真，遂以烏有先生竊千年兩廡之祀。韓退之曰「偶然喚作木居士，便有無窮求福人」，此與「伍子胥」爲「伍髭鬚」、「杜拾遺」爲「杜十姨」何以異？夫從祀大典，以親傳《詩》、《禮》之大儒荀卿猶不得預，而妄人僞託杜撰之名字，乃得謬厠其間，非徒可笑，亦可駭矣！名字妄增。其僞六。河間獻王無得《毛詩》立博士事，以《史記·獻王世家》爲據，則竄亂依託。其僞七。詳見《河間獻王傳辨僞》。其他以《風》、《小雅》、《大雅》、《頌》爲「四始」，與《韓詩外傳》及《史記》「《關雎》爲《風》始，《鹿鳴》爲《小雅》始，《文王》爲《大雅》始，《清廟》爲《頌》始」不同。其僞八。編詩移《檜》於《陳》後，移《王》於《衛》後，與《韓詩》《王》在《豳》後、《檜》在《鄭》前不同。據正義述《鄭譜》，鄭用《韓詩》説也。其僞九。以《商頌》爲商之遺詩，與三家《詩》以爲正考父美宋襄之説不同。《樂記》「肆直而慈愛者宜歌《商》」，鄭注：「《商》，宋詩也。」《左傳》哀九年「不利子商」，杜注：「子商，宋也。」二十四年「孝惠取於商」，杜注：「商，宋也。」《國語》「吳王夫差闕爲深溝於商、魯之間」，韋注：「商，宋也。」《逸周書·王會解》：「堂下之左，商公、夏公立焉。」《莊子》、《韓非子》均有商太宰，與孔子、莊子同時。此皆以宋爲商之證。魯定公諱宋，故孔子定《詩》，改宋爲商。《史記·宋世家》：「襄公之時，其大夫正考父美之，作《商頌》。」《法言·學行篇》：「正考甫嘗睎尹吉甫矣，公子奚斯嘗睎正考甫矣。」凡西漢以前，從無異説。《毛詩》妄爲異論。其僞十。蓋三頌者，孔子寓王魯、新周、故宋之義。《毛詩》以爲商先世之詩，則微言亡。其僞十一。《史記·孔子世家》稱「三百五篇」，王式稱「臣以三百五篇諫」，見《儒林傳》。《志》亦云「孔子純取周詩，上采殷，下取魯，凡三百五篇」，三家說皆同。而《毛詩》多笙詩六篇，則篇目增多。其僞十二。他如《漢廣》「德廣所及」，《白華》「孝子之潔白」，《崇丘》「萬物得極其高大」，《雨無正》「衆多如雨，而非所以爲正」之等，率皆望文生義，絕無事實，則空辭敷衍。其僞十三。若《小雅》自《節南山》以下四十四篇，皆爲刺幽王之詩。刺幽王何其多，而諸王何絕無一篇也？已與三家大異。《楚茨》等篇爲祭祀樂歌，而亦以爲刺幽王。朱子已先疑之。其僞十四。《詩》本樂章。孔子曰：「吾自衛反魯，而後樂正，《雅》、《頌》各得其所。」正樂即正《詩》也。故有燕享、祭祀之禮。於是作《雅》、《頌》，以爲燕享、祭祀之樂章。有夫婦之禮，即有房中之樂，於是作《關雎》、《鵲巢》諸詩，以爲樂章。此外變風、變雅采於民者，則非樂章。即二南之《汝墳》、《甘棠》、《行露》、《殷其靁》，《豳》之《破斧》、《伐柯》，《頌》之《閔予小子》、《訪落》、《敬之》、《小毖》，皆因事而作，不爲樂章，然亦皆入樂者也。《儀禮》燕、鄉、賓、射，皆於升歌笙間合樂之後，工告「正歌備」，乃繼之以無算爵，亂之以無算樂。夫「無算」云者，或間或合，盡懽而止。《鄉飲》、《鄉射》皆於明日息司正曰「鄉樂唯欲」，則二《南》自首三篇外，可隨意歌之。此無算樂之散歌、散樂一也。❶自賓祭用樂之外，古者以樂侑食，故魯樂工有亞飯、三飯、四飯也。至於工以納言，時而颺之，師箴，瞍賦，矇誦。大夫彈弦諷諫，國史采衆詩授矇瞍，使歌之以風其上。《詩大序疏》。《大戴禮·保傅篇》云：「宴樂雅頌逆序。」此工歌之散歌、散樂也。《史記·孔子世家》「三百五篇，

❶「一」，疑衍。

孔子皆弦歌之」，《荀子》言「《詩》三百篇，中聲所止」，《墨子》言「儒者誦《詩》三百，弦《詩》三百，歌《詩》三百，舞《詩》三百」，又《莊子》稱「曾子歌《商頌》」，此國子絃歌之散歌、散樂也。故季札觀樂，爲之徧歌《風》、《雅》、《頌》，尤爲全詩入樂之證。毛於《小雅・楚茨》諸篇及《大雅》諸詩，皆以空衍，不能言其爲樂章。即如《斯干》爲考室樂章，鄭箋謂「築宮廟羣寢既成而釁，歌《斯干》以落之」。《雲漢》爲雩祭樂章，賈公彦謂「邦有大烖，則歌哭而請《雲漢》之詩」是也。晉魏時大雩、祈旱皆歌《雲漢》之章。漢時雅樂可歌者八篇，變風之《伐檀》、變雅之《白駒》在焉。尤可見詩皆入樂之證。自毛不能詳其義，於是詩有入樂、不入之訟。程大昌、陳暘謂「二《南》、《雅》、《頌》爲樂詩，諸國爲徒詩」。陳啟源爲回護毛序之故，至謂「古人詩、樂分爲二教」，斥後儒舍詩徵樂，爲異古人詩教之指。是以護毛故，顯悖孔子正樂而《雅》、《頌》得所之義，又與季札觀樂而徧歌《風》、《雅》相違。其僞十五。其他説義徵禮，與今文顯悖者，凡百千條。詳《毛詩僞證》，今不著。其云「河間獻王好之」者，以爲旁證，皆歆竄附之僞説也。然移文博士不敢稱之，而僅著於《七略》。其僞《易・雜卦》及費氏章句并不敢著於《七略》，而僅以傳之其徒。心勞日拙之情，亦可見矣。

《禮》古經五十六卷，經七十篇。后氏、戴氏。記百三十一篇。七十子後學者所記也。《明堂陰陽》三十三篇。古明堂之遺事。王史氏二十一篇。七十子後學者，師古曰：「劉向《別録》云：『六國時人也。』」曲臺后倉九篇。

《中庸説》二篇。師古曰：「今《禮記》有《中庸》一篇，亦非本《禮經》，蓋此之流。」

《明堂陰陽説》五篇。

《周官經》六篇。王莽時，劉歆置博士。師古曰：「即今之《周官禮》也。」

《周官傳》四篇。

《軍禮司馬法》百五十五篇。

《古封禪羣祀》二十二篇。

《封禪議對》十九篇。武帝時也。

《漢封禪羣祀》三十六篇。

《議奏》三十八篇。石渠。

凡《禮》十三家，五百五十五篇。入《司馬法》一家，百五十五篇。

《易》曰：「有夫婦、父子、君臣、上下，禮義有所錯。」而帝王質文，世有損益。至周，曲爲之防，事爲之制，故曰「禮經三百，威儀三千」。及周之衰，諸侯將踰法度，惡其害己，皆滅去其籍。自孔子時而不具。至秦大壞。漢興，魯高堂生傳《士禮》十七篇。訖孝宣世，后倉最明。戴德、戴聖、慶普皆其弟子，三家立於學官。《禮》古經者，出於淹中，❶及孔氏學七十篇，文相似，多三十九篇；及《明堂陰陽》、《王史氏記》所見，多天子、諸侯、卿大夫之制。雖不能備，猶瘉倉等推《士禮》而致於天子之説。

按：《禮經》十七篇，自西漢諸儒無以爲不全者。余設四證以明之。鄭玄曰：「傳《禮》者十三家，唯高堂生及五傳弟子戴德、戴聖名世。」熊氏曰：「五傳弟子者，高堂生、蕭奮、孟卿、后倉及戴德、戴聖爲五。」十三家，

❶「淹」上，《漢書》有「魯」字。

當并數閭丘卿、聞人通、慶普、夏侯敬、徐梁、橋仁、楊榮七人爲十三也。五傳弟子不言有闕。《史記正義》引阮孝緒《七録》謂「博士侍其生得十七篇」，即與高堂生不同傳授，而同爲十七篇無異説。證一。小戴諸記，本以釋經。《昏義》曰：「夫《禮》，始於冠，本於昏，重於喪、祭，尊於朝、聘，和於鄉射。」《禮運》曰：「達於喪、祭、射、御、冠、昏、朝、聘。」又曰：「其行之以貨力、辭讓、飲食、冠、昏、喪、祭、射、御、朝、聘。」二「御」字，皆爲「鄉」字之誤。《家語》「達之喪、祭、鄉、射、冠、昏、朝、聘」，正作「鄉」字。《樂記》曰：「射、鄉、食、饗，所以正交接也。」《仲尼燕居》曰：「射、鄉之禮，所以仁鄉黨也。」《昏義》曰：「和於鄉、射。」《鄉飲酒義》曰：「孔子曰：『吾觀於鄉。』」《王制》以鄉爲六禮之一。合觀之，其爲譌誤作「御」無疑。《疏》誤解爲五射、五馭之義，殊爲錯謬。仁和邵懿辰發揮此説最詳。《經解》則以昏統冠，以鄉統射，以昏姻之禮屬夫婦，以喪祭之禮屬父子，以鄉飲酒之禮屬君臣。故曰：「朝覲之禮，所以明君臣之義也。聘問之禮，所以使諸侯相尊敬也。喪祭之禮，所以明臣子之恩也。鄉飲酒之禮，所以明長幼之序也。昏姻之禮，所以明男女之别也。故昏姻之禮廢，則夫婦之道苦，而淫辟之罪多矣；鄉飲酒之禮廢，則長幼之序失，而争鬬之獄繁矣；喪祭之禮廢，則臣子之恩薄，而倍死忘生者衆矣；聘覲之禮廢，則君臣之位失，諸侯之行惡，而倍畔侵淩之敗起矣。」《大戴禮·禮察篇》略同。《盛德篇》云：「凡不孝，生於不仁愛也。不仁愛，生於喪祭之禮不明。喪祭之禮，所以教仁愛也。致仁愛，故能致喪祭。死且思慕饋養，況於生而存乎？故曰，喪祭之禮明，則民孝矣。故有不孝之獄，則飭喪祭之禮也。凡弑上，生於義不明。義者，所以等貴賤，明尊卑。貴賤有序，民尊上敬長矣。民尊上敬長而弑者，寡有之也。朝聘之禮，所以明義也。故有弑獄，則飭朝聘之禮也。凡鬬辨，生於相侵淩也。相侵淩，生於長幼無序，而教以敬讓也。故有鬭辨之獄，則飭鄉飲酒之禮。凡淫亂，生於男女無別，夫婦無義。昏禮、享聘者，所以別男女，明夫婦之義也。故有淫亂之獄，則飭昏禮、享聘也。」按《坊記》曰：「君子之道，辟則坊與，坊民之所不足者。大爲之坊，民猶踰之，故君子禮以坊德。禮者，因人之情而爲之節文，以爲民坊者也。」使民「貧而好樂，富而好禮」、「觴酒豆肉，讓而受惡」，而鬭辨之獄息矣，則鄉飲酒之禮明也。「夫禮者，所以章疑別微，以爲民坊者也，故貴賤有等」、「朝廷有位」、「示民有君臣之別」，而弑獄不作矣，則聘覲之禮明也。「教民追孝」、「示民不争」、「不貳」、「不疑」，以「有上下」，而不孝之獄罕矣，則喪祭之禮明也。「夫禮，坊民所淫，章民之別，使民無嫌，以爲民紀者也」，教民無「以色厚於德」，而淫亂之獄絶矣，則昏姻之禮明也。與《經解》、《盛德》説相應。沈約以《坊記》、《表記》、《緇衣》、《中庸》皆子思所作，其説尤足據也。《本命》又以冠、昏、朝、聘、喪、祭、賓主、鄉飲酒、軍旅爲九禮。賓主即燕禮、食禮、相見禮。軍旅則寓諸射禮。《王制》專主教民，故去朝、聘，爲冠、昏、喪、祭、鄉、相見六禮。凡《戴記》中八禮，十七篇皆已完具。證二。大戴《士冠禮》一、《昏禮》二、《士相見禮》三、《士喪禮》四、《既夕》五、《士虞禮》六、《特牲饋食禮》七、《少牢饋食禮》八、《有司徹》九、《鄉飲酒禮》十、《鄉射禮》十一、《燕禮》十二、《大射儀》十三、《聘禮》十四、《公食大夫禮》十五、《覲禮》十六、《喪服》十七。一、二、三篇，冠、昏也；四、五、六、七、八、九篇，喪、祭也；十、十一、十二、十三篇，射、鄉也；十四、十五、十六篇，朝、聘也；《喪服》通乎上下，且爲子夏之傳，宜附於末。其序與《禮運》全合，與《王制》亦相合。劉向《别録》以喪、祭六篇居後，而《喪服》移在《士喪禮》之前，則以子夏傳亂孔子之經矣，小戴次序益雜矣。疑子游傳《禮運》於夫子，十七篇之序已如是，而高堂生傳之大戴，此尤明確可據。證三。《戴記》有《冠義》以釋《士冠》，有《昏義》以釋《昏禮》，有《問喪》以釋《士喪》，有《祭義》、《祭統》以釋

《特牲》、《少牢》、《有司徹》，有《鄉飲酒義》以釋《鄉飲酒》，有《射義》以釋《鄉射》、《大射》，有《燕義》以釋《燕》、《食》，有《聘義》以釋《聘禮》，有《朝事》以釋《覲禮》，有《四制》以釋《喪服》。無一篇出於十七篇之外。證四。以此證《禮》之爲十七篇，完具無闕，斷斷明鑿矣。孟子曰：「三代之學，皆所以明人倫。」有冠、昏而夫婦別，有喪、祭而父子親，有鄉、射而長幼序，有朝、聘而君臣嚴。夫婦別而後父子親，父子親而後長幼序，長幼序而後君臣嚴。由閨門而鄉黨，由鄉黨而邦國朝廷，不可一日廢也。綱之五倫，根之五性，本末畢舉矣。至於朋友之交，則士相見爲在下之朋友，食、燕爲在上之朋友；且禮皆具賓主，則朋友之交橫貫乎達道之中，天下之人在是矣。《大傳》曰：「親親也，尊尊也，長長也，男女有別，不得與民變革。」《禮經》之義，乃所謂「不得與民變革」者也。《喪服》一篇，兼親親、尊尊、長長、男女有別，賅上治、下治、旁治，而人治之大無乎不舉，總之以經人倫也。自修身、齊家、治國、平天下，義理浹，人道備。孔子所以制《禮》僅十七篇以教萬世者，以爲內外精粗已足也。故自西漢以前，未有言十七篇之闕略者也。朱子修《禮》，分家禮、鄉禮、學禮、王朝禮。文中子以冠、昏、喪、祭爲四禮，即家禮也。射、鄉，鄉禮也。朝、聘，邦國王朝之禮也。而士相見禮，則學禮寓焉。其小大高卑無所不周如此。或謂郊、社、禘、嘗、山川、五祀、兩君相見、大饗王事、公冠、釁廟及天子、諸侯昏禮、祭禮，孔子屢與及門言之，或雜見經記中。《中庸》稱「經禮三百，威儀三千」，❶疑若不止十七篇。然天子、諸侯之禮，非可下達，官司所掌，典至繁重，士民

❶「經禮」至「三千」八字，《中庸》作「禮儀三百威儀三千」，《禮器》作「經禮三百曲禮三千」。

有老死不可得見者，非可舉以教人。且王禮雖重而所行者狹，大夫、士、庶之禮雖殺而所行者廣。且哀公使孺子悲學士喪禮於孔子，則魯初無士喪禮；執羔、執雁且不知，則魯無士相見禮。魯爲秉禮之邦，猶如此，故孟子言「諸侯惡其害己，而皆去其籍」。「周室班爵禄」，則如今《搢紳録》之類耳，其詳已不得聞。史遷謂自孔子時已不具，信哉。唯鄉、射二禮，當世通行，《論語》載「鄉人飲酒」，《射義》載「孔子射於矍相之圃」，而《史記》言「孔子卒後，諸儒習鄉飲、大射禮於孔子冢上」。其餘冠、昏、喪、祭、朝、聘，由孔子周游問禮，搜拾叢殘，重加整定，旁皇周浹，曲得其序，存十七篇，已爲備矣。孔子窮不得位，於王禮自不能全具，然已有諸記埤附其間，彌縫其隙，俾後王以推行之，固已舉隅使反矣。故十七篇斷自聖心，傳爲世法。而或疑三百之不完，則不達於事勢情實者也。《禮經》敘十七篇，❶而《喪服》子夏先傳，故大戴附之於末。《隋書·經籍志》云：「《喪服》一篇，子夏先傳之，諸儒多爲注解。今又别行。」此《喪服》所以附末篇也。❷

《逸禮》説，❸西漢無言之者。劉歆爲《七略》，修《漢書》，於是雜竄古文諸經於《藝文志》、《河間獻王》、《魯

---

❶「敘」，重刻本作「雖」。

❷「喪服子夏先傳」至「末篇也」四十七字，重刻本作「喪服爲子夏作故大戴附之於末則孔子所手定者實十六篇云十七者合喪服傳言之則高堂生之目猶易上下二篇外之有繫辭也」。

❸「説」上，重刻本有「之」字。

共王傳》中。然《史記·河間獻王》《魯共王傳》俱無此事，其爲竄僞易明。即以後人所引《禘於太廟禮》、《王居明堂禮》、《烝嘗禮》、《中霤禮》、《天子巡狩禮》、《朝貢禮》，及吴氏所輯《奔喪》、《投壺》、《遷廟》、《釁廟》、《公冠》之類厠於十七篇之間，不能相比附。以常與變不相入，偏與正不相襲也。況如《太平御覽》引《巡狩禮》，文辭不古，及「三皇禪云云，五帝禪亭亭」，誕而不經。而《月令》注及《皇覽》引《王居明堂禮》數條，皆在《尚書大傳》第三卷《洪範五行傳》之中。其爲劉歆剽取無疑，亦猶《逸書》僞《武成》之剽《世俘解》，其爲他篇之作僞可知。或以爲多三十九篇，即河間獻王所輯禮樂古事五百餘篇之文。然史遷《獻王傳》無之，則獻王所輯之五百餘篇，亦歆之僞文。所謂得自淹中者，舉不足據。歆佐莽篡位，制禮作樂，故多天子、諸侯禮，因徧僞諸經爲證。故極抑十七篇，以爲諸經記「雖不備，猶瘉倉等推士禮而致於天子之説」，其微惜可見。凡《藝文志》文義，無不抑今文而崇僞古，平心按之，皆可見也。自爾之後，爲歆僞説所惑，咸以《禮》十七篇爲不備，而咸惜《逸禮》之不存。朱子曰：「古《禮》五十六篇，班固時其書尚在。鄭康成亦及見之，注疏中多援引。不知何時失之，甚可惜也。」王伯厚曰：「《逸禮》三十九，其篇名頗見於他書。若《天子巡狩禮》見《周官·内宰》注，《朝貢禮》見《聘禮》注，《烝嘗禮》見《射人》疏，《中霤禮》見《月令》注及《詩·泉水》注，《王居明堂禮》見《月令》、《禮器》注，《古明堂禮》見蔡邕《論》，又《奔喪》疏引《逸禮》，《王制》疏引《逸禮》云『皆升合食於太祖』，《文選注》引《逸禮》云『三皇禪云云，五帝禪亭亭』。《論衡》『宣帝時河内女子壞老屋，又得《逸禮》一篇，合五十七』。斷珪碎璧，皆可寶也。」

吴草廬曰：❶「三十九篇，唐初猶存，諸儒曾不以爲意，遂至於亡，惜哉！」凡此諸儒，猶爲歆所大惑，於是人人視十七篇爲殘闕不完之書。唐定正義，孔沖遠自疏《禮記》，使門人賈公彦疏《儀禮》，已自輕之。自宋、明後，遂廢《禮經》，不以試士。天下士人於是無復誦習者。顛倒悖謬，率天下而侮聖黜經，遂千年矣，劉歆之罪，可勝誅哉！以其所託甚古，故淆亂二千年學者之耳目。莠言之亂，可畏矣乎！

按：六經皆孔子所作。《詩》三百五篇；《書》二十八篇；《禮》十七篇；❷《易》上下二篇；《春秋》十一篇；《樂》在於聲，其制存於《禮》，其章存於《詩》，無文辭：是爲六經，稟於聖制，尊無與上者。《易》之《繫辭》，《禮・喪服傳》，❸附經最早。然《史記》稱《繫辭》爲「傳」，《喪服》亦名「傳」，❹亦弟子所推補也。自六經而外，皆七十子後學所記，各述所聞，或獨撰一書，或合述一書，與經别行，統名曰「傳」，凡儒家言皆是。猶内典佛説者爲「經」，菩薩説者爲「律」、「論」也。雖以《論語》紀孔子言，以非孔子所撰，亦名爲「傳」。但諸所説雖宗師仲尼，亦各明一經之義。如《五帝德》、《帝繫姓》、《文王世子》、《武王踐阼》，爲《書》作記者也。《繫辭》、《易本命》，爲《易》作記者也。《王制》、《坊記》，爲《春秋》作記者也。《曲禮》、《玉藻》、《少儀》、《郊

---

❶「廬」，原作「盧」，吴澄號草廬，據改。
❷「七」，重刻本作「六」。
❸「喪服傳」，重刻本作「之喪服」。
❹「名」，原作「有」，據重刻本改。

特牲》、《禮運》、《禮器》、《投壺》、《釁廟》，爲《禮》作記者也。自餘若《經解》、《大學》、《中庸》之類，通論爲多。蓋七十子後學記，即儒家之書，即《論語》、《孝經》亦在其中。孔門相傳，無別爲一書謂之《禮記》者。但禮家先師，刺取七十子後學記之言禮者爲一册，俾便於考據，如後世之爲類書然。今按儒家有《子思》二十三篇，《曾子》十八篇，《公孫尼子》二十八篇，《孫卿子》三十三篇，《賈誼》五十八篇。《禮記》中，如《中庸》采之《子思》，《曾子問》及《立事》十篇采之《曾子》，《坊記》、《表記》、《緇衣》采之《公孫尼子》，《三年問》采之《荀子》，《保傅》、《禮察》采之《賈誼》，則《禮記》純采之七十子後學可知。五家先師，日加附益，故既采《賈誼》之《保傅》、《禮察》、《公冠》，並采及漢孝昭帝《祝辭》，則宣元後先師之所采者矣。又非徒采記禮者，並其通論義理之《大學》、《中庸》、《學記》等篇，亦刺采之，漸次彙成，以便學者觀覽。猶《易》家先師之采《繫辭》，《韓詩》之采《外傳》。史遷引《宰予問五帝德》，尚未以爲《禮記》，則出之甚後。故大小戴、慶氏各有去取，各有附益。既非孔子制作，亦無關朝廷功令，其篇數蓋不可考，但爲《禮》家附記之類書，於中祕亦不涉焉。劉歆知其然，故采《樂記》於《公孫尼子》，采方士《明堂陰陽説》，而作《月令》、《明堂位》，《隋志》謂「《小戴》四十六篇，馬融增入《月令》、《明堂位》、《樂記》三篇，乃爲四十九篇」，按《别録》已有三篇目，則劉歆已竄附也。采諸子雜説而作《祭法》，並推附於戴氏所傳類書中，因七十子後學記而目爲《禮記》，自此始也。此云「《記》百三十一篇」。《釋文》引《周禮論序》云：「古《禮記》二百四篇。」今并《明堂陰陽》三十三篇，《王史氏》二十一篇，《曲臺后倉》九篇，《中庸説》二篇，《明堂陰陽説》五篇，《周官傳》四篇，恰當二百六篇。考《儒家》，上除《内業》、《周史六弢》、《周政》、《周法》、《河間周制》、《讕言》、《功議》七部不可知之書，諸云《周政》、《周法》，疑歆所僞以證《周官》者，辨見下。下除《徐子》、《魯仲連》以下，自《晏子》八篇，《子思》二十三篇，《曾子》十八篇，《漆雕子》十三篇，《宓子》十六篇，《景子》三篇，《世子》二十一篇，《魏文侯》六篇，《李克》七篇，《公孫尼子》二十八篇，《孟子》十一篇，《孫卿子》三十三篇，《芈子》十八篇，《甯越》一篇，《王孫子》一篇，《公孫固》一篇，《李氏春秋》二篇，《羊子》四篇，《董子》一篇，《俟子》一篇，恰二百六篇。若以《中庸》本在《記》內，此爲説耳，不可數，則《記》百九十篇，《儒家》除《李氏春秋》二篇似竄入外，實二百四篇。是則二百四篇者，七十子後學記原篇，人所共知。歆欲攻后倉士禮之闕，又窺見《禮經》十七篇，天子、諸侯、卿大夫之制無多，乃僞造典禮以爲《明堂陰陽》、《王史氏記》，謂多天子、諸侯、卿大夫之制，於是去取七十子後學及后倉《記》，而竄《明堂陰陽》、《王史氏》數十篇於其中，以實二百四篇之目，而痛抑今學爲「推士禮而致於天子」。其作僞之術，情見乎辭。考孔子定《禮》止十七篇，❶其他則與弟子言之，未及成書，賴弟子推補爲多。即以《喪服》一篇，已賴子夏之傳，蓋子夏所推補者。其他《禮記》諸篇可知。故倉等推《禮》是七十子家法。孔子發其大義，則高弟人人可依例推致。《論語》所謂「舉一隅不以三隅反，則不復」，明貴能推致也。若使孔子事事爲之，雖以聖人之力，有所不能盡者矣。歆之乘機竄僞，因間竊發，此如卓、操之伺隙盜篡，唯正名討除之而已。至若《釋文》所云：「戴德刪古《禮》二百四篇爲八十五篇，謂之《大戴禮》；戴聖刪《大戴禮》爲四十九篇，是爲《小戴禮》。後漢馬融、盧植考諸家同異，附戴聖篇章，去其繁重及所敘略

---

❶「七」，重刻本作「六」。

而行於世，即今之《禮記》是也。」此皆古學家虚造之説，不可信。要之三家博士刺取《禮記》，多寡去取各有不同。今本《禮記》，據《别録》有四十九篇。《别録》爲歆僞撰，則亦歆所定以便其竄附者，盧、馬考而述之者也。若《後漢書》曹襃之傳《禮記》四十九篇，橋仁之傳《禮記》四十九篇，考曹襃爲慶氏學，橋仁爲戴德學，安得有四十九篇之説？此爲僞古學僞竄無疑。其七十子後學記，辨詳下。

至《周官經》六篇，則自西漢前未之見。《史記·儒林傳》《河間獻王傳》無之。其説與《公》、《穀》、《孟子》、《王制》、今文博士皆相反。《莽傳》所謂「發得《周禮》以明因監」，故與莽所更法立制略同，蓋劉歆所僞撰也。歆欲附成莽業而爲此書，其僞羣經，乃以證《周官》者。故歆之僞學，此書爲首。自臨孝存難之，何休以爲「戰國陰謀之書」，蓋漢今文家猶知之。自馬、鄭尊之，康成以爲三禮之首，自是盛行。蘇綽、王安石施之爲治，以毒天下。至乃大儒朱子，亦稱爲「盛水不漏，非周公不能作」，爲歆所謾甚矣！歆僞諸經，唯《周禮》早爲人窺破。胡五峯、季本、萬斯同辨之已詳，姚際恒亦置之《古今僞書考》中矣。又按賈公彦《序周禮廢興》引馬融《傳》云：「至孝成皇帝，達才通人劉向、子歆校理祕書，始得列序，著於《録》《略》。時衆儒以爲非是，唯歆獨識，其年尚幼，末年乃知其周公致太平之迹。弟子死喪，徒有河南緱氏杜子春尚在，永平之初，年且九十，能通其讀，頗識其説。鄭衆、賈逵往受業焉。」云「唯歆獨識」，「衆儒以爲非是」，事理可明。此爲歆作《周官》最易見，其云向著《録》者，妄耳。或信以爲真出劉向，且謂詬厲《周禮》爲誤周公致太平之迹，謂鄭君取之爲不以人廢言，則受歆欺紿矣。或又據《史記·封禪書》云「上與公卿諸生議封禪，羣儒采封禪《尚書》、《周官》、《王制》之望祀射牛事」，❶信其出西漢前。不知《史記》經劉歆竄亂者甚多。史遷時蓋未有《周官》，有則《儒林傳》必存之。孝存以爲「武帝知《周官》末世瀆亂不驗之書」，亦猶有誤。武帝世本無《周官》，何得有所議邪？則孝存尚未知其根源也。今以《史記·河間獻王傳》及《儒林傳》正定之，其真僞决矣。蓋歆爲僞經，無事不力與今學相反，總集其成，則存《周官》。今學全出於孔子，古學皆託於周公。蓋陽以周公居攝佐莽之篡，而陰以周公抑孔子之學，此歆之罪不容誅者也。其本原出於《管子》及《戴記》。《管子·五行篇》曰：「昔者黄帝得蚩尤而明於天道，得大常而察於地利，得奢龍而辨於東方，得祝融而辨於南方，得大封而辨於西方，得后土而辨於北方。黄帝得六相而天地治，神明至。」蚩尤「爲當時」，大常「爲廩者」，奢龍「爲土師」，祝融「爲司徒」，大封「爲司馬」，后土「爲李」。「春者，土師也。夏者，司徒也。秋者，司馬也。冬者，李也」。爲六官所自出。《曲禮》六太、五官、六府、六工，亦其題也。《盛德篇》：「冢宰之官以成道，司徒之官以成德，宗伯之官以成仁，司馬之官以成聖，司寇之官以成義，司空之官以成禮。是故天子，御者；太史、内史，左、右手也；六官亦六轡也。天子三公合以執六官，均五政，齊五法，以御四者，故亦唯其所引而之。以之道則國治，以之德則國安，以之仁則國和，以之聖則國平，以之義則國成，以之禮則國定，此御政之體也。是故官屬不理，分職不明，法政不一，百事失紀，曰亂也，亂則飭冢宰。地宜不殖，財物不蓄，萬民飢寒，教訓失道，風俗淫僻，百姓流亡，人民散敗，曰危也，

---

❶「射」，原作「土」，據《史記》改。

危則飭司徒。父子不親，長幼無序，君臣上下相乖，曰不和也，不和則飭宗伯。賢能失官爵，功勞失賞禄，爵禄失則士卒疾怨，兵弱不用，曰不平也，不平則飭司馬。刑罰不中，暴亂姦邪不勝，曰不成也，不成則飭司寇。百度不審，立事失理，財物失量，曰貧也，貧則飭司空。」《千乘篇》云：「司徒典春，司馬司夏，司寇司秋，司空司冬。」《文王官人篇》：「國則任貴，鄉則任貞，官則任長，學則任師，族則任宗，家則任主，先則任賢。」《朝事篇》則幾於全襲之。歆之所爲，大率類是。歆既多見故書雅記，以故規模彌密，證據深通。後儒生長其下，安得不爲所惑溺也。

《司馬法》言車乘與今學不同，與《周官》合，蓋亦歆之僞書。其云軍禮，與《周官》吉、凶、軍、賓、嘉合。以《禮經》按之，《禮運》、《昏義》祇有冠、昏、喪、祭、射、鄉、朝、聘八禮，《王制》有冠、昏、喪、祭、鄉、相見六禮。唯《本命》以冠、昏、朝、聘、喪、祭、賓主、鄉飲酒、軍旅爲九禮，若非歆所自出，則歆所竄入者也。《大戴禮》多與《周禮》同，二者必居一焉。

《樂記》二十三篇。

《王禹記》二十四篇。

《雅歌詩》四篇。

《雅琴》趙氏七篇。名定，勃海人，宣帝時丞相魏相所奏。

《雅琴》師氏八篇。名中，東海人，傳言師曠後。

《雅琴》龍氏九十九篇。名德，梁人。師古曰：「劉向《別録》云：『亦魏相所奏也，與趙定俱召見待詔，後拜爲侍郎。』」

凡《樂》六家，百六十五篇。出淮南、劉向等《琴頌》七篇。

《易》曰：「先王作樂崇德，殷薦之上帝以享祖考。」故自黄帝下至三代，樂各有名。孔子曰：「安上治民，莫善於禮。移風易俗，莫善於樂。」二者相與並行。周衰，俱壞。樂尤微眇，以音律爲節，又爲鄭、衛所亂，故無遺法。漢興，制氏以雅樂聲律，世在樂官，頗能紀其鏗鏘鼓舞，而不能言其義。六國之君，魏文侯最爲好古。孝文時，得其樂人竇公，獻其書，乃《周官·大宗伯》之《大司樂》章也。武帝時，河間獻王好儒，與毛生等共采《周官》及諸子言樂事者，以作《樂記》，獻八佾之舞，與制氏不相遠。其内史丞王定傳之，以授常山王禹。禹，成帝時爲謁者，數言其義，獻二十四卷《記》。劉向校書，得《樂記》二十三篇，與禹不同，其道寖以益微。

按：《樂》本無經，其儀法篇章散見於《詩》、《禮》，所謂「以音律爲節」是也。制氏「世在樂官」，「能紀其鏗鏘鼓舞」；下《詩賦略》有「《河南周歌聲曲折》七篇，《周謡歌詩聲曲折》七十五篇」，《大戴·投壺》：「雅詩可歌有《鹿鳴》、《貍首》、《鵲巢》、《采蘩》、《采蘋》、《伐檀》、《白駒》、《騶虞》八篇。」上云「《雅歌詩》四篇」，則音律未亡，安得謂「無遺法」也？魏文侯樂人竇公，不見他書，唯師古注引桓譚《新論》有之。桓譚嘗從歆問業，專述歆僞古文經學，不足爲據。按《史記》，魏文侯薨年至文帝元年，已二百有十四歲。計竇公能爲樂人，年當在壯，而爲樂人未必在文侯薨年，獻書未必在文帝元年，則應二百五六十許歲，安得爲百八十歲也？天下安得此老壽？與晉時得范明友之奴，正復妄言耳。且使竇公誠有獻書事，則「天下遺文古事靡不畢集太史公」，太史公好述奇怪，有此遺經、異人，其有不詳敘之邪？蓋歆贗作《周官》，故僞造故事以證明之也。其所云獻王「與毛生等共采《周官》及諸子言樂事者以作《樂記》，獻八佾之舞，與制氏不相遠。其内史丞王定傳之，以授常山王禹。禹獻二十四卷《記》」，考《史記・禮》《樂志》《河間王世家》《儒林傳》皆無此事，❶則亦歆所僞託而已。歆之精神，全在《周官》。其僞作古文《書》、《毛詩》、《逸禮》、《爾雅》，咸以輔翼之，故於《七略》處處設證，使人深入其蔀，目迷五色而不之覺。其術至巧密，豈知心勞日拙，千載後終有發覆之日邪？此所云獻王、毛生采《周官》，皆點綴其人以爲旁證，又云與制氏不相遠以重之也。歆謂「王禹獻二十四卷《記》，劉向得《樂記》二十三篇，與禹不同，其道寖以益微」，而所列即二十三卷《記》居首。歆所造諸古文，列皆居首，是歆以二十三卷《記》爲主矣。《禮記・樂記》正義謂「劉向所校二十三篇著於《别録》，二十四卷《記》無所録」。正義又載二十三卷之目，有《竇公》一篇。《别録》出歆所改竄，竇公其人又即歆所附會者，此尤歆僞二十三卷《記》之明證。然則王禹二十四卷之《記》，特歆點綴之以爲烘託之法，猶高氏之《易》，鄒、夾之《春秋》耳。其以二十四卷爲益微，抑揚尤爲可見。二十三卷《記》載於《别録》，不可謂「微」。其所謂「微」者，定指二十四卷之書。是《樂記》出於歆無疑矣。《禮樂志》亦有引河間樂之説，附辨於下。

《漢書・禮樂志》附

是時河間獻王有雅材，亦以爲治道非禮樂不成，因獻所集《雅樂》，天子下大樂官，常存肄之。

---

❶「禮樂志」，按《史記》有《禮書》、《樂書》，疑「志」當作「書」。

至成帝時，謁者常山王禹，世受河間樂，能説其義。其弟子宋曄等上書言之。❶ 下大夫博士平當等考試。當以爲：「漢承秦滅道之後，賴先帝聖德，博受兼聽，修廢官，立太學。河間獻王聘求幽隱，修興雅樂以助化。時大儒公孫弘、董仲舒等，皆以爲音中正雅，立之大樂。春秋鄉射，作於學官，希闊不講，故自公卿大夫觀聽者，但聞鏗鎗，不曉其意，而欲以風諭衆庶，其道無由。是以行之百有餘年，德化至今未成。今曄等守習孤學，大指歸於興助教化。衰微之學，興廢在人，宜領屬雅樂，以繼絶表微。孔子曰：『人能弘道，非道弘人。』河間區區小國藩臣，以好學修古，能有所存，民到於今稱之。況於聖主廣被之資，修起舊文，放鄭近雅，述而不作，信而好古，於以風示海内，揚名後世，誠非小功小美也。」事下公卿，以爲「久遠難分明」，當議復寢。

劉歆僞撰《樂記》，託之河間獻王，又别託爲王禹所傳以烘托之。宋曄等之上言，❷平當之議，蓋即授意於歆者。❸ 公卿以爲「久遠難分明」，則亦「孔光不助，龔勝解綬，師丹大怒」之倫也。

《春秋古經》十二篇。《經》十一卷。公羊、穀梁二家。

《左氏傳》三十卷。左丘明，魯太史。

❶ 「宋」，原作「朱」，據《漢書》改。

❷ 「宋」，原作「朱」，據《漢書》改。

❸ 「授」，據文義疑當作「受」。

《公羊傳》十一卷。公羊子，齊人。師古曰：「名高。」
《穀梁傳》十一卷。穀梁子，魯人。師古曰：「名喜。」
《鄒氏傳》十一卷。
《夾氏傳》十一卷。有録無書。師古曰：「夾，音頰。」
《左氏微》二篇。師古曰：「微，謂釋其微指。」
《鐸氏微》三篇。楚太傅鐸椒也。
《張氏微》十篇。
《虞氏微傳》二篇。趙相虞卿。
《公羊外傳》五十篇。
《穀梁外傳》二十篇。
《公羊章句》三十八篇。
《穀梁章句》三十三篇。
《公羊雜記》八十三篇。
《公羊顏氏記》十一篇。
《公羊董仲舒治獄》十六篇。
《議奏》三十九篇。石渠論。

《國語》二十一篇。左丘明著。

《新國語》五十四篇。劉向分《國語》。

《世本》十五篇。古史官記黄帝以來訖春秋時諸侯、大夫。

《戰國策》三十三篇。記春秋後。

《奏事》二十篇。秦時大臣奏事及刻石名山文也。

《楚漢春秋》九篇。陸賈所記。

《太史公》百三十篇。十篇有録無書。

馮商所續《太史公》七篇。韋昭曰：「馮商受詔續《太史公》十餘篇，在班彪《别録》。商，字子高。」師古曰：「《七略》云：『商，陽陵人，治《易》，事五鹿充宗，後事劉向，能屬文。後與孟柳俱待詔，頗序列傳，未卒，病死。』」

《大古以來年紀》二篇。

《漢著記》百九十卷。師古曰：「若今之起居注。」

《漢大年紀》五篇。

凡《春秋》二十三家，九百四十八篇。省《太史公》四篇。

古之王者，世有史官，君舉必書，所以慎言行，昭法式也。左史記言，右史記事，❶事爲《春秋》，言爲《尚書》，

❶「右」，原作「左」，據重刻本改。

帝王靡不同之。周室既微，載籍殘缺。仲尼思存前聖之業，乃稱曰：「夏禮，吾能言之，杞不足徵也；殷禮，吾能言之，宋不足徵也；文獻不足故也。足，則吾能徵之矣。」以魯周公之國，禮文備物，史官有法，故與左丘明觀其史記，據行事，仍人道，因興以立功，敗以成罰，假日月以定曆數，藉朝聘以正禮樂。有所褒諱貶損，不可書見，口授弟子。弟子退而異言。丘明恐弟子各安其意，以失其真，故論本事而作傳，明夫子不以空言説經也。《春秋》所貶損大人、當世君臣，有威權勢力，其事實皆形於傳，是以隱其書而不宣，所以免時難也。及末世口説流行，故有《公羊》、《穀梁》、《鄒》、《夾》之傳。四家之中，《公羊》、《穀梁》立於學官。鄒氏無師，夾氏未有書。

按：《史記·儒林傳》、《春秋》祇有公羊、穀梁二家，無左氏。《河間獻王世家》無得《左氏春秋》、立博士事。馬遷作史多採《左氏》，若左丘明誠傳《春秋》，史遷安得不知？《儒林傳》述六藝之學，彰明較著，可爲鐵案。又《太史公自序》稱「講業齊、魯之都」，「天下遺文古事靡不畢集太史公」，若河間獻王有是事，何得不知？雖有蘇、張之舌，不能解之者也。《漢書·司馬遷傳》稱：「司馬遷據左氏《國語》，采《世本》、《戰國策》，述《楚漢春秋》。」《史記·太史公自序》及《報任安書》俱言「左丘失明，厥有《國語》」，《報任安書》下又云「乃如左丘明無目，孫子斷足，終不可用，退論書策，以抒其憤」。凡三言左丘明，俱稱《國語》。然則左丘明所作，史遷所據，《國語》而已，無所謂《春秋傳》也。歆以其非博之學，欲奪孔子之經，而自立新説以惑天下。知孔子制作之學，首在《春秋》，《春秋》之傳在《公》、《穀》，《公》、《穀》之法與六經通，於是思所以奪《公》、《穀》者。以《公》、《穀》多虚言，可以實事奪之，人必聽實事而不聽虚言也。求之古書，得

《國語》與《春秋》同時，可以改易竄附。於是毅然削去平王以前事，依《春秋》以編年，比附經文，分《國語》以釋經，而爲《左氏傳》。歆本傳稱「歆始引傳解經」，得其實矣。作《左氏傳微》以爲書法，依《公》、《穀》日月例而作日月例。託之古文以黜今學，託之河間、張蒼、賈誼、張敞名臣通學以張其名，亂之《史記》以實其書，改爲十二篇以新其目，變改「紀子帛」、「君氏卒」諸文以易其說。續爲經文，尊「孔子卒」以重其事，徧僞羣經以證其說。事理繁博，文辭豐美。凡《公》、《穀》釋經之義，彼則有之，至其敍事繁博，則《公》、《穀》所無。遭逢莽篡，更潤色其文以媚莽。因藉莽力，貴顯天下通其學者，以尊其書。證據符合，黨衆繁盛。雖有龔勝、師丹、公孫禄、范升之徒，無能摇撼。雖博士屢立屢廢，而賈逵選嚴、顏高才二十人，教以《左氏》。見《後漢書·賈逵傳》。至於漢末亂起，相斫之書以實事而益盛。武夫若關羽、吕蒙之屬，莫不熟習。孔子改制之學，既爲非常異義，《公》、《穀》事辭不豐，於是式微。下迄六朝，《左傳》一統，《隋志》、《釋文》歎《公》、《穀》之垂絶矣。唐世經學更變，並束《三傳》，而世尚辭章，《左氏傳》實大行也。陸淳《春秋集傳纂例》謂：「《左傳》其功最高，能令百代之下頗見本末，因以求意，經文可知。」《史通·申左篇》云，孔子修《春秋》時，年已老矣，故其傳付之丘明，傳之與經一體相須而成也。凡所以尊《左》者，皆尊其事，遂至於今。學者咸讀《左氏》，而通《公》、《穀》幾無人焉。此固劉歆所逆料而收拾者也。蓋《國語》藏於祕府，自馬遷、劉向外罕得見者。《太史公書》關本朝掌故，東平王宇求之，漢廷猶不與，見《漢書·東平思王傳》。況《國語》實是「相斫書」乎！時人罕見，歆故得肆其改竄。「舊繡移曲折，顛倒在短褐」，幾於無迹可尋。此今學所以攻之不得其源，而陳元、賈逵所以能騰其口說也。今以《史記》、劉向《新序》、《説苑》、《列女傳》所述春秋時事較之，如少昊嗣黄帝之妄，后羿、寒浞篡統、少康中興之誣，宣公之夫人爲夷姜而非烝，宣姜之未嘗通公子頑，宋桓夫人、許穆夫人、戴公、文公非宣姜通昭伯所生，陳佗非五父，隱母聲子爲賤妾而非繼室，仲子非桓母，是皆歆誣古、悖父、竄易《國語》而證成其説者。劉逢禄《左氏春秋考證》甚詳。且《國語》行文舊體，如惠之二十四年，則在《春秋》前；悼之四年，則在獲麟後，皆與《春秋》不相比附。雖經歆改竄爲傳，遺迹可考。《史記·五帝本紀》、《十二諸侯年表》皆云「《春秋》、《國語》」，蓋史公僅採此二書，無《左氏傳》也。幸遷、向書尚在，猶可考見一二耳。而張衡、譙周、司馬貞反據《左傳》以攻《史記》，誤甚矣。其詳别見《左氏傳僞證》。歆徧造僞經，而其本原莫重於僞《周官》及僞《左氏春秋》。而僞《周官》顯背古義，難於自鳴，故先爲僞《左氏春秋》，大放厥辭。於《河間獻王傳》則謂「《左氏春秋》已立博士」，《移太常博士書》亦誦言之。此《志》敘仲尼之作《春秋》，横插「與左丘明觀其史記」以實之。劉逢禄《左氏春秋考證》曰：「左氏記事，在獲麟後五十年。丘明果與夫子同時共觀魯史，史公何不列於弟子？論本事而作傳，何史公不名爲『傳』而曰『春秋』？且如鄫季姬、魯單伯、子叔姬等事，何失實也！經所不及者獨詳誌之，又何説也？經本不待事而著，夫子曰『其義則某竊取之矣』，何左氏所述君子之論多乖異也？」如劉説，歆亦不能自辨矣。蓋歆託於丘明而申其僞傳，於是尊丘明爲「魯君子」，竄之《史記·十二諸侯年表》中，又稱與孔子同觀史記，僞古《論語》又稱孔子與丘明同恥。蓋歆彌縫周密者也。續經之傳云「悼之四年」，據《史記·魯世家》，悼公在位三十七年，其薨在獲麟後五十餘年，在孔子時且未即位，何得遽稱其謚？歆亦自忘其疏矣。《春秋正義》一引《嚴氏春秋》，亦有與左丘明觀書事。蓋嚴、顏高才受學之後所竄亂者矣。且孔父，夫子六世祖，而書名以貶。倘左氏如此，必非親見聖人者。此歆無可置辭者也。《公羊》、《穀梁》大行漢世，自君臣政事奏議咸依焉。鄒、夾二氏，劉向《别録》無之，而不惜憑虚。至其所首欲奪之者，雖以七十子親受之説，猶痛貶之爲「末世口説」，「安意失真」，置之與無是烏有之僞鄒、夾同科。鼓舌摇唇，播弄白黑，隨手抑揚，無所不至。昔魏收作《魏書》，每言「何物小子，敢共魏收作色！舉之則使上天，按之當使入地」，時人號爲「穢史」。歆之作僞亂道，其罪又浮於收百倍矣。其云「《春秋古經》十二篇」，蓋歆之所妄分也。云「《經》十一卷」，注曰「公羊、穀梁二家」，則《公》、《穀》相傳皆十一篇，故《公羊傳》、《穀梁傳》、《公羊顔氏記》皆十一卷也；即子虚之《鄒氏》、《夾氏傳》亦十一卷。然則天下相傳《經》皆十一篇，蓋孔子所手定。何邵公猶傳之，云「繫《閔公篇》於《莊公》下者，子未三年無改於父之道」，《公羊》閔二年《解詁》。蓋西漢胡毋生以來舊本也。歆《古經》十二篇，或析《閔公》爲一篇，或附續經爲一篇，俱不可知，要皆歆之僞本也。凡歆所僞之經，俱録加於今文之上，六藝皆然，此亦歆自尊其僞經之私心可見者也。歆既爲《左氏微》以作書法，又録《鐸氏微》、《張氏微》在《虞氏微傳》之上，皆以爲《春秋》説；而西漢人未嘗稱之。蓋亦鄒、夾之類，皆歆所僞作以旁證《左氏微》者。其意謂中祕之《春秋》説尚多，不止《左氏春秋》爲人間所未見，讁見寡聞，未窺中祕者，慎勿妄攻也。其術自謂巧密矣。然考《儒家》别有《虞氏春秋》與《虞氏微傳》，豈有兩書邪？則《左氏傳》之與《國語》分爲二書，亦其狡僞之同例，尤無可疑，況《左氏傳》不見於《史記》而力争於歆者乎！或據《史記·十二諸侯年表》云「魯君子左丘明，懼弟子人人異端，各安其意，失其真，故因孔子史記具論其語，成《左氏春秋》」以相難，則亦歆所竄入者，辨見前。《國語》僅一書，而《志》以爲二種，可異一也。其二十一篇，即今傳本也，其一劉向所分之新《國語》五十四篇。同一《國語》，何篇數相去數倍？可異二也。劉向之書皆傳於後漢，而五十四篇之新《國語》，後漢人無及之者，可異三也。蓋五十四篇者，左丘明之原本也；歆既分其大半凡三十篇以爲《春秋傳》，於是留其殘賸，掇拾雜書，加以附益，而爲今本之《國語》，故僅得二十一篇也。考今本《國語》，《周語》、《晉語》、《鄭語》多春秋前事；《魯語》則大半敬姜一婦人語；《齊語》則全取《管子·小匡篇》；《吳語》、《越語》筆墨不同，不知掇自何書。然則其爲《左傳》之殘餘，而歆補綴爲之至明。歆以《國語》原本五十四篇，天下人或有知之者，故復分一書以當之，又託之劉向所分非原本以滅其迹，其作僞之情可見。史遷於《五帝本紀》、《十二諸侯年表》，皆云「《春秋》、《國語》」，若如今《國語》之寥寥，又言少皞與《本紀》不同，史遷不應妄引矣。劉申受《左氏春秋考證》知《左氏》之僞，攻辨甚明，而謂「《左氏春秋》，猶《晏子春秋》、《吕氏春秋》也。直稱《春秋》，太史公所據舊名也。冒曰《春秋左氏傳》，則東漢以後之以譌傳譌者矣」。蓋尚爲歆竄亂之《十二諸侯年表》所惑，不知其即《國語》所改。故近儒以爲「左氏作《國語》，自周穆王以後，分國而述其事；其作此書，則依《春秋》編年，以魯爲主，以隱公爲始，明是《春秋》之傳」，番禺陳氏澧説。亦猶申受不得其根原也。然申受《左氏春秋考證》，謂「楚屈瑕篇年月無考」，固知《左氏》體例與《國語》相似，不必比附《春秋》年月也，是明指《左傳》與《國語》相似矣。《左氏春秋考證·隱公篇》「紀子帛、莒子盟於密」，證曰：「如此年，《左氏》本文盡闕。」「六月戊申」，證曰：「十年《左氏》文闕。」《桓公篇》「元年」，證曰：「是年《左氏》文闕。」「冬，曲沃伯誘晉小子侯殺之」，證曰：「即有此事，亦不必在此年，是年《左氏》文闕。」「冬，曹太子來朝」，證曰：「是年《左氏》

文闕，巳子篇年月無考。」「冬齊、衛、鄭來戰於郎，我有辭也」，證曰：「是年《左氏》文亦闕，虞叔篇年月無考。」「十二年」，證曰：「是年《左氏》文闕，楚伐絞篇當與屈瑕篇相接，年月亦無考。」「十三年」，證曰：「是年亦闕，伐羅篇亦與上相接，不必蒙此年也。」「十六年」，證曰：「是年亦闕。」《莊公篇》「元年」，證曰：「此以下七年文闕，楚荊尸篇、伐申篇年月亦無考。」「十三年」、「十五年」、「十七年」，皆證曰：「文闕。」「二十七年」，證曰：「比年《左氏》文闕。」「二十九年」，證曰：「文闕。」「三十年」，證曰：「是年蓋闕。」「三十一年」，證曰：「文闕。」《僖公篇》：「君子以齊人之殺哀姜也爲已甚矣。」證曰：「是年文闕。」《昭公篇》：「冬十一月，晉魏舒、韓不信如京師。」證曰：「此篇重定元年，僞者比附經文而失撿耳。」又觀各條，劉申受雖未悟《左傳》之摭於《國語》，亦知由他書所采附，亦幾幾知爲《國語》矣。蓋經、傳不相附合，疑其説者自來不絶。自博士謂「左氏不傳《春秋》」，班固爲《歆傳》，云「及歆治《左氏》，引傳文以解經，轉相發明，由是章句義理備焉」，班爲古學者，亦知引傳解經由於歆矣。不特班固也，范升云「《左氏》不祖孔子而出於丘明，師徒相傳，又無其人」；《後漢書·范升傳》。李育頗涉獵古學，嘗讀《左氏傳》，雖樂文采，然謂不得聖人深意；何休作《公羊墨守》、《左氏膏肓》、《穀梁廢疾》；《後漢書·儒林傳》。惜不得歆作僞之由，未達一間，卒無以塞陳元、賈逵之口耳。又不徒范升、李育、何休也，王接謂「《左氏》自是一家書，不主爲經發」；《晉書·王接傳》。《朱子語類》云：「林黄中謂『《左傳》「君子曰」是劉歆之辭』，《左傳》『君子曰』最無意思。因舉『芟夷藴崇之』一段，『是關上文甚事』？」八十三。又不止王接、林黄中、朱子也，即尊信《左氏傳》者，亦疑其有爲後人附益矣。陸淳《春秋集傳纂例》，謂「《左氏》功最高，能令百代之下頗見本末，因之求意，經文可知；

而後人妄有附益，《左氏》本未釋者抑爲之説」；番禺陳氏澧《東塾讀書記》曰：「孔沖遠云：『《春秋》諸事皆不以日月爲例，其以日月爲義例者，❶唯卿卒、日食二事而已。』此説可疑，豈有一書内唯二條有例者乎！蓋《左傳》無日月例，後人附益者。」又：「傳之凡例與所記之事有違反者，如莊十一年傳云：『凡師，敵未陳曰敗某師，皆陳曰戰。』《釋例》曰：『令狐之役，晉人潛師夜起，而書戰者，晉諱背其前意而夜薄秦師，以戰告也。』成十八年傳云：『凡去其國，國逆而立之曰入，復其位曰復歸，諸侯納之曰歸，以惡曰復入。』《釋例》曰：『莊六年，五國諸侯犯逆王命，以納衞朔，朔懼有違衆之犯，❷而以國逆告。』此明知凡例不合而歸之於告，是遁辭矣。」且《左傳》多傷教害義之説，不可條舉。言其大者，無人能爲之回護。如文七年「宋人殺其大夫」，《傳》云：「不稱名，非其罪也。」既立此例，於是宣九年「陳殺其大夫泄冶」，杜注云：「泄冶直諫於淫亂之朝以取死，故不爲《春秋》所貴而書名。」昭二十七年「楚殺其大夫郤宛」，杜注云：「無極，楚之讒人，宛所明知，而信近之，以取敗亡，故書名罪宛。」種種邪説出矣。宣四年「鄭公子歸生弑其君夷」，《左傳》云：「凡弑君，稱君，君無道也；稱臣，臣之罪也。」杜預《釋例》暢衍其説。襄二十七年「秋七月，豹及諸侯之大夫盟於宋」，傳云：「季武子使謂叔孫以公命曰：『視邾、滕。』既而齊人請邾，宋人請滕，皆不與盟。叔孫曰：『邾、滕，人之私也。我，列國也，何故視之？宋、衛，吾匹也。』乃盟。故不書其族，

❶「其以日月爲義例者」，原脱，據《東塾讀書記》補。

❷「朔」，原脱，據《東塾讀書記》補。

言違命也。」是孔子貴媚權臣而抑公室也。凡此皆歆借經説以佐新莽之篡，而抑孺子嬰、翟義之倫者，與隱元年「不書即位，攝也」同一奬奸翼篡之説。若是之類，近儒番禺陳氏澧皆以爲後人附益。是雖尊《左氏》者，亦不能不以爲後人附益矣。又不止後儒也，且爲歆僞傳作注疏者，亦不能無疑矣。莊二十六年：「秋，虢人侵晉。冬，虢人又侵晉。」杜預注：「此年經、傳各自言其事者，或經是直文，或策書雖存而簡牘散落，不究其本末，故傳不復申解，但言傳事而已。」正義：「曹殺大夫，宋、齊伐徐，或須説其所以。此去丘明已遠，或是簡牘散落，不復能知故耳。上二十年亦傳不解經。」蓋杜預、孔穎達亦以爲傳不釋經，各明一事矣。文十三年《左傳》「其處者爲劉氏」，正義云：「漢室初興，《左氏》不顯於世，先儒無以自申，插注此辭，將以媚於世。」則孔沖遠之有異説多矣。又僖公十五年「曰上天降災」，《釋文》曰：「此凡四十二字，檢古本皆無，尋杜注亦不得有。有，是後人加也。」此文見《列女傳》，小有異同。夫服、杜以後，尚有改竄，而世人習爲故常，則歆以前之竄亂，尚可辨邪？以此證之，然則天下尚有惑《左氏》之文采，溺劉歆之僞説，其亦有未審矣。或者惑於《史記·十二諸侯年表》《左氏春秋》之説及《左氏微》，信《左氏》之傳經，且以史遷引《左傳》書法、《左傳》多與今學之禮相合爲證。《史記》之文，多歆竄入，辨見前。左丘明著書在獲麟後五十餘年，習聞孔門之説，不稱今學之禮，則何稱焉？但中多異説，爲歆所竄入，故今古禮錯雜其中。要之，《左氏》即《國語》，本分國之書，上起穆王，本不釋經，與《春秋》不相涉。不必因其有劉歆僞古禮而盡斥爲僞書，亦不能因其偶合於《儀禮》、《禮記》而信其傳經也。

新學僞經考卷三下

漢書藝文志辨僞第三下

《論語》古二十一篇。出孔子壁中，兩《子張》。如淳曰：「分《堯曰》篇後『子張問何如可以從政』已下爲篇，名曰《從政》。」

齊二十二篇。多《問王》、《知道》。如淳曰：「《問王》、《知道》皆篇名也。」

魯二十篇，《傳》十九篇。師古曰：「解釋《論語》意者。」

《齊説》二十九篇。

《魯夏侯説》二十一篇。

《魯安昌侯説》二十一篇。師古曰：「張禹也。」

《魯王駿説》二十篇。師古曰：「王吉子。」

《燕傳説》三卷。

《議奏》十八卷。石渠論。

《孔子家語》二十七卷。師古曰：「非今所有《家語》。」

《孔子三朝》七篇。師古曰：「今《大戴禮》有其一篇，蓋孔子對哀公語也，三朝見公，故曰『三朝』。」

《孔子徒人圖法》二卷。

凡《論語》十二家，二百二十九卷。

《論語》者，孔子應答弟子時人及弟子相與言而接聞於夫子之語也。當時弟子各有所記。夫子既卒，門人相與輯而論纂，故謂之《論語》。漢興，有齊、魯之説。傳《齊論》者，昌邑中尉王吉，少府宋畸，御史大夫貢禹，尚書令五鹿充宗，膠東庸生，唯王陽名家。傳《魯論語》者，常山都尉龔奮，長信少府夏侯勝，丞相韋賢，魯扶卿，前將軍蕭望之，安昌侯張禹，皆名家。張氏最後而行於世。

歆造古文以偏僞諸經，無使一經有缺，至於《論語》、《孝經》亦復不遺。傳《魯論》之庸生，當亦歆所竄入以實其僞經之傳人耳。《魯論》由張禹傳至東漢，包氏、周氏之説猶其真派，然已雜合齊、魯，亂家法矣。至鄭康成雜合古今，真僞遂不盡可考。《志》稱「《論語》古二十一篇」，注云：「出於孔子壁中，兩《子張》。」按《論衡・正説篇》云：「不知《論語》本幾何篇。至武帝，發取孔子壁中古文，得二十一篇，齊、魯二，河間九篇，三十篇。至昭帝女讀二十一篇，宣帝下太常博士。時尚稱書難曉，名之曰傳，後更隸寫以傳誦。初，孔子孫孔安國以教魯人扶卿，始曰《論語》。今時稱《論語》二十篇，又失齊、魯、河間九篇。」是古文不止二十一篇也，王充必有所見。則歆之僞《論語》，尚不止二十一篇，特歆不敢著之《七略》耳。然自鄭康成雜合古今，則今本《論語》必有僞文，如「巧言、令色、足恭，左丘明恥之，丘亦恥之。匿怨而友其人，左丘明恥之，丘亦恥之」一章，必歆僞竄。又何晏《論語集解》雜采古今，「采孔、馬之注，則改包、周之本；用包、周之説，又易孔、馬之經」。臧氏琳《經義雜記》語。今「巧言令色」一章，《集解》正引僞孔安國注，其爲古文《論語》，尤爲明確。歆以左丘明親見聖人，好惡與同，以仲尼弟子無左丘明，故竄入《論語》以實之。歆偏竄羣經，證成僞説，不復可條辨也。《孔子三朝》七篇，師古曰：「今《大戴禮》有其一篇，蓋孔子對哀公語也。」按《大戴》孔子對哀公，有《千乘》、《四代》、《虞戴德》、《誥志》、《小辨》、《用兵》、《少間》七篇，不止一篇也。《小辨》有「爾雅以觀於古」語，其歆僞《爾雅》所由附會者歟！

《孝經》古孔氏一篇。二十二章。師古曰：「劉向云：古文字也。《庶人章》分爲二也，《曾子敢問章》爲三，又多一章，凡二十二章。」

《孝經》一篇。十八章。長孫氏、江氏、后氏、翼氏四家。

《長孫氏説》二篇。

《江氏説》一篇。

《翼氏説》一篇。

《后氏説》一篇。

《雜説》四篇。

《安昌侯説》一篇。

《五經雜議》十八篇。石渠論。

《爾雅》三卷，二十篇。張晏曰：「爾，近也。雅，正也。」

《小雅》一篇，《古今字》一卷。

《弟子職》一篇。應劭曰：「管仲所作，在《管子》書。」

《説》三篇。

凡《孝經》十一家，五十九篇。

《孝經》者，孔子爲曾子陳孝道也。夫孝，天之經，地之義，民之行也。舉大者言，故曰《孝經》。漢興，長孫氏、博士江翁、少府后倉、諫大夫翼奉、安昌侯張禹傳之，各自名家。經文皆同，唯孔子壁中古文爲異。「父母生之，續莫大焉」，「故親生之膝下」，諸家説不安處，古文字讀皆異。師古曰：「桓譚《新論》云：『古《孝經》千八百七十二字，今異者四百餘字。』」

按：《孝經》傳授不詳所自始，故有朱子《刊誤》之疑。又未明《左氏》之爲歆所竄僞，以《孝經》中「夫孝，天之經也，地之義也，民之行也」，「言思可道，行思可樂，德義可尊，作事可法，容止可觀，進退可度，以臨其民，是以其民畏而愛之，則而象之」，與《左傳》同，不知《左傳》之襲《孝經》，反疑《孝經》之襲《左傳》，於是孔門真傳之書反疑爲僞矣。考董仲舒《春秋繁露·五行對篇》：「河間獻王問温城董君曰：『《孝經》曰「夫孝，天之經，地之義」，何謂也？』」《漢書·匡衡傳》衡上疏曰：「《大雅》曰『無念爾祖，聿修厥德』，孔子著之《孝經》首章。」若《吕氏春秋》、陸賈《新語》、劉向《説苑》，皆有援據。《孝經鉤命決》云：「孔子在庶，志在《春秋》，行在《孝經》。」《公羊敘》疏引。西漢儒者言之鑿鑿，以爲出於孔子，固非。《困學紀聞》引晁氏云「當是曾子弟子所爲書」，又引馮氏云「是書當成於子思之手」。今按其文稱曾子，而末引《詩》、《書》，與《坊記》、《表記》、《緇衣》相近似，必孔門之故書雅記，晁氏所云，殆亦近之。《四庫提要》以魏文侯有《孝經傳》，而信爲七十子遺書，則誤矣。文侯《孝經傳》，《漢志》不録，此與《子夏易傳》皆僞書，不足據。《隋志》謂爲「河間人顔芝所藏，漢初，芝子貞出之，凡十八章」，不知所自出，疑未必確。然而江翁、后倉等所傳，淵源深遠。劉歆既僞造古文，必欲使經藝咸有古文而後止，不必有他義也，《孝經》與《易》、《論語》皆不過顛倒改易文字以自異。然據桓譚之言，《孝經》僅千八百七十一字，異者乃四百餘字，「何許子之不憚煩」也？共王無得古文之事，爲歆僞撰，辨已見前。而歆必以《孝經》古孔氏一篇爲首，託之孔安國，亦猶僞造古文《尚書》之故智耳。桓譚嘗問學於歆，專守古學者，不足據也。因有古孔氏之故，遂有安國之傳。安國之傳亡逸於梁世，而劉炫之僞《孝經》孔傳出焉，亦與王肅僞古文《書》同，則非歆所及知矣。然《志》不云古文有孔氏説，而許叔重遣子沖上《説文》書，並上《孝經》孔氏古文説，則歆又僞作孔氏《孝經》古文説。《志》不詳之，猶歆有《易》費氏章句、費氏分野而《志》不敘也，或作於定《七略》後也。然則僞孔傳之妄，亦歆之作俑矣。其餘流別，山陽丁晏《孝經徵文》辨之甚瞭，今不詳。

《爾雅》一書，張稚讓《上廣雅表》以爲周公所作。然劉歆《西京雜記》云：「郭威以謂《爾雅》周公所制，❶而《爾雅》有『張仲孝友』，張仲，宣王時人，非周公之制明矣。嘗以問楊子雲，子雲曰：『孔子門徒游、夏之儔所記，以解釋六藝者也。』家君以爲《外戚傳》稱『史佚教其子以《爾雅》』，《爾雅》，小學也。又《記》言孔子教魯哀公學《爾雅》。《爾雅》之出遠矣，舊傳學者皆云周公所記也。『張仲孝友』之類，後人所足耳。」按：

❶「威」，原作「偉」，據《西京雜記》改。

《爾雅》不見於西漢前，突出於歆校書時，《西京雜記》又是歆作，蓋亦歆所僞撰也。趙岐《孟子題辭》，謂「文帝時《爾雅》置博士」；考西漢以前皆無此説，唯歆《移太常書》有孝文諸子傳説立學官之説，蓋即歆作僞造以實其《爾雅》之真。詳《經典釋文糾謬》。及歆《與楊雄書》稱説《爾雅》，尤爲歆僞造《爾雅》之明證。歆既僞《毛詩》、《周官》，思以證成其説，故僞此書，欲以訓詁代正統。所稱子雲之言，史佚之教，皆歆假託，無俟辨。然子雲本受歆學，或爲歆所紿耳。孔子教魯哀公學《爾雅》之説，有《大戴禮·小辨篇》，公曰「寡人欲學小辨，以觀於政」，子曰「爾雅以觀於古，足以辨言矣」足證。然哀公以人君觀政，孔子乃教以讀《爾雅》訓詁、禽魚、草木之文，非唯迂遠，實不通矣。《論語》孔子曰「不學《詩》無以言」，又曰「誦《詩》三百，授之以政」。以此推之，《小辨》所謂「爾雅」，必稱大小《雅》也，故足以辨言觀政。張揖《上廣雅表》：「孔子曰：『爾雅以觀於古，足以辨言矣。』」王念孫《疏證》云：「《大戴禮》盧辨《注》云『爾，近也，是依於《雅》、《頌》』，是盧氏不以『爾雅』爲書名。按彼文云『循弦以觀於樂，爾雅以觀於古』，謂循乎弦，爾乎雅也。」然則劉歆蓋因而附會之耳，幸有歆説在，猶可互證。《漢書·王莽傳》莽奏徵「有《逸禮》、《古書》、《毛詩》、《周官》、《爾雅》、天文、圖讖、鍾律、月令、兵法、《史篇》文字，通知其意者，皆詣公車」。蓋皆歆所僞竄，藉莽力以行其書。《爾雅》與《逸禮》、《古書》、《毛詩》、《周官》並徵，其俱爲歆僞無疑。《經典釋文·序録》稱「注者有犍爲文學、劉歆、樊光、李巡、孫炎凡五家」，然則歆既僞撰，又自注之，自歆以前未嘗有。其「犍爲文學」無有姓名，亦歆所託，則徐敖傳《毛詩》、庸生傳《古書》之故態也。考《爾雅》訓詁，以釋《毛詩》、《周官》爲主。《釋山》則有「五嶽」，與《周官》合，與《堯典》、《王制》異。《王制》「五嶽視三公」，後人校改之名也。《釋地》「九州」與《禹貢》異，與《周官》略同。《釋樂》與《周官·大司樂》同。《釋天》與《王制》異。祭名與《王制》異，與《毛詩》、《周官》合。若其訓詁全爲《毛詩》，間有「敏拇」之訓，「羕長」之釋。《釋獸》無「騶虞」之獸，《釋木》以「唐棣」爲「栘」。時訓三家以弄狡獪。然按其大體，以陳氏《毛詩稽古編》列《爾雅毛傳異同》考之，孰多孰少，孰重孰輕，不待辨也。蓋歆既徧僞羣經，又欲以訓詁證之，而作《爾雅》，心思巧密，城壘堅嚴。此所以欺紿百代者歟！然自此經學遂變爲訓詁一派，破碎支離，則歆作俑也。或據《周易》「師，衆也」，「比，輔也」，「震，動也」，「遘，遇也」，皆與《爾雅》合，《喪服傳》親屬稱謂與《釋親》合，《春秋元命包》云「子夏問夫子作《春秋》，不以初哉首基爲始何」《爾雅序》正義引。與《釋詁》合，而信之。不知歆網羅其真以證成其僞，然後能堅人信，况《易·雜卦》亦歆所僞哉！鄭玄、張揖、郭璞之徒爲其所謾，不亦宜乎！

孫氏星衍《爾雅釋地四篇後敘》云：「《爾雅》所紀，則皆《周官》之事。《釋詁》、《釋言》、《釋訓》，則《誦訓》『掌道方志以詔觀事』，及《訓方氏》『掌誦四方之傳道』也。《釋親》則《小宗伯》『掌三族之别以釋親疏』；《釋宫》亦《小宗伯》『掌辨宫室之禁』也。《釋器》『其罬罟謂之九罭』云云，則《獸人》『掌罟田獸，辨其名物』；『肉曰脱之』云云，則《内饔》『辨體名肉物』；『黄金謂之璗』云云，則《職金》『掌凡金玉錫石之戒令，辨其名物之媺惡』；『金鏃翦羽謂之鍭』云云，則《司弓矢》『掌六弓四弩八矢之灋，辨其名物』也；『珪大尺二寸謂之玠』云云，則《典瑞》『掌王瑞玉器之藏，辨其名物』；『一染謂之縓』云云，則《典絲》『掌絲入而辨其物』也。《釋樂》則《典同》『掌六律六同之和，以辨天地四方陰陽之聲』也。《釋天》則《眡祲》『掌十煇之灋，以觀妖祥辨吉凶』，又《保章氏》『掌天星以志星辰日月之變動，以辨其吉凶』，又《甸祝》、《詛祝》之所掌也；其旌旗則《司常》『掌九旗之物名』，《巾車》『掌公車之政，辨其旗物而等敘之』也。《釋地》、《釋丘》、《釋山》、《釋水》，則《大司徒》『以天下土地之圖，周知九州之地域廣輪之數，辨其山林、川澤、丘陵、墳衍、原隰之名物』，《職方氏》『掌天下之圖，以掌天下之地，辨其邦國、都鄙、四夷、八蠻、七閩、九貉、五戎、六狄之人民與其財用』，又山師、川師、邍師之所掌也。《釋草》以下六篇，亦《大司徒》『以土宜之灋，辨十有二土之名物』，《山師》、《川師》『辨其物與其利害而頒之於邦國，使致其珍異之物』；又《土訓》『道地慝以辨地物，而原其生以詔地求』也，又《倉人》『掌辨九穀之物』，《龜人》『掌六龜之屬，各有名物皆在』也。《釋畜》則《庖人》『掌共六畜、六獸、六牲，辨其名物』，其馬屬則《校人》『掌王馬之政，辨六馬之屬』，雞屬則《雞人》『掌共雞牲，辨其名物』也。昔魯哀公欲學小辨以觀於政，孔子告之《爾雅》，其意在是。是周公之著《爾雅》，爲在《周禮》前。《周禮》之名物，必以《爾雅》辨之也。」觀此説，知《爾雅》與《周官》符合，其同爲僞書，易明矣。

歆云「古文讀應《爾雅》，故解古今語而可知也」，故既作《爾雅》後復作《小爾雅》、《古今字》。按隋、唐《志》皆云「《小爾雅》一卷，李軌解」，唯宋《中興書目》「《小爾雅》一卷，孔鮒撰，十三章」，見《玉海》四十四。自後《宋史·藝文志》同。晁公武《郡齋讀書後志》云「見於孔鮒書」。陳振孫《直齋書録解題》：「《小爾雅》一卷，《漢志》有此書，亦不著名氏。《唐志》有李軌解一卷。今《館閣書目》云『孔鮒撰』，蓋即《孔叢子》第十一篇也。」國朝宋翔鳳《小爾雅訓纂序》曰：「今之爲康成學者，恒謗譏此書，以爲不合鄭君，同乎俗説。然還按《詩》、《禮》，乃鄭君之改易古文，非《小爾雅》之偭違經義。據其後以疑其前，明者之所不取也。漢之經師，咸有家法，唯有小學，義在博通。就今所傳楊子雲、劉成國、張稚讓諸家之作，多資旁采，尟獲所宗，比之墨守，殆有殊途。至於此書，則依循古文，罕見淩雜，❶隱括以就，源流合一。」今以宋氏《小爾雅訓纂》逐條按之，無一字出於古文僞經之外者。蓋與《爾雅》同爲劉歆僞撰。《古今字》當亦出於一手。門人陳千秋曰：「《尚書釋文》引賈逵説，『俗儒以鋝重六兩，《周官》劒重九鋝，俗儒近是』。按逵所謂俗儒之説，即出《小爾雅》。逵，劉歆古文之干城，何忽詆爲俗儒？然逵以其與《周官》合，故以爲近是。是即《小爾雅》與《周官》出於一手之明據，逵特偶馳騁其辭耳。」至自尊而竄附《孝經》家，抑亦妄矣。宋氏之説，足以衛《小爾雅》，不知更足以證劉歆之僞也。至宋人以爲孔鮒撰者，蓋五代之亂，此書已佚，而僞造《孔叢》者嘗刺取以入其書。宋人又就《孔叢》録出之，故當代書目遂題爲孔鮒所撰，則展轉附會，歧中之歧，殆不足辨也。

《史籀》十五篇。周宣王太史作大篆十五篇，建武時亡六篇矣。

《八體六技》。

《蒼頡》一篇。上七章，秦丞相李斯作。《爰歷》六章，車府令趙高作。《博學》七章，太史令胡毋敬作。

《凡將》一篇。司馬相如作。

《急就》一篇。元帝時黄門令史游作。

《元尚》一篇。成帝時將作大匠李長作。

❶「罕」，原作「早」，據《小爾雅訓纂》改。

《訓纂》一篇。楊雄作。

《别字》十三篇。

《蒼頡傳》一篇。

楊雄《蒼頡訓纂》一篇。

杜林《蒼頡訓纂》一篇。

杜林《蒼頡故》一篇。

凡小學十家，四十五篇。入楊雄、杜林二家三篇。

《易》曰「上古結繩以治，後世聖人易之以書契，百官以治，萬民以察，蓋取諸夬。夬，揚於王庭」，言其宣揚於王者朝廷，其用最大也。古者八歲入小學，故《周官》保氏掌養國子，教之六書，象形、象事、象意、象聲、轉注、假借，造字之本也。漢興，蕭何草律，亦著其法，曰：「太史試學童，能諷書九千字以上，乃得爲史。又以六體試之，課最者，以爲尚書、御史、史書令史。吏民上書，字或不正，輒舉劾。」六體者，古文、奇字、篆書、隸書、繆篆、蟲書，皆所以通知古今文字，摹印章，書幡信也。古制，書必同文，不知則闕，問諸故老。至於衰世，是非無正，人用其私。故孔子曰：「吾猶及史之闕文也，今亡矣夫！」蓋傷其寖不正。《史籀篇》者，周時史官教學童書也，與孔氏壁中古文異體。《蒼頡》七章者，秦丞相李斯所作也。《爰歷》六章者，車府令趙高所作也。《博學》七章者，太史令胡毋敬所作也，文字多取《史籀篇》，而篆體復頗異，所謂秦篆者也。是時始建隸書矣，起於官獄多事，苟趨省易，施之於徒隸也。漢興，閭里書師合《蒼頡》、《爰歷》、《博學》三篇，斷六十字以爲一章，凡五十五章，并爲《蒼頡篇》。武帝時，司馬相如作《凡將篇》，無復字。元帝時，黄門令史游作《急就篇》，成帝時，將作大匠李長作《元尚篇》，皆《蒼頡》中正字也。《凡將》則頗有出矣。至元始中，徵天下通小學者以百數，各令記字於庭中。楊雄取其有用者以作《訓纂篇》，順續《蒼頡》，又易《蒼頡》中重復之字，凡八十九章。臣復續楊雄作十三章，凡一百三章，無復字。六藝羣書所載略備矣。《蒼頡》多古字，俗師失其讀。宣帝時，徵齊人能正讀者，張敞從受之，傳至外孫之子杜林爲作訓故，并列焉。

《論語》、《學記》、《經解》、《莊子》、《史記》敘六經，皆不他及，誠以孔子所筆削，雖《論語》、《孝經》不能上列，況其他乎？小學者，文史之餘業，訓詁之末技，豈與六經大道並哉！六藝之末而附以小學，僞《爾雅》、《小雅》、《古今字》本亦小學而附入《孝經》，此劉歆提倡訓詁，抑亂聖道，僞作古文之深意也。按：《内則》「十年，出就外傅，學書計」，《尚書大傳》「十有三年始入小學，二十入大學」，蓋與《内則》俱卿士之禮。《尚書大傳》又云「十五始入小學，十八入大學」，此士庶人之禮也。唯《大戴·保傅篇》「年八歲而出就外舍，束髮而就大學」，則太子之禮，非卿、士、庶人所能比也。「保氏六書」之説，條理甚備，唯古書絶不之及，唯許慎《説文》、鄭康成注《周官》稱焉，然皆出歆之傳，蓋創造於歆而僞附於《周官》者也。《左傳》「止戈爲武，反正爲乏」，蓋歆所僞竄。鄭漁仲攻之，識蓋高矣。然歆亦非能創爲之。蓋事、形、聲、意，通以轉、假，古人所本有。名義條例，歆之所發明。倘其自著一書，發明六例，豈不甚善？唯僞託於經，則不得不惡而辨之也。其云：「蕭何草律，太史試學童，能諷書九千字以上，乃得爲史，又以六體試之，六體中有古文、奇字。」信如歆言，則其時吏民皆識古文，古文之學何以不興？且許慎、衛恒、江式之流，咸以爲古文絶於秦、漢，何也？ 蓋繆篆、蟲書，以「摹印章，書幡信」，則或有之，《八體六技》，蓋歆所僞撰。《史籀》十五篇，蓋猶是周入小學之書，唯與歆所僞之壁中古文異體，故歆稱蕭何律之六體及甄豐之校六書皆有古文奇字而無籀，其抑之可見。蓋秦篆文字出於《史籀篇》，《史籀》爲周之文，而爲漢今文之祖。歆之抑之，亦猶言《易》則尊費氏而抑施、孟、梁丘，言《春秋》則右左氏而左公、穀也。《蒼頡》雖爲秦篆，然上原《史籀》，當爲文字正體。至元始中，徵天下通小學者以百數，各令記字於庭中。時王莽柄國，尊信劉歆，此百數人被徵者，必皆歆之私人，奉歆僞古文奇字之學者也。劉歆工於作僞，故散之於私人，假藉莽力，徵召貴顯之，以愚惑天下。如古文經傳，授之私人，及王莽奏徵天下通「《逸禮》、《古書》、《毛詩》、《周官》、《爾雅》、天文、圖讖、鍾律、月令、兵法」者詣公車，至者千數，皆其故智也。楊雄之好奇字，蓋爲歆所惑而受歆學者，《法言》、《太玄》並用僞經。取其有用者以作《訓纂篇》，易《蒼頡》重復之字，凡八十九章。蓋歆徵其私人，以給楊雄，又假楊雄之名，使編《訓纂》以給天下，其術甚巧。楊雄有知，應悔爲其所賣也。班固續作十三章，凡一百三章，無復字，六藝羣書所載略備。固所謂「六藝」者，歆之《毛詩》、《逸書》、《逸禮》、《周官》、《左氏春秋》、《爾雅》、《月令》之倫，其僞古文皆取之。《史籀》十五篇，建武已亡其六。《蒼頡》五十五章，每章六十字。然則西漢《蒼頡篇》三千三百字。相如《凡將》、史游《急就》、李長《元尚》皆《蒼頡》正字，唯《凡將》頗有出，當不多，兼有復字。蓋漢時《蒼頡篇》本合《蒼頡》、《爰歷》、《博學》之書爲之，故有復字。李斯、趙、胡各自著書，本不相謀，則復字當必多。是并無三千三百字之數矣。西漢六藝羣書當備集矣，此爲周、秦相傳之正字也。而楊雄、班固所增凡一百三章，以六十字一章計之，共六千一百八十字，驟增兩倍之數。《蒼頡》本皆今字，歆復使杜林作訓故，竄以古字古訓，於是《蒼頡》亦有亂於古學者矣。故云「《蒼頡》多古字，俗師失其讀」，蓋以歆授意杜林竄入古學之本爲正也。許慎紹賈逵之傳，主張古學，《説文敘》云「九千三百五十三文」，殆兼《蒼頡篇》五十五章三千三百字，楊雄、班固所續一百三章六千一百八十字，共九千餘字而成之。於是真僞之字，淄澠混合，不可復辨。《説文敘》中祇舉《蒼頡篇》、《訓纂篇》，未及班書，讀者未了。按班固死於永元四年，《説文》成於十二年，《説文》「隍」下引班説，可見許采班書。《新唐書・藝文志》，「班固《在昔篇》一卷，《太甲篇》一卷」，即十三章也，惜《説文》中不可盡别白矣。於是周、漢相傳之正字，盡爲歆所增亂而不可識矣。吁！雄、固、許慎失之於愚，而歆變亂先王之正文，其罪又浮於李斯矣。今唯據《急就篇》擇籀文及西漢今文經之逸文彙存之，而以西漢前金石文字輔證之，或可存周、漢經藝正字之大概焉。

凡文字之先必繁，其變也必簡，故篆繁而隸簡，楷真繁而行草簡。人事趨於巧便，此天智之自然也。以造文之始，必多爲筆墨形象，而後其意始顯，及其通用，但使爲記號，而已可共曉。今泰西文自巴比倫文字而變爲猶太，再變爲希臘，又變爲拉丁，然後爲今法文，英文又從法文而變之，以音紀字，至簡者也。拉丁之字稍繁焉。侍郎郭嵩燾使其地，得其三千年前古文字，皆是象形，與中國鐘鼎略同。然則文字未有不始於繁，而終於簡者也。今古文反簡，籀文乃繁。桂馥云：「故小篆於籀文則多減，於古文則多增。如『云』字，古文也，小篆加雨爲『雲』。『𣶒』字，古文也，小篆加水爲『淵』。王筠曰：「□□始是古文，一象形，一會意，令人一望而知其物。顛倒□字，又斷其兩曲以成『二』字，遂成『云』矣。水字横書之，破其崖岸，列之兩旁，遂成『𣶒』矣。此作字者欲其整齊，不顧偭規錯矩也，豈得爲古文哉！」『□』字，古文也，小篆加人爲『保』。《臣部》云『篆文「臣」從

「頁」』，徐鍇曰『籀文「𦣝」從「𦣻」』，然則『𦣝』爲古文，『𩠐』爲籀文，『頤』爲小篆。」然則古文改繁爲簡，因小篆而作可知。桂馥又云：「《説文敘》云『至孔子書六經，左丘明述《春秋傳》，皆以古文』，此可知大篆不施於書册也。」王筠曰：「今之書册，固不知幾經改易，然『其』、『盤』、『災』三字皆籀文，『敢』、『棄』二字亦由籀文小變之。『遨』字見《禮記》，此亦有所承，非盡後人改用籀文也。」且周既有籀書，何以復作古文？必不然矣。即有一二奇字，亦是列國妄改，不合於《史籀》之正者也。桂馥又云：「《説文》諧聲，多與《詩》、《易》、《楚辭》不合。」如確是三代古文，則應相合，益以知其僞也。

按：文字之流變，皆因自然，非有人造之也。南北地隔則音殊，古今時隔則音亦殊。蓋無時不變，無地不變，此天理也。然當其時地相接，則轉變之漸可考焉。文字亦然。《志》稱「《史籀篇》者，周時史官教學童書也，與孔氏壁中古文異體」，則非歆之僞體，爲周時真字，斷斷也。子思作《中庸》，猶曰「今天下書同文」，則是自春秋至戰國，絶無異體異製。凡史載筆，士載言，藏天子之府，載諸侯之策，皆籀書也。其體則今之《石鼓》及《説文》所存籀文是也。子思云然，則孔子之書六經，藏之於孔子之堂，分寫於齊、魯之儒皆是。秦之爲篆，不過體勢加長，筆畫略減，如南北朝書體之少異。蓋時地少移，因籀文之轉變，而李斯因其國俗之舊，頒行天下耳。觀《石鼓》文字與秦篆不同者無幾，不止如王筠所謂「其」、「盤」、「災」、「敢」、「棄」，知經文上承籀法也。王筠深於六書，故能發出；深於許慎，而能攻許慎；如柳子厚深於《國語》而作《非國語》，楊雄深於《離騷》而作《反騷》。所謂蠹生於木而還食其木也。今秦篆猶存者，有《郎邪刻石》、《泰山刻石》、《會稽刻石》、《碣石門刻石》，皆李斯所作，以爲正體，體並圓長。而秦權、秦量即變方匾。漢人承之而加少變，體在篆、隸間。以石考之，若《趙王上壽刻石》爲趙王遂廿二年，當文帝後元六年，《魯王泮池刻石》，當宣帝五鳳二年，體已變矣，然絶無後漢之隸也。至《厲王中殿刻石》，幾於隸體，然無年月。江藩定爲江都厲王，尚不足據。左方文字莫辨，《補訪碑録》審爲「元鳳」二字，而《金石萃編》疑爲「保」、「歲」、「庶」等字，則「元鳳」固不確也。《金石聚》有《鳳凰畫象題字》，體近隸書。《金石聚》以爲元狩年作，江陰繆荃蓀謂當從《補訪碑録》釋爲「元康」，則晉武帝時隸也。《麃孝禹碑》爲河平三年，則同治庚午新出土者，體亦爲隸。順德李文田以爲僞作無疑也。《葉子侯封田刻石》爲始建國天鳳三年，亦隸書，嘉慶丁丑新出土，前漢無此體，蓋亦僞作。則西漢未有隸體也。降至東漢之初，若《建平郫縣石刻》、《永光三處閣道石刻》、《開通褒斜道石刻》、《裴岑紀功碑》、《石門殘刻》、《郙閣頌》、《戚伯著碑》、《楊淮表紀》，皆以篆筆作隸者。《北海相景君銘》，曳脚筆法猶然。若《三公山碑》、《是吾碑》，皆由篆變隸，篆多隸少者。《吴天發神讖》猶有此體。若《三老通碑》、《尊楗閣記》，爲建武時碑，則由篆變隸而隸多篆少者。以漢鍾鼎考之，唯高廟都倉、孝成上林諸鼎有秦篆意，汾陰好時則有秦權。❶ 至於太官鍾、周楊侯銅、丞相府漏壺、慮俿尺，若食官鍾銘、綏和鍾銘，則體皆扁繆，在篆隸之間矣。今焦山陶陵鼎銘，其體方折，與啟封鐙及王莽嘉量同爲《天發神讖》之先聲，亦無後漢之隸體者。以瓦當考之，秦瓦，如「維天降靈」、「甲天下」、大萬樂當、嵬氏冢當、蘭池宫當、延年瓦、方春萌芽等瓦，爲圓篆。至於漢瓦，若「金」字、「樂」字、「延年」、「上林」、「右空」、「千秋萬歲」、「漢

❶「權」下，重刻本有「意」字。

并天下」、「長樂未央」、「上林甘泉」、「延壽萬歲」、「高安萬世」，「萬物咸成」、「狼千萬延」、「宜靈萬有」、「喜萬歲」、「長樂萬歲」、「長生無極」、「千秋長安」、「長生未央」、「永奉無疆」、「平樂阿宫」、「億年無疆」、「仁義自成」、「揜衣中庭」、「上林農官」、「延年益壽」，體兼方圓；其「轉嬰柞舍」、「六畜蕃息」及「便」字瓦，則方折近《鄐閣》矣。蓋西漢以前無熹平隸體，和帝以前皆有篆意。其漢甎有「竟寧」、「建平」、秦阿房瓦「西凡廿九六月官入」字，純作隸體，恐不足據。蓋自秦篆變漢隸，減省方折，出於風氣遷變之自然。許慎《説文敘》詆今學，謂「諸生競逐，説字解經，諠稱秦之隸書爲蒼頡時書，云『父子相傳，何得改易』」，蓋是漢世實事。自蒼頡來，雖有省改，要由遷變，非有人改作也。《志》乃謂「秦時始建隸書，起於官獄多事，苟趨省易，施之於徒隸」，許慎又謂「程邈所作」，蓋皆劉歆僞撰古文，欲黜今學，故以徒隸之書比之，以重辱之。門人陳千秋説。其實古無籀、篆、隸之名，但謂之「文」耳。創名而抑揚之，實自歆始。且孔子五經中無「籀」、「篆」、「隸」三字，唯僞《周官》「隸」字最多，則用《莊子》、《韓非子》者。又「卿乘篆車」，此亦歆意也。於是篆、隸之名行於二千年中，不可破矣。夫以篆、隸之名承用之久，驟而攻之，鮮有不河漢者。吾爲一證以解之。今人日作真書，興於魏晉之世，無一人能指爲誰作者，然則風氣所漸移，非關人爲之改作矣。東漢之隸體，包氏世臣以爲蔡中郎所變。然《王稚子闕》、《嵩高銘》、《封龍山碑》、《乙瑛碑》挑法已成，特中郎集其成耳。然漢隸中有極近今真楷者，如《高君闕》「故益州」、「舉」、「廉」、「丞」、「貫」等字，「陽」、「都」字之邑旁，直是今真書，尤似顏真卿。考《高頤碑》爲建安十四年。此闕雖無年月，當同時也。《張遷表頌》，其筆畫直可置今真楷中。《楊震碑》似褚遂良筆，蓋中平三年者。《子游殘石》、《正直殘石》、《孔彪碑》，亦與真書近者。至吴《葛府君碑》，則純爲真書矣。若吴之《谷朗碑》，晉之《郛休碑》、《枳陽府君碑》、《爨寶子碑》，北魏之《靈廟碑》、《弔比干文》、《鞠彦雲志》、《惠感》、《鄭長猷》、《靈藏造象》，皆在隸、楷之間，與漢碑之《是吾》、《三公山》、《尊楗閣》、《永光閣道刻石》在篆、隸之間者正同，皆轉變之漸，至可見也。不能指出作今真書之人，而能指出作漢隸者，豈不妄哉？後人加出「八分」之説，又指爲王次仲作，益更支離。然蔡文姬述父邕語曰「去隸八分取二分，去小篆二分取八分」，張瓌瓘曰「八分減小篆之半，隸又減八分之半」，劉氏熙載曰「漢隸可當小篆之八分，是小篆亦大篆之八分，正書亦漢隸之八分」。於古今轉變之故，頗能發明。通於此義，則知自孔子時之「文」，三變至今日而猶存，未嘗有人改作之，唯歆竄亂之耳。夫籀、篆之體，有承變而無大異，雖以歆之顛倒妄謬，亦不過謂「篆體復頗異所謂秦篆者也」。孔子手寫之經，自孔鮒、孔襄傳至孔光，十餘世不絶，别有秦、魏之博士賈山、伏生及魯諸生手傳之本。師弟親授，父子相傳，安得變異？則漢儒之文字，即孔子之文字，更無别體也。子思謂「今天下書同文」，則許慎「諸侯力政，不統於王」、「分爲七國」、「文字異形」；江式表謂「其後七國殊軌，文字乖别，暨秦兼天下，丞相李斯乃奏蠲罷不合秦文者」；衛恒《四體書勢》謂「及秦用篆書，焚燒先典而古文絶」，皆用劉歆之僞説而誕妄之讆言也。古文、奇字本於鍾鼎。今《説文》所載古文千餘，無奇字，蓋即《八體六技》之書。許慎説經皆從古學，則是盡見古文。劉歆以古文之體寫其僞經，然字數不過千餘，其中又多劉歆所僞造，則三代金石異文亦僅矣。凡中世承平，右文漸盛，則金石漸興。宋之劉敞、黄長睿、歐陽《集古》、明誠《金石》皆然。明及國朝，此風彌扇，而僞鍾鼎、僞碑版遂蠭涌其間。京師市賈皆擅此技，山東賈人且開爐專鑄古銅，正不獨《岣嶁之碑》爲楊慎僞撰，垂露諸體爲夢英僞作，其餘「吉日癸巳」之刻，《比干銅盤》之銘亦然。且即有三代文字，歷世既邈，又字多異體，勢難盡識，不出於勉强傅合，則必將杜撰僞作。故談金石學者，未有不自欺而附會者也。漢自武、宣後，郡國山川往往出彝鼎，士人漸有好之。當時上好符瑞，方士媚上僞爲之，真者殆無一二。且道家興於漢魏，後作爲符篆諸體，虞集識之，凡七十餘體，則方士所僞造應不少。《漢書・郊祀志》：「美陽得鼎，獻之，張敞好古文字，按鼎銘曰：『王命尸臣，官此栒邑，賜爾旗鸞黼黻琱戈。尸臣拜手稽首曰：敢對揚天子丕顯休命。』」蓋當時識古文者唯有敞。然今所見鼎銘，皆出於王命，而書體絕異。此鼎銘不知何體？歆「古文」二字大體從此撰出，其以《左傳》附於張敞亦以此。然恐張敞識古文字，亦歆所杜撰耳。楊雄、劉歆皆以絕特之學，兼好奇字，如近世金石大盛，碩學之徒罕有不通之者。其許慎云「涼州刺史杜業、沛人爰禮、講學大夫秦近亦能言之」，則當時實有奇字。於是楊雄好之而作《訓纂》。侯芭、歆子棻皆從問之，亦歆所爲也。歆既好博多通，多搜鍾鼎奇文以自異，稍加竄僞增飾，號稱「古文」；日作僞鍾鼎，以其古文刻之，宣於天下，以爲徵應。以劉歆之博奥，當時不能辨之，傳之後世，益加古澤。市賈之僞，不易辨其僞作，况歆所爲哉！許慎謂鼎彝即前代之古文，古文既僞，則鼎彝之僞，雖有蘇、張之舌，不能爲辨也。歆窺其時學者破碎，枝葉叢蔓，說五字之文至於二三萬言，乘其空虚，挾校書之權，藉王莽之力，因以僞文寫僞經，别爲《八體六技》以惑誘學士，昭其徵應。《說文序》稱：「孝平時，徵爰禮等百餘人，說文字於未央廷中，以禮爲小學元士。亡新居攝，使大司空甄豐等校文書，有六書：一曰古文，孔子壁中書；二曰奇字，即古文而異者；三曰篆書，即小篆；四曰佐書，即秦隸書；五曰繆篆，所以摹印；六曰鳥蟲書，所以書幡信。」又稱：「壁中書者，魯共王壞孔子宅，而得《禮記》、《尚書》、《春秋》、《論語》、《孝經》；又北平侯張蒼獻《春秋左氏傳》。」然《史記》共王無得古文事，張蒼傳授亦歆僞託，則是實無古文。歆既位國師，爲王莽所尊信，爰禮、楊雄、甄豐皆其私黨，杜林事莽，亦其私人，王璜、塗惲受其古文僞《書》，徐敖、陳俠受其《毛詩》，皆藉歆力，擢至貴顯。兩次詔求古文奇字，集之王庭，天下學者耳目咸爲所塗，幾以爲真壁中古文矣。杜林爲張敞外孫，既夙有師承，易於託附，故西州漆簡爲東漢僞古文《書》之胎祖，而復爲《蒼頡》、《訓纂》、《蒼頡故》以亂舊文。賈逵傳父徽所受塗惲之學，和帝中受詔修理舊文，傳之許慎，今所傳《說文》是也。《漢志》小學諸書，見近人所輯，僅得十一於千百，然半爲歆所竄定者。許慎主張古學，其文字九千三百五十三。封演《聞見記》：「後漢和帝時，始獲七千三百八十四字。安帝時，許慎特加搜采，九千之文始備。」和帝時，或未數班固書也。其書自古文、籀文外，小篆諸體亦皆自古文變出。其說經說《禮》皆古說，則純乎歆之僞學也。當是時，古文之學最盛，扶風曹喜工篆，而曰「小異斯法而甚精巧」。蔡邕採之爲古文雜形，詔於太學立石碑，刊載五經，題書楷法，多是邕書。後開鴻都，諸方獻篆，書畫奇能莫不雲集。於時張揖著《埤蒼》、《廣雅》、《古今字詁》，陳留邯鄲淳亦與揖同時，博古開藝，特善《蒼》、《雅》，八體、六書，又建三字石經於漢碑之西。又有京兆韋誕、河東衛覬，並能古文篆，皆述歆、慎之餘波。於是《說文》、《字林》、《三蒼》、《爾雅》盛行，爲小學之軌則。唐世立之於學官，以課試天下之士。於是歆、慎之學統一天下，尊無二上矣。

凡六藝一百三家，三千一百二十三篇。六藝之文，《樂》以和神，仁之表也；《詩》以正言，義之用也；《禮》以明體，明者著見，故無訓也；《書》以廣聽，知之術也；《春秋》以斷事，信之符也。五者蓋五常之道，相須而備，而《易》爲之原，故曰「《易》不可見，則乾坤或幾乎息矣」，言與天地爲終始也。至於五學，世有變改，猶五行之更用事焉。古之學者耕且養，三年而通一藝，存其大體，玩經文而已。是故用日少而畜德多，三十而五經立也。後世經傳既已乖離；博學者又不思多聞闕疑之義，而務碎義逃難，便辭巧説，破壞形體，説五字之文至於二三萬言。後進彌以馳逐，故幼童而守一藝，白首而後能言。安其所習，毀所不見，終以自蔽，此學者之大患也。

《詩》雖有三家，其歸一也。《書》皆出於伏生，《禮》皆出於高堂生，《易》皆出於商瞿，尤無異論。《春秋》出於公羊、穀梁，經傳純全，安得謂爲「乖離」？歆僞爲古文，不攻舊説之乖，無以見新學之是。是時古文之出，孔光、龔勝、師丹、公孫禄及諸博士皆不從之，故歆又以學者爲不「闕疑」，「安其所習，毀所不見」爲大患，皆歆抑真今、崇僞古之微言也。

《六藝略》之作僞略見於此，而其大端有五罪焉：一，顛倒六經之序。《詩》、《書》、《禮》、《樂》、《易》、《春秋》之序，孔子手定。孔門舊本，自《經解》、《莊子》、史遷，無不以《詩》爲首，《書》次之，《易》後於《詩》、《書》、《禮》、《樂》而先於《春秋》，靡有異説。辨見前。而歆以《易》爲首，《書》次之，《詩》又次之。後人無識，咸以爲法。自是《釋文》、《隋志》宗之，至今以爲定制。倒亂孔子六經之序，其罪一。二，西漢以前，但有博士之經，即秦火不焚之本，孔氏世傳不絶之書，無闕文，亦無異本也。歆僞作古文以竄易六藝，或增或改，諸經皆徧，以其僞古經文加於孔子今文經之上。如《易經》本上下二篇，而云「《易經》十二篇」，此歆所增改者也。「《尚書》古文經四十六卷，經二十九卷」，上「古文經」者，歆作也；下「經」者，博士傳孔子之經也。「《春秋》古經十二篇，經十一卷」，上「古經」，歆僞也；下「經」，博士傳孔子之經也。「《論語》古二十一篇，齊二十二篇，魯二十篇」，「《論語》古」，歆僞也；齊、魯《論》者，七十子所傳也。「《孝經》古孔氏一篇，《孝經》一篇」，「古孔氏」者，歆僞定也；《孝經》者，博士所傳孔門之舊也。以己僞經加孔子真經上，悖謬已極，其罪一。博士傳孔子學者，《詩》止齊、魯、韓三家，《禮》止高堂生十七篇，《樂》止制氏，《春秋》止公、穀二家。歆僞爲《毛詩》、《逸禮》、《周官·大司樂》章及《樂記》、《左氏傳》，於是論議之間，斥三家《詩》「取雜説，非本義」，「士禮不備，倉等推而致於天子」，「制氏樂僅知其鏗鏘鼓舞而不能言其義」，「公、穀二家，口説失真」，詆之唯恐不至，而盛稱其僞作之書。後人無識，竟爲所惑，孔子真經微而幾亡，僞經盛行。其誣毁篡聖，大罪三。六經皆孔子筆削，包括天人，至尊無並。雖以《論語》、《孝經》之美，《王制》、《經解》、《學記》、《莊子》、《史記》不以並稱。至於小學，尤爲文史之末技，更無可與經並列者。歆僞作古文以寫僞經，創爲訓詁以易經義，於是以《論語》、《孝經》列六藝。又以僞作之《爾雅》、《小爾雅》厠《孝經》家，自是六經微言大義之學亡，孔子制作教養之文絶。自後漢以來，訓詁形聲之學徧天下，塗塞學者之耳目，滅没大道。其罪四。六經筆削於孔子，禮樂制作於孔子。天下皆孔子之學，孔子之教也。歆思奪之，於《易》則以爲文王作上下篇，於《周官》、《爾雅》以爲周公作。舉文王、周公者，猶許行之託神農，墨子之託禹，其實爲奪孔子之席計。非聖無法，大罪五。歆作僞經，定《七略》，其罪如此，不知天下後世猶甘尊信之否乎？《論語》：「子謂子夏曰：『女爲君子儒，毋爲小人儒。』」《孟子》：「夷子曰：『儒者之道，古之人若保赤子。』」又：「逃墨必歸於楊，逃楊必歸於儒。」《荀子・非十二子篇》「是子張氏之賤儒也」，「是子夏氏之賤儒也」，「是子游氏之賤儒也」，而《儒效篇》發大儒之效尤詳。《禮記・儒行篇》：「魯哀公問於孔子曰：『夫子之服，其儒服歟？』」《莊子・秋水篇》：「知儒墨之自然而相非，則趣操覩矣。」《徐無鬼篇》：「莊子曰：『然則儒、墨、楊、秉四，與夫子爲五。』」《墨子・公孟篇》：「程子曰：『非儒何故稱於孔子也？』」《韓非子・顯學篇》：「世之顯學，儒墨也。儒之所至，孔丘也。墨之所至，墨翟也。故孔、墨之後，儒分爲八，墨離爲三。」太史談《論六家指要》：「夫陰陽、儒、墨、名、法、道德，此務爲治者也。」見《史記・太史公自序》。《史記・酷吏傳》序：「儒以文亂法，而俠以武犯禁。」《酈生傳》：「沛公不好儒，未可以儒上説也。」諸子傳記所言「儒」皆如此，不能徧舉，僅每家擇録一二耳。凡所云「儒」者，皆與異教對舉而言。蓋孔子改制後，從其學者皆謂之「儒」。故「儒」者，譬孔子之國號，如高祖之改國號爲漢，太宗有天下之號爲唐，藝祖有天下之號爲宋，皆與異國人言之。至於臣民自言，則云「皇朝」、「聖朝」、「本朝」、「國朝」，人自明之，不待稱國號也。孔子之學，秦時已立博士，《史記・秦始皇本紀》云「非博士官所職，敢有藏《詩》、《書》者，悉詣守尉雜燒之」，則博士以《詩》、《書》爲職可知。《賈山傳》「祖父祛，爲魏時博士」，則秦、魏亦從孔子之教。意自子路居衛，曾子居魯，子貢居齊，子張居陳，子夏居西河，澹臺子羽居楚，七十子各「散游諸侯，大者爲師傅卿相，小者友教士大夫」。雖以七國之無道，蓋無不從孔子之教矣。老、墨後起，揭幟與孔子争，而義理精密，大勢已成，終不能敵，而道日尊，名日盛。故戰國諸子，名、法、農、戰，蠭涌並興，莫不欲奪孔子之席，日與孔子爲難。高祖入魯，以太牢祀孔子，亦以其一時教祖，因而尊之。至於文、景，雖好黄老，博士仍具官待問。然諸子之言，紛然淆亂。孔子之道雖大行，仍與諸教相雜，未能別黑白而定一尊，猶文王之化行江、漢，三分有二，未大一統也。至武帝時，董仲舒請「諸不在六藝之科，孔子之術者」，絕勿進；丞相田蚡亦好儒術；公孫弘請廣厲學官之路，立太常博士弟子，設甲乙科。元帝時，郡國徧立校官。於是天下仰流，百川赴海，共歸孔子之學，則天下混一，諸家息滅，無復儒墨之可對言，亦無九流之可並立。故太史公特爲孔子立世家，其贊曰：「言六藝者，折衷於夫子，可謂至聖矣！」於《周本紀》、《十二諸侯年表》、列國世家皆特書「孔子卒」，蓋尊爲一統共主也。其七十子則立《仲尼弟子列傳》以尊之。其後學以孟、荀爲大宗，亦立傳焉。斯真史遷之高識別裁也。太史談之以儒列於六家者，談本老學，其時未絕異教，故以儒與道、墨班，猶遼、夏之人樂與宋並稱，夜郎欲與漢比，亦其宜耳。若史遷即不爾。至於向、歆之世，則天下之受成於孔學者，久以六經爲學，教出於一，既無異論，亦無異學，凡義理、文字、書册莫不統焉。歆之編《七略》也，既獨尊六藝爲一略，統冠羣書以崇孔子，猶編《漢書》者之尊高祖爲本紀，編《宋史》者之尊藝祖爲本紀矣，則七十子後學者，如子思、孟子、孫卿，猶高祖之有文、景、武、昭，藝祖之有真、仁、英、神也；不爾，亦與七十子同爲宗室諸王也。其後學若陸賈、賈誼、董仲舒之徒，則其將相大臣也。編書之例與編史之例同，則七十子後學者，亦宜爲《五宗世家》、《蕭曹世家》之比，宜附於本紀之後，不與外夷列傳班者也。屈原之文皆引經藝，亦陳良之儔傳仲尼之道者，則詩賦家亦古《詩》之流。以《太史公書》附《春秋》家後例之，亦宜附《詩》家之末。然勿混正統，則與《兵書》、《數術》、《方技》各分爲略，附於六經七十子後學記之後，如《文苑》、《方術》之各立專傳，尚無不可。唯名、法、道、墨者，本各自爲教，如漢之有匈奴、西域，宋之有遼、夏、金、元，自爲異國，不相臣服。史家於《文苑》、《方術》之下，立外夷傳，俾其事得詳而其體不與中國敵，體裁至善也。循斯爲例，則名、法、道、墨諸家，其道不能廢者，宜爲「異學略」，附於七略之末，如《晉書》之有載記，乃爲合作也。今歆編《七略》，以儒與名、法、道、墨並列，目爲「諸子」，外於「六藝」，號爲「九流」，是陳壽之《三國志》，崔鴻之《十六國春秋》，蕭方之《十國春秋》也。且「儒」者，孔子之教名也。既獨尊孔子之六經，而忽黜其教號、弟子，與衰滅之教並列，則是光武修漢高之實録，而乃立《漢傳》、《匈奴傳》、《西域傳》、《西南夷傳》並列，俾文、景、武、昭、蕭、曹、絳、灌，與冒頓、烏孫、身毒齊類而並觀；高宗修宋藝祖之實録，而又立《宋傳》、《遼傳》、《夏傳》、《金傳》、《元傳》，俾真、仁、英、神、趙普、曹彬、韓琦、富弼之倫，與耶律德光、耶律休哥、阿骨打、趙元昊、成吉斯齊類而並列。有是史裁，豈不令人發笑哉！且九流之中，唯道、墨與儒顯然争教。自餘若農家之學，則《書》存《無逸》，《詩》存《七月》、《生民》，非農而何？《論語》言「正名」，《易・繫》「明罰勑法」，非名、法而何？《典》重「授時」，《禮》貴「筮日」，非陰陽家而何？若夫爲命之重，芻蕘之采，則縱横家、小説家何嘗不兼納之其中？今乃以之與儒並列，而皆以爲出於古先一官之守。夫儒家，即孔子也。七十子後學者，即孔子之學也。其中如《繫辭》、《喪服傳》、《公羊傳》之類，附經已久，七十子之書，與孔子不能分爲二學也。以七十子之學僅出於司徒之一官，足以順陰陽、明教化而已，則是孔子之教、六經之學僅得司徒一官，少助教化，其他則無補。而十家之術，雖縱横、小説反覆鄙瑣，亦得與孔子之道猶水火之相生而相滅，仁義之相反而相成，宜各舍短取長，折衷之以備股肱之材。不知歆何怨何仇於孔子，而痛黜之深如此？出之異教之口猶可，出於歆家承儒業者，豈不大異哉！

孔子之道，範圍天下，子思所謂「上律天時，下襲水土，譬如天地之無不持載，無不覆幬，譬如四時之錯行，如日月之代明」，歆乃公然貶之，大書《七略》以告天下，千古謗聖毀賢，無如此極，非狂禪之呵佛駡祖比也。考歆終日作僞，未必有甄綜九流之識，蓋爲操、莽之盜漢，非爲金、元之滅宋也。特自僞《周官》，欲託身爲周公，以皋牢一切，故兼收諸子，以爲不過備我學一官一職之守；因痛抑孔子，以爲若而人者，亦僅備一官守，足助順陰陽、明教化而已。陽與之，實所以奪之者，至矣。唐人尊周公爲先聖，而以孔子爲先師。近世會稽章學誠亦謂周公乃爲集大成，非孔子也。皆中歆之毒者。但羣矇謗日，終不能以隻手遮天，孔子之道自尊也。唯自歆列儒家於諸子，而敘七十子於其中，後世因之，自荀勗《中經簿》録、隋唐《經籍》《藝文志》以下，至國朝《四庫全書總目》，莫不從之。傳仲尼之正統者，僅列九流之一家。講小學之僞文者，乃爲六經之附庸。顛倒悖逆，至於此極！二千年中，雲霾霧塞，如墮深穽，未有人變易之者，天下尚有公是邪？宜乎爲孔子之學者日衰也。《傳》曰：「見無禮於君者，如鷹鸇之逐鳥雀。」今大聲疾呼以當鳴鼓之攻，别采羣書爲《七十子後學記》，以附六經之後，以備孔門之學。庶學者知所嚴崇，興起而革劉歆以儒平列九流之逆説。其詳見《七十子後學記凡例》，今不及。

夫歆抑儒家於九流，其謬固如此。而後之修史者，自班固以下，以《儒林》别立列傳，皆囿於歆之邪説。《史記》之立《儒林傳》，蓋武帝以前百數十年間，孔子之學未一統，伏生、申公之倫皆獨抱遺經，經略方新而反側未靖。《史記》紀其行事，特揭儒者之號以表異之，事之宜也。若至武帝厲學官、置博士之後，孔子之學，淹有四海，而猶拘拘以儒自表，無乃悖乎？後漢儒術尤盛，將相皆出其中，舉朝皆儒；别立《儒林》，尤爲無理。尤可異者，《宋史》爲尊朱子，以《儒林》、《道學》分爲二傳，薄孔子教名而不居，別爲異論以易之，已如守成之主無故而自更國號矣。而近世儀徵阮元，更附會以《周官》「師以道得民，儒以藝得民」之説。夫「儒者」之名，始於孔子，一統之號，臣庶所尊，抑之爲「藝」，而以「道」專屬於師，又以師、儒不過我法中繫民之一，抑先聖之大道，以自尊其瀆亂不驗之術。試問：非儒何以爲師？非道何以爲儒？似此出於異教之口，已爲可怪，歆貶洙、泗之國號，斥尼山之教術，而猶有尊信之者，此真離經畔道之尤者也。自漢迄明，其立《儒林傳》，皆名不正、言不順之大者，今並糾於此以正大義焉。

新學僞經考卷四

漢書河間獻王魯共王傳辨僞第四

按：古學惑人最甚，移人最早者，莫若《漢書》。自馬融伏東閣受讀後，六朝、隋、唐傳業最盛。二千年來，學者披藝受學，即便誦習，先入人心，積習生常，於是無復置疑者，古學所以堅牢不可破也。余讀《史記》河間獻王、魯共王世家，怪其絶無獻王得書、共王壞壁事，與《漢書》絶殊。竊駭此關六藝大典，若誠有之，史公何得不敘？及讀《儒林傳》，又無《毛詩》、《周官》、《左傳》，乃始大疑。又得魏氏源《詩古微》、劉氏逢禄《左氏春秋考證》，反覆證勘，乃大悟劉歆之作僞，而卒無以解《漢書》也，以爲班固校書，本從古學而然耳。今按葛洪《西京雜記》，謂「《漢書》本劉歆作，班固所不取不過二萬許言」，劉知幾《史通・正史篇》亦謂劉歆「續《太史公書》」，即作《漢書》也。蓋葛洪去漢不遠，猶見《漢書》舊本。乃知《漢書》實出於歆，故皆爲古學之僞説，聽其顛倒杜撰，無之不可。其第一事，則僞造河間得書、共王壞壁也。後人日讀古文僞經及《漢書》，重規疊矩，掩蔽無迹。故千載邈邈，羣盲同暗室，衆口争晝日，實無見者，豈不哀哉！重之曰：歆造僞經，密緻而工；寫以古文體隆隆，託之河間及魯共。兼力造《漢書》，一手掩羣矇。金絲發變怪，百代争訌訩。校以《太史公》，質實絶不同。奸破覆露，霾開日中。發得巢穴，具告童蒙。

河間獻王德，以孝景前二年立，修學好古，實事求是。從民得善書，必爲好寫與之，留其真，加金帛賜以招之。繇是四方道術之人，不遠千里，或有先祖舊書，多奉以奏獻王者。故得書多與漢朝等。是時淮南王安亦好書，所招至率多浮辯。獻王所得書，皆古文先秦舊書，《周官》、《尚書》、《禮》、《禮記》、《孟子》、《老子》之屬，皆經傳説記，七十子之徒所論。其學舉六藝，立毛氏《詩》、《左氏春秋》博士，修禮樂，被服儒術，造次必於儒者。山東諸儒從而游。武帝時，獻王來朝，獻雅樂，對三雍宫及詔策所問三十餘事。其對，推道術而言，得事之中，文約指明。立二十六年薨。中尉常麗以聞，曰：「王身端行治，温仁共儉，篤敬愛下，明知深察，惠于鰥寡。」大行令奏：「《謚法》曰『聰明睿知曰獻』，宜謚曰『獻王』。」

《史記·河間獻王世家》云：「河間獻王德，以孝景帝前二年用皇子爲河間王。二十六年卒。」《漢書》本傳同。今按，景帝立十六年，自前二年下數二十六年，爲武帝元光五年。《太史公書》訖於天漢三年，上數至元光五年獻王之卒，凡三十三年，則太史公遠在河間之後也。

《太史公自序》稱：「於是漢興，蕭何次律令，韓信申軍法，張蒼爲章程，叔孫通定禮儀，則文學彬彬稍進，《詩》、《書》往往間出矣。自曹參薦蓋公言黄老，而賈生、鼂錯明申、商，公孫弘以儒顯。百年之間，天下遺文古事靡不畢集太史公。太史公仍父子相續纂其職。」則天下凡有佚書出者，史遷莫不見之。故《自序》云「紬史記石室金匱之書」、「罔羅天下放失舊聞」、「厥協六經異傳，整齊百家雜語」。《自序》又曰：「講業齊、魯之都，觀孔子之遺風，鄉射鄒嶧。」則山東諸儒之學，蓋皆詳訪而熟講之矣。

今考《史記·河間獻王世家》，但云「好儒學，被服造次必於儒者，山東諸儒多從之游」十九字，下即敘卒。若如《漢書》所敘，獻王得書等於漢朝，史遷好學，不應絶不敘。至於得《周官》，立毛氏《詩》、《左氏春秋》博士，尤爲藝林殊功重事，何以史遷於《獻王世家》絶不一敘？而總括六藝作《儒林傳》，徧詳諸經，於《詩》則魯、齊、韓，於《禮》則唯有高堂生士禮，於《春秋》則《公羊》、《穀梁》，未嘗知天下有所謂毛氏《詩》、《周官》、《左氏春秋》者，何哉？若謂河間雖得古文先秦舊書而史遷不獲見之，則史遷少講業齊、魯之都，毛氏《詩》、《左氏春秋》既立博士，山東諸儒從之游者必皆熟聞。遷生後三十餘年，親與山東諸儒講業，豈有六藝大業，不獲一聞其名者？又身爲太史，百年之間，《詩》、《書》間出，「天下遺文古事靡不畢集太史公」。《毛詩》、《左氏春秋》，河間既立博士，彰明顯徹，自必集於太史公，何以不獲一見？且左氏之書，則云「左丘失明，厥有《國語》」，《漢書·司馬遷傳》贊敘其作《史記》所援據之書，亦曰據左氏《國語》與《世本》、《戰國策》、《楚漢春秋》等，皆爲敘事之書。可知左氏之書，分國爲體，並非編年而爲《春秋》作傳。故《儒林傳》敘《春秋》之學，有公羊、穀梁而無左氏，以其紀事而不釋經，與《春秋》絶不干預。《太史公自序》尊《春秋》至矣。其爲世家、列傳，多據《左氏》，其熟精《左氏》至矣。使《左氏》有經文釋義，史遷博達，宜扶微學，何昧昧焉誣其爲《國語》，置之與《世本》、《戰國策》、《楚漢春秋》同列，而黜之於《公羊》、《穀梁》之外哉？其事至明，淺學者一加詳考，未有不失笑其紕漏嗤點者也。

以傳記引歆陰竄易左氏《國語》爲編年而以爲《春秋傳》，僞爲《周官》以改《禮》學，又僞毛氏《詩》以證之。至《易》，所傳尤彰彰無可下手，逸《書》數十篇，易於僞託，先爲古文《書》，於是以所僞作書皆號爲古文。

則爲費氏《易》以爲古文，以影射之。左氏突出公、穀之外，恐人不信，又僞鄒氏、夾氏俱爲傳，以映帶遺書之多焉。既挾校書之權，作爲《七略》，肆其竄附矣，猶恐無可徵信，於是緝《爾雅》，作《漢書》，以一天下之耳目。見《史記·河間獻王世家》有「好儒學」三字，以爲藩王之力能購書也，於是將生平僞撰之書，一舉而附於河間傳中，以證成其真而陰滅其迹。故史遷僅言獻王「好儒學」，歆即云「修學好古」，以其僞作古文伏之矣。以己之出於欺也，則云「實事求是」矣。國朝經學家動引河間之「實事求是」，而不知爲歆謾語也。於是首敘金帛之招善書，次敘四方道術、先祖舊書之多奏，三敘其得書之等於漢，蓋漢祕府本無其書，必云河間等於漢，乃可立也。四敘淮南好書，以影射而實其事，鄭重重復，敘之又敘，而後乃云「獻王所得書皆古文先秦舊書」。於是直以其僞著之《周官》、毛氏《詩》、《左氏春秋》爲曾立博士，而以《儒林傳》應之。於是證佐分明，無可摇動，而僞書行，豐蔀數千年，人人皆在其褌中而莫能窺之矣。

共王初好治宮室，壞孔子舊宅以廣其宮。聞鍾磬琴瑟之聲，遂不敢復壞，於其壁中得古文經傳。

按：《史記·魯共王世家》無共王壞孔子宅得古文經傳事。史遷好學，又爲太史，天下遺文古事畢集，不應共王得古文經傳而不知其事，不見其書。正與《獻王傳》同，皆歆之僞竄者也。本傳但云得古文經傳，不著何經。《藝文志》稱「武帝末，魯共王壞孔子宅，欲以廣其宮，而得《古文尚書》及《禮記》、《論語》、《孝經》凡數十篇，皆古字也」，則共王與獻王同得《尚書》、《禮記》。然即使獻王在武帝初，共王在武帝末，相距數十年，則獻王之古文《尚書》應大行，何以山東諸儒未嘗有之，俟共王得書後，而孔安國乃傳之哉？

其自相矛盾，作僞日勞，抑可概見。且按以共王本傳，二十八年而薨，爲元光六年，正在武帝初年，下距巫蠱事將四十年，不知安國何以久不獻也？其誣妄支離，不待辨矣。

據《藝文志》、《劉歆傳》、《河間獻王傳》，古文《書》、《禮》、《禮記》，共王與獻王同得，而皆不言二家所得之異同，豈殘缺之餘，諸本雜出，而篇章文字不謀而合？豈有此理！其爲虚誕，即此已可斷。然《藝文志》又言「《禮》古經者，出於魯淹中及孔氏，與十七篇依劉敞校。文相似，多三十九篇」，是古文《禮》淹中又得。淹中及孔氏所得，與十七篇同一相似，同一多三十九篇，不謀而同，絶無殊異。焚餘之書，數本雜出，而整齊畫一如是，雖欺童蒙，其誰信之！而欺紿數千年，無一人發其覆者，亦可異也。

新學僞經考卷五

漢書儒林傳辨僞第五

歆修《六藝略》，既盡竄僞經，徧布其中矣。無如僞書突出，師授無人，將皆疑而莫之信也。於是分授私人，依附大儒，僞造師傳，假託名字，彌縫其隙，密之又密。所以深結人信者在此。然范升已謂《左氏》師授無聞矣。案經久遠，無不破露。今發其覆，作僞之勞，不足供一哂也。獨是毛亨、毛萇，以無是子虛，竊兩廡特豚之祀，崇德大典，等於兒戲。劉歆有知，應笑天下愚儒，固易欺紿耳。今將其僞造源流，條辨於左。

古之儒者，博學乎六藝之文。六學者，王教之典籍，先聖所以明天道、正人倫、致至治之成法也。周道既衰，壞於幽、厲，禮樂征伐自諸侯出。陵夷二百餘年而孔子興，以聖德遭季世，知言之不用而道不行，迺歎曰：「鳳鳥不至，河不出圖，吾已矣夫！」「文王既没，文不在茲乎！」於是應聘諸侯，以答禮行誼，西入周，南至楚，畏匡，戹陳，奸七十餘君。適齊，聞《韶》，三月不知肉味。自衛反魯，然後樂正，雅、頌各得其所。究觀古今之篇籍，迺稱曰：「大哉堯之爲君也！唯天爲大，唯堯則之；巍巍乎其有成功也，焕乎其有文章也。」又曰：「周監於二世，郁郁乎文哉！吾從周。」於是敘《書》則斷《堯典》，稱《樂》則法《韶》舞，論《詩》則首《周南》，綴周之《禮》，因魯《春秋》，舉十二公行事，繩之以文武之道，成一王法，至獲麟而止。蓋晚而好《易》，讀之韋編三絶而爲之傳。皆因近聖之事，以立先王之教，故曰「述而不作，信而好古」，「下學而上達，知我者其天乎」。仲尼既没，七十子之徒散游諸侯，大者爲卿相師傅，小者友教士大夫，或隱而不見。故子張居陳，澹臺子羽居楚，子夏居西河，子貢終於齊，如田子方、段干木、吴起、禽滑氂之屬，皆受業於子夏之倫，爲王者師。是時獨魏文侯好學，天下並争於戰國，儒術既黜焉，然齊魯之間，學者猶弗廢。至於威宣之際，孟子、孫卿之列，咸遵夫子之業而潤色之，以學顯於當世。及至秦始皇兼天下，燔《詩》、《書》，殺術士，六學從此缺矣。陳涉之王也，魯諸儒持孔氏禮器往歸之。於是孔甲爲涉博士，卒與俱死。陳涉起匹夫，敺適戍以立號，不滿歲而滅亡，其事至微淺。然而搢紳先生負禮器往委質爲臣者，何也？以秦禁其業，積怨而發憤於陳王也。及高皇帝誅項籍，引兵圍魯，魯中諸儒尚講誦習禮，弦歌之音不絶。豈非聖人遺化，好學之國哉！於是諸儒始得修其經學，講習大射、鄉飲之禮。叔孫通作漢禮儀，因爲奉常，諸弟子共定者，咸爲選首，然後喟然興於學。然尚有干戈，平定四海，亦未皇庠序之事也。孝惠、高后時，公卿皆武力功臣。孝文時頗登用，然孝文本好刑名之言。及至孝景，不任儒，竇太后又好黄老術，故諸博士具官待問，未有進者。漢興，言《易》自淄川田生，言《書》自濟南伏生，言《詩》於魯則申培公，於齊則轅固生，燕則韓太傅，言《禮》則魯高堂生，言《春秋》於齊則胡毋生，於趙則董仲舒。及竇太后崩，武安君田蚡爲丞相，黜黄老刑名百家之言，延文學儒者以百數，而公孫弘以治《春秋》爲丞相封侯，天下學士靡然鄉風矣。

《儒林傳》文，大概用史遷之舊而稍加增竄。一事，「綴周之《禮》」，《史記》無此語。十七篇蓋孔子所作，非

《周禮》也，歆欲藉以實《周官》耳。二事，「蓋晚而好《易》，讀之韋編三絶而爲之傳」。《史記・孔子世家》有此語，無「爲之傳」字。《易》辭皆孔子作，歆欲改爲文王作上下經，孔子作十翼，故云「爲之傳」。此微意而暗竄於此者。三事，「六學從此缺矣」。秦焚六經未嘗亡缺，辨見前。歆既杜撰於此，復竄《史記》中以實之。四事，六經之序，先《詩》，次《書》，次《禮》、《樂》，以《易》、《春秋》終之，辨見前。歆既思易舊説，於《七略》改之。今復改云「言《易》自淄川田生，言《書》自濟南伏生」，乃及《詩》，所以遂其説也。然不敢遽及古文諸僞經，亦可見其有畏忌之心，或忽略之意，諺所謂「千虚不如一實」也。

自魯商瞿子木受《易》孔子，以授魯橋庇子庸，子庸授江東馯臂子弓，子弓授燕周醜子家，子家授東武孫虞子乘，子乘授齊田何子裝。及秦禁學，《易》爲筮卜之書獨不禁，故傳授者不絶也。漢興，田何以齊田徙杜陵，號杜田生，授東武王同子中、雒陽周王孫、丁寬、齊服生，皆著《易傳》數篇。同授淄川楊何字叔元，元光中徵爲大中大夫；齊即墨成，至城陽相；廣川孟但，爲太子門大夫；魯周霸、莒衡胡、臨淄主父偃，皆以《易》至大官。要言《易》者，本之田何。

丁寬，字子襄，梁人也。初，梁項生從田何受《易》。時寬爲項生從者，讀《易》精敏，材過項生，遂事何。學成，何謝寬。寬東歸，何謂門人曰：「《易》以東矣。」寬至雒陽，復從周王孫受古義，號「周氏傳」。景帝時，寬爲梁孝王將軍，距吴、楚，號丁將軍。作《易説》三萬言，訓故舉大誼而已，今《小章句》是也。寬授同郡碭田王孫，王孫授施讎、孟喜、梁丘賀。繇是《易》有施、孟、梁丘之學。

《傳》稱「田何授雒陽周王孫，丁寬至雒陽，復從周王孫受古義」。按：周王孫名氏不見於《史記》。而丁寬讀《易》精敏，學成東歸，何至曰「《易》以東矣」，是寬已盡何之道，爲傳道弟子，餘子莫及。周王孫古義，其傳自何邪？則寬當知之。其非傳自何邪？則正如趙賓之小數，隱士之異説。寬爲何高弟，豈有爲所惑，而從而受之之理？推其特提「古義」二字，實欲託於本師以爲其費氏之根柢。其他或當有傳，費氏源流，文隱不可見耳。《藝文志》首列《易傳周氏》二篇，楊何、王同、丁寬皆在其下，猶羣經之皆先序古文經也。又有《蔡公》二篇，《注》云「事周王孫」。蔡公無名字爵里，猶毛公、貫公、膠東庸生也。何之古義不授諸王同、丁寬、服光，而獨授諸周王孫，猶孔安國之古文不授諸兒寬、司馬遷，而獨授諸都尉朝也。《古五子》十八篇、《古雜》八十篇之目，及《漢書·律曆志》所引《古五子》之文，皆所僞造以映帶古學者。其作僞同一術也。

施讎，字長卿，沛人也。沛與碭相近。讎爲童子，從田王孫受《易》。後讎徙長陵，田王孫爲博士，復從卒業，與孟喜、梁丘賀並爲門人。謙讓，常稱學廢，不教授。及梁丘賀爲少府，事多，迺遣子臨分將門人張禹等從讎問。讎自匿不肯見。賀固請，不得已乃授臨等。於是賀薦讎「結髮事師數十年，賀不能及」。詔拜讎爲博士。甘露中，與五經諸儒雜論同異於石渠閣。讎授張禹、郎邪魯伯。伯爲會稽太守，禹至丞相。禹授淮陽彭宣、沛戴崇子平。崇爲九卿，宣大司空。❶禹、宣皆有傳。魯伯授太山毛莫如少路、郎邪邴丹曼容，著清名。莫如至常山太守。此其知名者也。繇是施家有張、彭之學。

❶「司」，原作「師」，據重刻本改。

孟喜，字長卿，東海蘭陵人也。父號孟卿，善爲《禮》、《春秋》，授后蒼、疏廣。世所傳后氏《禮》、疏氏《春秋》，皆出孟卿。孟卿以《禮經》多，《春秋》煩雜，乃使喜從田王孫受《易》。喜好自稱譽，得《易》家候陰陽災變書，詐言師田生且死時，枕喜厀，獨傳喜。諸儒以此耀之。同門梁丘賀疏通證明之，曰：「田生絶於施讎手中，時喜歸東海，安得此事？」又蜀人趙賓好小數書，後爲《易》，飾《易》文，以爲「箕子明夷，陰陽氣亡箕子；箕子者，萬物方荄茲也」。賓持論巧慧，《易》家不能難，皆曰「非古法也」。云受孟喜，喜爲名之。後賓死，莫能持其説。喜因不肯仞，以此不見信。喜舉孝廉爲郎，曲臺署長，病免，爲丞相掾。博士缺，衆人薦喜。上聞喜改師法，遂不用喜。喜授同郡白光少子、沛翟牧子兄，皆爲博士。繇是有翟、孟、白之學。

梁丘賀，字長翁，郎邪諸人也。以能心計爲武騎，從大中大夫京房受《易》。房者，淄川楊何弟子也。房出爲齊郡大守，賀更事田王孫。宣帝時，聞京房爲《易》明，求其門人，得賀。賀時爲都司空令，坐事，論免爲庶人，待詔黃門，數入説教侍中，以召賀。賀入説，上善之，以賀爲郎。會八月飲酎，行祠孝昭廟，先敺旄頭劍挺墮墜，首垂泥中，刃鄉乘輿車，馬驚。於是召賀筮之，「有兵謀，不吉」。上還，使有司侍祠。是時霍氏外孫代郡太守任宣坐謀反誅。宣子章爲公車丞，❶亡在渭城界，中夜玄服入廟，居郎間，執戟立廟門，待上至，欲爲逆，發覺，伏誅。故事，上常夜入廟，其後待明而入，自此始也。賀以筮有應，繇是近幸，爲大中大夫，給事中，至少府。爲人小心周密，上信重之，年老終官。傳子臨，亦入説，爲黃門郎。甘露中，奉使問諸儒於石

---

❶「章」，原作「張」，據《漢書》改。

渠。臨學精熟,專行京房法。郎邪王吉通五經,聞臨説,善之。時宣帝選高材郎十人從臨講。吉乃使其子郎中駿上疏,從臨受《易》。臨代五鹿充宗君孟爲少府。駿御史大夫,自有傳。充宗授平陵士孫張仲方、沛鄧彭祖子夏、齊衡咸長賓。張爲博士,至楊州牧、光禄大夫給事中,家世傳業。彭祖,真定太傅。咸,王莽講學大夫。繇是梁丘有士孫、鄧、衡之學。

京房受《易》梁人焦延壽。延壽云嘗從孟喜問《易》。會喜死,房以爲延壽《易》即孟氏學,翟牧、白生不肯,皆曰非也。至成帝時,劉向校書,考《易》説,以爲諸《易》家説皆祖田何、楊叔、丁將軍,大誼略同,唯京氏爲異,黨焦延壽獨得隱士之説,託之孟氏,不相與同。房以明災異得幸,爲石顯所譖誅,自有傳。房授東海殷嘉、河東姚平、河南乘弘,皆爲郎、博士。繇是《易》有京氏之學。

按:《傳》深詆孟氏學之矯誣,以爲得《易》家候陰陽災變書,詐言田生獨傳者;又詆京、焦爲隱士之説,而託之孟氏,異於田何。近人惠氏棟、王氏鳴盛、張氏惠言主張漢《易》者,皆詆班固不通,用梁丘賀之單辭,皆非實録。惠氏並主張趙賓改「箕子」爲「荄滋」,而又自改爲「其子」,讀爲「亥子」。見《周易述》。其妄不待言。番禺陳氏澧又主費氏。諸家之辨雖有是非,皆未中肯綮也。卦氣消息之説,以坎、離、震、兑爲四正卦,以乾、坤二卦附之於六十卦之列,分主六日七分。其於聖人首乾、坤爲天地之義,悖謬殊甚。❶ 然所

❶ 「悖謬殊甚」,重刻本作「似有難解」。

出甚古，西漢緯書及經説皆然。蓋陵夷至於戰國，❶儒術既絀，儒者無由自進，言仁義則人主憚聞之，而禍福吉凶者，人主之所畏也。故説《春秋》者附會災異，説《尚書》者附會五行，説《易》者附會陰陽，以聳動人主而求售其術。自鄒衍「深觀陰陽消息，而作怪迂之變、《終始》《大聖》之篇十餘萬言。大並世盛衰，因載其機祥度制，推而遠之。五德轉移，治各有宜，而符應若茲」。《史記·孟子荀卿傳》。爲陰陽消息之學所萌芽。及秦皇、漢武，好神仙禱祠，方士並進。故《史記·封禪書》稱：「自齊威宣之時，騶子之徒，論著終始五德之運，及秦帝而齊人奏之，故始皇采用之。而宋無忌、正伯僑、充尚、羡門子高最後，皆燕人，爲方僊道，形解銷化，依於鬼神之事。騶衍以陰陽主運顯於諸侯，❷而燕、齊海上之方士傳其術，不能通。然則怪迂阿諛苟合之徒自此興，不可勝數也。」今以《漢志》考之。《易》家有「《雜災異》三十五篇，《神輸》五篇，圖一」，師古曰：「劉向《别録》云：『《神輸》者，王道失則災害生，得則四海輸之祥瑞。』」此已爲京房災異所始矣。陰陽家有「《宋司星子韋》三篇，《公檮生終始》十四篇，《鄒子終始》五十六篇，《雜陰陽》三十八篇」。五行家有「《泰一陰陽》二十三卷，《黄帝陰陽》二十五卷，《黄帝諸子論陰陽》二十五卷，《諸王子論陰陽》二十五卷，《太元陰陽》二十六卷，《三典陰陽談論》二十七卷，《陰陽五行時令》十九卷，《務成子災異應》十四卷，《十二典災異應》十二卷，《鍾律災應》二十六卷，《鍾律叢辰日苑》二十二卷，《鍾律消息》二十九卷，《黄

❶「陵夷至於」，重刻本作「孔門有是」。
❷「主」，原作「之」，據《史記》改。

鍾》七卷,《刑德》七卷」。著龜家有「《周易》三十八卷,《大筮衍易》二十八卷,《於陵欽易吉凶》二十三卷,❶《易卦八具》」等書,實其所祖。本爲陰陽占卜之書,諸儒欲以術動時主,故附之入《易》義耳。於是大儒若董仲舒,亦專以災異説《春秋》,傳「開陰閉陽以求雨,開陽閉陰以止雨」之術。《春秋繁露·求雨》《止雨》兩篇。此後儒者争以怪迂之説動人主。❷眭孟言「大石立,僵柳起,漢當傳國」,雖被誅,而宣帝既立,事有徵驗,子亦爲郎。夏侯始昌明於陰陽,「先言柏梁臺災日,至期日果災」。其族子勝,從始昌受《尚書》及《洪範五行傳》,説災異。昌邑王數出,勝當乘輿諫曰:「天久陰而不雨,臣下有謀上者,陛下出欲何之?」是時,光與車騎將軍張安世謀,欲廢昌邑王。光讓安世,以爲泄語,安世實不言。乃召問勝。勝對言:「在《洪範傳》曰『皇之不極,厥罰常陰,時則下人有伐上者,惡察察言』,故云臣下有謀。」光、安世大驚,以此益重經術士。京房説長於災變,分六十卦,更直日用事,以風雨寒温爲候,各有占驗。房用之尤精,好鍾律,知音聲。永光、建昭間,西羌反,日蝕,又久青亡光,陰霧不精。房數上疏,先言其將然,近數月,遠一歲,所言屢中。天子説之。翼奉以五際説《詩》。俱見《漢書·眭兩夏侯京翼李傳》。蓋以占驗禍福動人主,漢時五經家皆然。京房應時而起,託之於《易》以行其説,其爲京房所自創無疑。❸蓋本五行家災異占

---

❶「欽」,原作「歆」,據《漢書》改。

❷「此後」至「迂之」九字,重刻本作「蓋或有别傳後儒争以」。

❸「其爲」至「無疑」九字,重刻本作「或孔門有是而附益之」。

驗、鍾律消息而作，其稱焦延壽者，疑亦假託之名也。❶漢人欲行其説，無不依託於經，如《公羊傳》之「母以子貴」，《左氏傳》之「其處者爲劉氏」，皆漢儒竄入以重其經。猶佛氏之起，以咒術治鬼神猛虎毒蛇，於是人皆敬畏之，而其道以行。《傳鐙録》所載二十八祖，及晉之佛圖澄、梁之陸法和皆是，今西藏紅教，猶其緒餘。開國之始，神叢狐鳴，西漢災變之學亦其類也。至於王莽，尤尚讖學。光武染其餘風，以讖立王梁爲司空。桓譚、鄭興攻讖則譴責，楊厚、郎顗占驗有應，則尊顯無倫。《史記・六國表》引「或曰東方物所始生，西方物之成孰，夫作事者必於東南，收功實者常於西北」。魏相稱「東方之卦不可以治西方，南方之卦不可以治北方」。其説所出，源流深遠，然仍是讀《易》別録之書，於聖人之經無預焉。唯與《説卦》「震，東方也；離也者，南方之卦也；兑，正秋也；坎者，正北方之卦也」，其義同。於是爲孟、京學者藉口之祖。唯《法言・問神篇》：「《易》損其一，蠢者知闕焉。」《論衡・正説篇》：「至孝宣皇帝之時，河内女子發老屋，得逸《易》、《禮》、《尚書》各一篇，奏之。宣帝下示博士，然後《易》、《禮》、《尚書》各益一篇。」所謂逸《易》，《隋志》以爲即《説卦》。此楊雄、王充所見西漢舊説，則《説卦》必焦、京學者所僞作。❷《易緯乾鑿度》、《稽覽圖》皆爲其學者所附會，❸其消息辟卦並同。五行家有鍾律消息，則「消息」二字所本，勿遽

❶「疑亦假託之名也」，重刻本作「是否假託未可知」。

❷「僞作」，重刻本作「傳授」。

❸「皆」，重刻本作「或」。

信爲《易》義也。❶張衡謂緯書起於哀、平間，則《易緯》固在京房後，其用京《易》無足疑也。故《後漢書・方術傳》曰：「其流又有風角、遁甲、七政、元氣、六日、七分、逢占、日者、挺專、須臾、孤虛之術。」益可見爲數術雜占之學。孟、京俱言卦氣、消息、辟卦、雜氣，李鼎祚《周易集解》、惠棟《易漢學》所引可見。則孟、京二家似出於一，然孟氏實有出於田王孫者。《漢書・藝文志》「《章句》，施、孟、梁丘氏各二篇」，此乃得之田何者。又有「孟氏、京房十一篇，《災異》孟氏、京房六十六篇」，此則《易》家候陰陽災變，孟氏傳之焦、京，或焦、京所託，今所傳卦氣、六日、七分之學是。焦循《易圖略》亦有此說。若虞氏自奏稱「五世傳《孟氏易》」，見《三國志》本傳注。而納甲之説全用《參同契》；自奏言「郡吏陳桃夢道士予臣《易》六爻，吞之」，見《三國志》本傳《注》。誕妄無稽，然益見仲翔得自道士異教之學。惠棟、張惠言等，知辨宋人先天之圖出於道家，不知卦氣納甲之圖亦出方士、道士之所傳。齊、楚佩劍，皆未得也。然源流既遠，且西漢博士之説，非劉歆所僞。別見《易漢學辨》，今不詳。

孟《易》雖言災變，然梁丘賀以筮近幸，與《眭兩夏侯京翼李傳》諸人正同。是賀亦候災變，不獨喜有之。賀安能以改師法責喜？傳云云者，蓋西漢以後，施、梁丘稍微，而孟、京最盛。歆欲以費氏奪而易之，故誣辭巧詆耳。觀其下云「劉向以爲諸家皆祖田何、楊叔、丁將軍，大誼略同，唯京氏爲異，託之孟氏，不相與同」，則不以爲孟氏異於施、梁丘氏，而僅以爲京氏異於孟氏。蓋前主攻孟，後主攻京。攻京之時，並忘

❶「勿遽信」，重刻本作「或亦本」。

其攻孟之言矣。矛盾如此，豈不哀哉！又歆欲代孟、京之統，故以孔子十翼厭勝之，而痛詆災變之非。其繼不能遂，乃襲取其説而改其面目，敷衍支離，抑又甚焉。是心勞日拙之明效矣。

費直，字長翁，東萊人也。治《易》爲郎，至單父令。長於卦筮，亡章句，徒以《彖》、《象》、《繫辭》十篇文言解説上下經。琅邪王璜平中能傳之。璜又傳古文《尚書》。

高相，沛人也。治《易》與費公同時，其學亦亡章句，專説陰陽災異。自言出於丁將軍，傳至相。相授子康及蘭陵毋將永。康以明《易》爲郎，永至豫章都尉。及王莽居攝，東郡太守翟誼謀舉兵誅莽。事未發，康候知東郡有兵，私語門人。門人上書言之。後數月，翟誼兵起，莽召問，對受師高康。莽惡之，以爲惑衆，斬康。繇是《易》有高氏學。高、費皆未嘗立於學官。

費氏《易》爲劉歆僞撰，辨見前。其云「亡章句，徒以《彖》、《象》、《繫辭》十篇文言解説上下經」，考《後漢書·儒林傳》，陳元、鄭衆、馬融、鄭玄、荀爽皆傳費氏《易》者。今以《周易集解》考之，其説採卦氣、消息、辟卦、世應、飛伏，鄭氏獨傳爻辰，主分野、互卦之説。按分野之説，《周官》、《左傳》、《國語》有之，雜見於《漢書·天文》《地理志》，并移以説《易》，皆歆所創也。錢氏大昕曰：「康成初習京氏《易》，後從馬季長受費氏《易》，費氏有《周易分野》一書，其爻辰之法所從出乎？」《潛研堂文集·答問》。得其所自出矣。《經典釋文·序録》云「費直《章句》四卷，殘缺」，則費氏有説明矣。其所僞作費氏《易》，蓋深攻孟、京，力主以《彖》、《象》、《繫辭》十篇文言解上下經，據孔子以折諸家。又因《繫辭》而造「之卦」、「互卦」之例。荀悦《漢紀》云：「臣悦叔父故司空爽，著《易傳》據爻象承應、陰陽變化之義，以十篇之文解説經意。」雜竄之於《左傳》，又竄之於

《史記》以易舊説。如《左傳》莊二十二年，「周史有以《周易》見陳侯者，陳侯使筮之，遇觀之否」，若是者數條。又凡卦筮須有所指，《周官》、《左傳》、《國語》並言「分野」，故又以分野之説竄入卦筮。然則費氏《章句》、《周易分野》皆歆所作於《七略》奏上之後，故《七略》無之；或歆自匿其《章句》，授之弟子而不著之歟！王弼之《易》亦出費氏。蓋弼祖其以《彖》、《象》、《繫辭》十篇文言解上下經之説，故掃盡象數，獨標卦爻承應之義。其説大行，以傳此言爲之本故也。是至於今猶歆之僞《易》也。然《易》之經文亡恙，以爲脱去「無咎」、「悔亡」，特歆崇古抑今之僞説耳。以《彖》、《象》、《繫辭》説《易》，還孔子之舊義，雖出劉歆之説，然歆内主張爻辰、分野以爲卜筮，十翼解經特其假借之言，實非歆學也，且實光明無弊，不必以人廢言。於今學掃《説卦》之僞文，於古學删康成之野象，歆矯僞六經之罪，於《易》差可末減乎！至「十篇」之説，《史記》不著。《孔子世家》及《説卦》，蓋劉歆竄入者。《序卦》、《雜卦》二篇，義理薄淺，王充、《隋志》以爲後得。《雜卦》「師，衆也」，「比，輔也」，「震，動也」，「遘，遇也」，與歆僞《爾雅》合，蓋亦歆所僞造者，爾後十翼之説所由出也與？高氏《易》，辨見《藝文志》。

孔氏有古文《尚書》，孔安國以今文字讀之，因以起其家，逸《書》得十餘篇。蓋《尚書》茲多於是矣。遭巫蠱，未立於學官。安國爲諫大夫，授都尉朝，而司馬遷亦從安國問。故遷書載《堯典》、《禹貢》、《洪範》、《微子》、《金縢》諸篇，多古文説。都尉朝授膠東庸生。庸生授清河胡常少子，以明《穀梁春秋》爲博士、部刺史，又傳《左氏》。常授號徐敖。敖爲右扶風掾，又傳《毛詩》，授王璜、平陵塗惲子真。子真授河南桑欽君長。王莽時，諸學皆立，劉歆爲國師，璜、惲等皆貴顯。世所傳《百兩篇》者，出東萊張霸，分析合二十九篇以爲數十，又采《左氏傳》、《書敘》爲作首尾，凡百二篇，篇或數簡，文意淺陋。成帝時，求其古文者，霸以能爲《百兩》徵，以中書校之，非是。霸辭受父，父有弟子尉氏樊並。時大中大夫平當、侍御史周敞勸上存之。後樊並謀反，迺黜其書。

古文之僞，辨見《藝文志》。其傳授源流，亦歆僞託也。史遷所問篇目，❶無一出今文外者。今《史記》所説，與今文無不合者，其僞決矣。孔安國授之兒寬，今文歐陽、大小夏侯皆出於寬，則皆出於安國。何歐陽、大小夏侯無一人聞十六篇之書説，而都尉朝獨聞之？何安國之偏而都尉朝之幸也邪？博士同出一師，而百餘年無一人説及古文及都尉朝事，何其疏也？安國傳寬，寬傳歐陽生子，世世相傳，至曾孫高，高孫地餘猶當宣帝時爲博士，論石渠，高三傳乃至龔勝，則八傳矣。見《儒林傳》。又安國再傳爲簡卿，❷三傳爲大夏侯勝，五傳乃至孔光。見《儒林傳》、《孔光傳》。又安國四傳爲小夏侯建，七傳乃至趙玄。見《儒林傳》。玄，哀帝時御史大夫，孔光爲太師，是時名儒，光禄大夫則安國八傳之龔勝也。以今學經八傳而至勝，都尉朝再傳而至胡常，即當哀、平之世矣，即云老壽，何相去之遠乎？徐敖者，則傳《毛詩》之人；王璜者，則傳費氏《易》之人；胡常者，又傳《左氏》之人，蓋皆歆私人也。僞撰姓名亦不能多撰，慮其洩漏，故於古人則河間、魯共、孔安國，於時人則胡常、徐敖、王璜，並徧傳古學諸經者。但安國之本，出於共王。不識

❶「問」，重刻本作「引」。

❷「簡」，《漢書》作「蕑」。

河間諸古文經，齊、魯諸儒何遂無傳耳？作僞終有彌縫不密之時也。歆爲國師，璜、惲貴顯，此其昭昭也。胡常、徐敖，惜不及少待。然陳俠、蕭秉皆爲王莽講學大夫，蓋傳其學無不貴顯者。歆蓋假借莽力以行其學者也。漢世尊經，故多僞經之人。河内女子之《説卦》、《泰誓》、《逸禮》爲之始，張霸《百兩》爲之中，劉歆述其餘風爲之終而集其大成。云「霸采《左氏傳》、《書序》爲作首尾」者，實則歆采霸僞《書》而作《書序》，并竄之入《左氏傳》耳。

毛公，趙人也。治《詩》，爲河間獻王博士，授同國貫長卿。長卿授解延年。延年爲阿武令，授徐敖。敖授九江陳俠，爲王莽講學大夫。由是言《毛詩》者，本之徐敖。

《史記·河間獻王世家》《儒林傳》無《毛詩》。此是鐵案，南山可移，此文不可動者也。歆爲《漢書》，處處稱獻王，所以實《毛詩》、《周官》之事，辨見《藝文志》。其云毛公者，真託於「無是公」者也。毛公定樂，而《毛詩》乃不知《詩》之爲樂章，以《草蟲》入於《采蘋》、《采蘩》之中，又以《楚茨》、《甫田》爲刺幽王。《投壺》雅歌詩有《伐檀》、《白駒》，而毛公不知，惡在其傳《詩》乎？徐敖受《尚書》於胡常，常是成、哀間人，而爲毛公三傳弟子。考之三家之傳，皆七八傳乃至王莽世，蓋作僞者仍不能妄援廣引也。《移博士書》云「博問人間，唯有趙國貫公」，殆即長卿，又以爲傳《左氏傳》者，皆歆杜撰也。徐敖蓋歆私人，受歆僞經者。《後書》稱「謝曼卿受《詩》於陳俠」，此歆所傳者歟？其詳見《毛詩僞證》。若毛公分爲二人，有大，有小，名亨，名長，又名萇，此則歆之重儓，又歆所未知者。

尹更始爲諫大夫、長樂户將，又受《左氏傳》，取其變理合者以爲章句。傳子咸及翟方進、郎邪房鳳。咸至大司農，方進丞相，自有傳。

房鳳，字子元，不其人也。以射策乙科爲太史掌故。太常舉方正，爲縣令都尉，失官。大司馬票騎將軍王根奏除補長史，薦鳳明經通達，擢爲光禄大夫，遷五官中郎將。時光禄勳王龔以外屬内卿，與奉車都尉劉歆共校書，三人皆侍中。歆白《左氏春秋》可立，哀帝納之，以問諸儒，皆不對。歆於是數見丞相孔光，爲言《左氏》以求助，光卒不肯。唯鳳、龔許歆，遂共移書責讓太常博士，語在《歆傳》。大司空師丹奏歆非毁先帝所立。上於是出龔等補吏，龔爲弘農，歆河内，鳳九江太守，至青州牧。始，江博士授胡常，常授梁蕭秉君房，王莽時爲講學大夫。由是《穀梁春秋》有尹、胡、申、章、房氏之學。

漢興，北平侯張蒼及梁太傅賈誼、京兆尹張敞、大中大夫劉公子，皆修《春秋左氏傳》。誼爲《左氏傳》訓故，授趙人貫公，爲河間獻王博士。子長卿爲蕩陰令，授清河張禹長子。禹與蕭望之同時爲御史，數爲望之言《左氏》，望之善之，上書數以稱説。後望之爲太子太傅，薦禹於宣帝，徵禹待詔，未及問，會疾死。授尹更始，更始傳子咸及翟方進、胡常。常授黎陽賈護季君，哀帝時待詔爲郎，授蒼梧陳欽子佚，以《左氏》授王莽，至將軍。而劉歆從尹咸及翟方進受。由是言《左氏》者，本之賈護、劉歆。

劉氏逢禄《左氏春秋考證》曰：「《張蒼傳》曰『好書律術』，曰『習天下圖書計籍，又善用算律術』，曰『蒼尤好書，無所不觀，無所不曉，而尤邃律術』，曰『著書十八篇，言陰陽律術事』而已，不聞其修《左氏傳》也。蓋歆以漢初博極羣書者唯張丞相，而律術及譜五德可附《左氏》，故首援之。《賈生傳》曰『能誦《詩》、《書》屬文』，曰『頗通諸家之書』而已，亦未聞其修《左氏傳》也。蓋賈生之學，疏通知遠，得之《詩》、《書》，修明制度，本之於《禮》，非章句訓故之學也。其所著述，存者五十八篇，《大都篇》一事，《春秋篇》九事，《先醒篇》三事，《耳痺篇》一事，《喻誠篇》一事，《退讓篇》二事，皆與《左氏》不合。唯《禮容篇》一事似采《左氏》，二事似采《國語》耳。蓋歆見其偶有引用，即誣以爲『爲《左氏》訓故，授趙人貫公』，又曰當孝文時，『漢朝之儒，唯賈生而已』。貫公當即毛公弟子貫長卿，歆所云『貫公遺學，與祕府古文同』者也，曰『賈生弟子』則誣矣。《張敞傳》曰『本治《春秋》，以經術自輔其政』，其所陳説，以《春秋》『譏世卿最甚』，君母『下堂則從傅母』，皆《公羊》義。非『尹氏爲聲子』、『崔杼非其罪』、『宋共姬女而不婦』之謬説也。《蕭望之傳》曰『治《齊詩》』，曰『從夏侯勝問《論語》、禮服』，其《雨雹對》以『季氏專權，卒逐昭公』，《伐匈奴對》以大士匄『不伐喪』，亦皆《公羊》義。石渠禮論，精於禮服，未聞引《左氏》也。『善《左氏》』，『薦張禹』，亦歆附會。要之，此數公者，於《春秋》、《國語》未嘗不肄業及之，特不以爲孔子《春秋》傳耳，歆不託之名臣大儒，則其書不尊不信也。」

按：歆古文之學，其傳授諸人名，皆歆僞撰，而其發端則自《左氏》始。《左氏》書藏於祕府，人間不易見，自非史遷、劉向之倫不可得讀也。漢世重六經，以《春秋》爲孔子筆削，尤尊之。於時《公羊》盛行，《穀梁》亦賴宣帝追衛太子之所好，得立於學。歆思借以立異，校書時發得左氏《國語》，乃「引傳解經」見《楚元王傳》。自爲《春秋》之一家。劉歆校書爲王莽所舉。尹咸校數術，殆黨附於莽、歆者，房鳳則王根所薦者，王龔則外戚，非經師也。是四人者共校書，鳳、龔所校不知何書，尹咸校數術，其經術不如歆可知。歆又挾權寵，故房鳳、王龔、尹咸咸附之也。孔光、龔勝、師丹皆大儒，知其僞，故不肯助也。考孔光號稱依阿，而不肯助；蓋光曾叔祖安國，祖延年，父霸，爲孔子傳經之世嫡，未嘗聞此，故不肯助也。若孔氏確有古文，安得不助歆哉！諸古文爲僞經，此可爲一鐵案也。師丹劾之，公孫禄以爲「顛倒五經」，誠不妄矣。歆既以《左氏》附於尹咸，故託所出於尹更始。所謂「章句」者，蓋歆所僞託也，因僞造張蒼、賈誼、張敞、劉公子，又託賈誼爲傳訓故。所云「貫公」者，歆《移書》所謂「傳問民間，唯趙國貫公學與此同」也；所云「河間獻王博士」，則《獻王傳》所謂「立《左氏春秋》博士」，《移博士書》所謂「皆有符徵，外内相應」也。所云「貫長卿」者，即傳《毛詩》之人也。所云「徵禹待詔，未及問，會疾死」者，猶孔安國《尚書》「遭巫蠱難，未及施行」，蓋實無其事也。所云「胡常」者，傳庸生之古文《尚書》以授傳《毛詩》之徐敖者也；常又從江博士受《穀梁》，授梁蕭秉君房，其果有是人，爲歆之所付囑，抑爲歆僞託，皆不可知。要「言《左氏》者本之賈護、劉歆」，猶「言《毛詩》本之徐敖」，護、敖皆爲歆私人而已，「本之劉歆」則自不能誣耳。歆諸經皆託之於人，唯《左傳》則任之於己，以《左傳》爲歆立僞經之根本，故不能託之人也。考胡常無論爲真與否，即以此傳質之，其弟子蕭秉爲莽講學大夫，與尹咸、翟方進並受《左氏》於尹更始，則是元、成間人，與歆同時者也。徐敖從之受古文《尚書》，益少後矣。胡常於安國古文，自都尉朝、膠東庸生，本三傳；於貫長卿《春秋左氏》，傳自張禹、尹更始，亦三傳。徐敖既後於胡常，敖傳《毛詩》，自貫長卿下，僅解延年一傳，抑何其乖舛乎？合而觀之，其作僞之迹，故爲錯互，如見肺肝矣。《穀梁春秋》有尹、胡、申、章、房之學，恐亦劉歆所僞爲也。傳文敘穀梁氏之學，忽插入尹更始、房鳳之《左氏》，恐亦歆之原文，而自「房鳳字子元」至「青州牧」，或孟堅因而添入者歟。

贊曰：自武帝立五經博士，開弟子員，設科射策，勸以官禄，訖於元始，百有餘年，傳業者寖盛，支葉繁滋，一經説至百餘萬言，大師衆至千餘人，蓋禄利之路然也。初，《書》唯有歐陽，《禮》后，《易》楊，《春秋》公羊而已。至孝宣世，復立大、小夏侯《尚書》，大、小戴《禮》，施、孟、梁丘《易》，《穀梁春秋》。至元帝世，復立京氏《易》。平帝時，又立《左氏春秋》、《毛詩》、《逸禮》、古文《尚書》，所以罔羅遺失，兼而存之，是在其中矣。

一經之説至於百餘萬言，五字之文至於二三萬字，繁冗至此，其去丁將軍之《易》説僅舉大誼，申公之《詩》訓猶有闕疑，滋蔓支離，抑已甚矣。楊雄《法言》曰：「今之學也，非獨爲之華藻也，又從而繡其鞶帨。」《寡見篇》。蓋爲通人所厭久矣。歆窺見此指，造作古文而掃除今學。杜、賈扇其風，馬、鄭揚其波。迄漢、晉之間，今學盡滅，下迨唐宋，掃地無餘。昔之數百萬言者，穿穴於遺文中，僅得萬一，雖歆僞亂之罪固不容誅，亦禄利之徒不知大誼，繁其章條，穿求崖穴，有以貽口實而藉寇兵也。嗟夫！西漢學者譊譊自尊之時，豈知百餘年間之亡滅哉！今之學者，尊聖人之經而不求之經緯天人、體察倫物之際，而但講六書，動成習氣，偶涉名物，自負《蒼》、《雅》，叩以經典大義，茫乎未之聞也。徐幹《中論》曰：「凡學者大義爲先，物名爲後，大義舉而物名從之。然鄙儒之博學也，務於物名，詳於器械，考於詁訓，摘其章句，而不能統其大義之所極，以獲先王之心。此無異乎女史誦詩、内豎傳令也，故使學者勞思慮而不知道，費日月而無成功。」《治學篇》。迂滯若是，欲不亡滅，其可得乎！此亦識者所爲遠念也。

新學僞經考卷六

漢書劉歆王莽傳辨僞第六

王莽以僞行篡漢國，劉歆以僞經篡孔學。二者同僞，二者同篡。僞君、僞師，篡君、篡師，當其時一大僞之天下，何君臣之相似也！然歆之僞《左氏》在成、哀之世，僞《逸禮》、僞古文《書》、僞《毛詩》，次第爲之，時莽未有篡之隙也，則歆之畜志篡孔學久矣，遭逢莽篡，因點竄其僞經以迎媚之。歆既獎成莽之篡漢矣，莽推行歆學，又徵召爲歆學者千餘人詣公車，立諸僞經於學官。莽又獎成歆之篡孔矣。篡漢則莽爲君，歆爲臣，莽善用歆。篡孔則歆爲師，莽爲弟，歆實善用莽。歆、莽交相爲也。至於後世，則亡新之亡久矣，而歆經大行，其祚二千年，則歆之篡過於莽矣。而歆身爲新臣，號爲「新學」，莽亦與焉。故合歆、莽二傳而辨之，以明新學之僞經云。

《劉歆傳》

歆，字子駿，少以通《詩》、《書》、能屬文召，見成帝，待詔宦者署爲黄門郎。河平中，受詔與父向領校祕書，講六藝傳記，諸子、詩賦、數術、方技，無所不究。向死後，歆復爲中壘校尉。哀帝初即位，大司馬王莽舉歆宗室有材行，爲侍中太中大夫，遷騎都尉、奉車光禄大夫，貴幸。復領五經，卒父前業。歆乃集六藝羣書，種別爲《七略》。語在《藝文志》。歆及向始皆治《易》。宣帝時，詔向受《穀梁春秋》，十餘年，大明習。及歆校祕書，見古文《春秋左氏傳》，歆大好之。時丞相史尹咸以能治《左氏》，與歆共校經傳。歆畧從咸及丞相翟方進受，質問大義。初，《左氏傳》多古字古言，學者傳訓故而已。及歆治《左氏》，引傳文以解經，轉相發明，由是章句義理備焉。歆亦湛靖有謀，父子俱好古，博見彊志，過絶於人。歆以爲左丘明好惡與聖人同，親見夫子，而公羊、穀梁在七十子後，傳聞之與親見之，其詳略不同。歆數以難向，向不能非間也，然猶自持其《穀梁》義。及歆親近，欲建立《左氏春秋》及《毛詩》、《逸禮》、古文《尚書》，皆列於學官。哀帝令歆與五經博士講論其義，諸博士或不肯置對。歆因移書太常博士，責讓之曰："昔唐、虞既衰，而三代迭興。聖帝明王，累起相襲，其道甚著。周室既微而禮樂不正，道之難全也如此。是故孔子憂道之不行，歷國應聘。自衛反魯，然後樂正，《雅》、《頌》乃得其所；修《易》，序《書》，制作《春秋》，以紀帝王之道。及夫子没而微言絶，七十子終而大義乖。重遭戰國，棄籩豆之禮，理軍旅之陳，孔氏之道抑，而孫、吴之術興。陵夷至於暴秦，燔經書，殺儒士，設挾書之法，行是古之罪，道術由是遂滅。漢興，去聖帝明王遐遠，仲尼之道又絶，法度無所因襲。時獨有一叔孫通略定禮儀，天下唯有《易》卜，未有他書。至孝惠之世，乃除挾書之律，然公卿大臣絳、灌之屬，咸介胄武夫，莫以爲意。至孝文皇帝，始使掌故晁錯從伏生受《尚書》。《尚書》初出於屋壁，朽折散絶，今其書見在，時師傳讀而已。《詩》始萌牙。天下衆書往往頗出，皆諸子傳説，猶廣立於學官，爲置博士。在漢朝之儒，唯賈生而已。至孝武皇帝，然後鄒、魯、梁、趙，頗有《詩》、《禮》、《春秋》先師，皆起於建元之間。

當此之時，一人不能獨盡其經，或爲《雅》，或爲《頌》，相合而成。《泰誓》後得，博士集而讀之。故詔書曰：『禮壞樂崩，書缺簡脱，朕甚閔焉。』時漢興已七八十年，離於全經，固已遠矣。及魯共王壞孔子宅，欲以爲宫，而得古文於壞壁之中，《逸禮》有三十九篇，《書》十六篇。天漢之後，孔安國獻之，遭巫蠱倉卒之難，未及施行。及《春秋》左氏丘明所修，皆古文舊書，多者二十餘通，藏於祕府，伏而未發。孝成皇帝閔學殘文缺，稍離其真，乃陳發祕藏，校理舊文，得此三事，以考學官所傳，經或脱簡，傳或間編。傳問民間，則有魯國桓公、趙國貫公、膠東庸生之遺學與此同，抑而未施。此乃有識者之所惜閔，士君子之所嗟痛也。往者綴學之士，不思廢絶之闕，苟因陋就寡，分文析字，煩言碎辭，學者罷老且不能究其一藝。信口説而背傳記，是末師而非往古。至於國家將有大事，若立辟雍、封禪、巡狩之儀，則幽冥而莫知其原。猶欲保殘守缺，挾恐見破之私意，而無從善服義之公心，或懷妬嫉，不考情實，雷同相從，隨聲是非，抑此三學，以《尚書》爲備，謂左氏爲不傳《春秋》，豈不哀哉！今聖上德通神明，繼統揚業，亦閔文學錯亂，學士若兹，雖昭其情，猶依違謙讓，樂與士君子同之。故下明詔，試《左氏》可立不，遣近臣奉指銜命，將以輔弱扶微，與二三君子比意同力，冀得廢遺。今則不然，深閉固距，而不肯試，猥以不誦絶之，欲以杜塞餘道，絶滅微學。夫可與樂成，難與慮始，此乃衆庶之所爲耳，非所望士君子也。且此數家之事，皆先帝所親論，今上所考視，其古文舊書，皆有徵驗，外内相應，豈苟而已哉！夫禮失求之於野，古文不猶愈於野乎？往者博士《書》有歐陽，《春秋》公羊，《易》則施、孟，然孝宣皇帝猶復廣立穀梁《春秋》、梁丘《易》、大小夏侯《尚書》，義雖相反，猶並置之。何則？與其過而廢之也，寧過而立之。傳曰：『文武之道未墜於地，在人；賢者志其大者，不賢者志其小者。』今此數家之言，所以兼包大小之義，豈可偏絶哉！若必專己守殘，黨同門，妬道真，違明詔，失聖意，以陷於文吏之議，甚爲二三君子不取也。」其言甚切，諸儒皆怨恨。是時名儒光禄大夫龔勝以歆移書上疏深自罪責，願乞骸骨罷。及儒者師丹爲大司空，❶亦大怒，奏歆改亂舊章，非毁先帝所立。上曰：「歆欲廣道術，亦何以爲非毁哉？」歆由是忤執政大臣，爲衆儒所訕，懼誅，求出補吏，爲河内太守。以宗室不宜典三河，徙守五原，後復轉在涿郡，歷三郡守。數年，以病免官。起家復爲安定屬國都尉。會哀帝崩，王莽持政。莽少與歆俱爲黄門郎，重之，白太后。太后留歆爲右曹太中大夫，遷中壘校尉、羲和、京兆尹，使治明堂辟雍，封紅休侯。典儒林史卜之官，考定律曆，著《三統曆譜》。初，歆以建平元年改名秀，字潁叔云。及王莽篡位，歆爲國師，後事皆在《莽傳》。

按：班固浮華之士，經術本淺，其修《漢書》全用歆書，不取者僅二萬許言，其陷溺於歆學久矣。此爲《歆傳》，大率本歆之自言也。《左氏春秋》至歆校祕書時乃見，則向來人間不見可知。歆治《左氏》乃始引傳文以解經，則今本《左氏》書法及比年依經飾《左》緣《左》，爲歆改《左氏》明證。此必叔皮及西漢遺老之言，則從前傳不解經可知。若如《别録》，經師傳授詳明如此，見《左傳正義》一。則向不非之，而不待歆校書乃見矣。知《别録》亦僞書也。云歆從尹咸、翟方進「質問大義」，此與《儒林傳》敘《左氏》師傳自賈誼至尹更始，皆歆僞造淵源，猶古文《書》之孔安國、都尉朝，《毛詩》之毛公、貫長卿、解延年、徐敖也。按《翟方進

❶「司」，原作「師」，據重刻本改。

傳》云「受《春秋》，積十餘年，經學明習，徒衆日廣，諸儒稱之」，又云「方進雖受《穀梁》，然好《左氏傳》」，其《左氏》則國師劉歆師也」。方進雖習《春秋》，實非《左氏》。歆既重其名位，又必託所由來，稱父「向不能非」。既誣其父，又誣其師，可謂絶無人心者矣。尹咸本同校書者，然但校數術，經學必不如歆，足見其僞。公羊、穀梁即卜商，別有説。然七十子口傳《春秋》，漢世無異義。馬遷據《左氏》以修史，而《儒林傳》不稱其釋經，最爲確證。左氏即親見孔子，於傳經無與。且著書在獲麟五十年之後，而其好惡，黜孔父、洩冶之節而奬鄭莊之禮，謂果與聖人同乎？《論語》「左丘明恥之，丘亦恥之」，是《古論語》僞文，歆所竄入以昭符應者。歆偏僞羣經之術皆如此，并不得以光武名秀，歆亦名秀，嘉新公爲劉歆，祁烈伯亦爲劉歆，以左丘明爲有二人也。劉逢禄《左氏春秋考證》曰：「左氏僅見夫子之書及列國之史，公羊聞夫子之義。見夫子之書者盈天下矣，聞而知之者，孟子而下，其唯董生乎！」歆既湛靖，乘父向既没，獨任校書，無人知祕府之籍，因得借祕書而行其僞。漢世《春秋》之學最盛。歆思自樹一學，校書得左氏《國語》，以爲可借之釋經，以售其奸。不作古字古言，則天下士難欺，故託之古文。此歆以古文僞經之始也。既已僞《左傳》矣，必思徵驗乃能見信，於是偏僞羣經矣。然移太常之文，僅欲立《左氏春秋》暨《逸禮》、古文《尚書》三學，猶未及《毛詩》，本傳并未及《周官》。蓋歆以《毛詩》、《周官》作僞太甚，未敢公然露於衆也。然歆雖挾上旨欲行其私，加以挾制，辭氣甚厲，而忽立僞書，博士之不對，龔勝、師丹之怒，固也。西漢博士，凡大儒皆由此出。其學原出孔氏，不能欺謬之也。「在漢朝之儒，唯賈生而已」，獨稱賈生者，以歆附會爲《左氏》先師也。然誼爲李斯再傳弟子，其書未有一字及《左傳》也。

魯共王得《逸禮》、古文《尚書》，河間獻王亦得《周官》、《逸禮》、古文《尚書》，而《毛詩》、《左氏傳》且立博士，《移書》何以不兼稱獻王？共王薨於武帝元朔元年，下至征和二年凡三十八年，巫蠱事乃起，數十年間，孔安國何以不獻？且安國蚤卒，何得及巫蠱事乎？《藝文志》、《儒林傳》何以但稱安國獻《書》，不及《逸禮》？歆既輔弱扶微，冀得廢遺，何以移文但争三事，不并争《毛詩》？《周官》且一字不及也？其牴牾鑿枘，合觀之可見。其《逸禮》三十九篇，《書》十六篇，辨見《藝文志》。

《春秋經》自公羊、胡毋生相傳，絶無「脱簡」。若人間《左氏春秋》，原是《國語》，亦非有「間編」。歆託之祕府，託之古文，妄謂學官「學殘文缺」。所謂「經或脱簡」者，歆乃欲增續《春秋》也。「傳或間編」者，歆欲比附《春秋》年月，改竄《國語》也。

「傳問民間，則有魯國桓公、趙國貫公、膠東庸生之遺學與此同，抑而未施。」貫公，即歆所稱傳《毛詩》之貫長卿；庸生，即傳都尉朝古文《尚書》者，皆歆僞託。即有其人，蓋亦歆私黨，歆之授意者也。

「至於國家將有大事，若立辟雍、封禪、巡狩之儀，則幽冥而莫知其原。」歆以高堂生傳十七篇，多士大夫禮，故其《逸禮》皆爲明堂、巡狩之禮。故《藝文志》云「猶瘉倉等推士禮而致於天子之説」，此乃其作僞之微恉也。「以《尚書》爲備，謂左氏爲不傳《春秋》。」博士傳自孔門，師師相傳，可爲孔子之學鐵案。先秦、三代，竹帛之外，兼賴誦説而傳。使《尚書》不止二十八篇，伏生專門之學，雖其本既亡，可以誦而補之。三百五篇之《詩》，十一篇之《春秋》，兼賴誦説而傳。則孔子删《書》二十八篇之爲全書，無可疑也。史遷《儒林傳》不述左氏。今據西漢博士之學以得孔子之全經，賴有歆述博士之言爲可信。其餘不經歆校改者，寡矣。

《王莽傳》

於是附順者拔擢，忤恨者誅滅。王舜、王邑爲腹心，甄豐、甄邯主擊斷，平晏領機事，劉歆典文章。

按《歆傳》，莽素重歆，故莽一朝典禮皆歆學也，故徧録出，與歆之僞經徵驗相應也。

於是羣臣乃盛陳「莽功德致周、成白雉之瑞，千載同符。聖王之法，臣有大功則生有美號，故周公及身在而託號於周。莽有定國安漢家之大功，宜賜號曰安漢公，益户疇爵邑，上應古制」。

「請考論《五經》，定取禮，正十二女之義。」

按：是時歆《周禮》未成，故「三夫人、九嬪、二十七世婦、八十一御妻」之説未出，故猶從今博士説。然莽之學周公自此始。後此事事效法，遂篡漢祚。歆《周官》、《爾雅》事事稱周公，以揣合莽意，獎翼篡事也。後世經學動稱周公，而忘其爲孔子制作，則爲歆、莽所賣矣。歆、莽之假於周公，將有所圖。後儒無歆、莽之私，豈可復爲所謾乎？

莽奏起明堂、辟雍、靈臺，爲學者築舍萬區，作市、常滿倉，制度甚盛。立《樂經》。益博士員，經各五人。徵天下通一藝、教授十一人以上，及有《逸禮》、古《書》、《毛詩》、《周官》、《爾雅》、天文、圖讖、鍾律、月令、兵法、《史篇》文字，通知其意者，皆詣公車。網羅天下異能之士，至者前後千數，皆令記説廷中，將令正乖謬，壹異説云。

按：《平帝紀》元始五年，「羲和劉歆等四人，使治明堂、辟雍」。徵天下通知逸經、古記、天文、曆算、鍾律、小學、《史篇》、方術、本草及以五經、《論語》、《孝經》、《爾雅》教授者，在所爲駕一封軺傳，遣詣京師。至者數千人。此云《樂經》、《逸禮》、古《書》、《毛詩》、《周官》、《爾雅》、《史篇》文字，皆歆僞纂。「《史篇》文字」，即歆所謂「古文」，以與今文違悖者也。辨皆見前。莽、歆搜求佚書，絶無他學，皆歆所力争於博士者。更增《爾雅》、《史篇》文字以徵驗之。通其一藝即徵詣公車，前後千數，以廣僞學，壹異説。於是天下皆誦歆學，而孔子之學絶矣。蓋歆之所以得行僞學者，皆莽爲之。命曰「新學」，豈不然乎！其天文、圖讖、鍾律、月令、兵法，亦歆所僞。蓋歆以博聞强識，絶人之才，承父向之業，覩中祕之書，旁通諸學，身兼數器，旁推交通，務變亂舊説而證應其學。訓詁文字既盡出於歆，天文、律曆、五行、讖記、兵法又皆出之。衆證既確，牆壁愈堅。當時既託古文之名，藉王莽之力，以廣其傳。傳之既廣，行之既久，則以爲真先聖之遺文矣。故雖以馬、鄭之雅才好博，兼綜術藝者，尊信最堅，贊揚最力，豈非以其旁兼諸學，徵應符合故乎？自魏、晉至唐，言術藝之士，皆徵於歆。寖淫既久，開口即是，孰能推見至隱，窺其瑕釁乎？此所以範圍二千年，莫有發難者也。今《漢書·律曆》《天文》《五行志》，皆歆之學，與諸古文經若合符節。月令、兵法亦然。余皆有糾謬，别爲篇，兹不著。

「謹以六藝通義，經文所見，《周官》、《禮記》宜於今者，爲九命之錫。」

《周官》之尊爲經典，朝廷典禮以爲依據，始於此。

劉歆、陳崇等十二人，皆以治明堂，宣教化，封爲列侯。

莽一切典禮，皆歆主之。莽之以僞行篡帝位，歆之以僞學篡經統，交相須而行，何相似之甚！宜其君臣之相孚也。

「臣又聞聖王序天文，定地理，因山川民俗以制州界。漢家地廣二帝、三王，凡十二州，州名及界多不應經。《堯典》十有二州，後定爲九州。漢家廓地遼遠，州牧行部，遠者三萬餘里，不可爲九。謹以經義正十二州名分界，以應正始。」

按：《左傳》引堯、舜、禹書爲《夏書》，禹治水分州，「任土作貢」，當堯老而舜攝之時，九州水利土産，次第明晰。「九山刊旅，九川滌源，九澤既陂」，皆因州而言。《尚書大傳》「維元祀，巡守四岳八伯」，蓋九州除王畿無伯，故八伯也。「貢金九牧，鑄鼎象物」，故鼎亦九也。《王制》亦言「八州八伯」，除王畿一州言之。僞《左傳》言「五侯九伯」，兼王畿言之。《詩》「帝命式於九圍」，又曰「九有有截」。皆言九州，未有言十二州者。《周官》爲歆撰，然《職方氏》亦僅言九州，唯增多幽州、并州而改《禹貢》之徐、梁。唯《堯典》有「肇十有二州」，馬、鄭、僞孔以爲分冀州爲幽州、并州，分青州爲營州，而《職方氏》有幽、并，是其與十二州異而實同也。《漢書·武帝紀》：元封五年，「初置刺史，部十三州」。《地理志》：「南置交阯，北置朔方之州，兼徐、梁、幽、并夏周之制，改雍曰涼，改梁曰益，凡十三部。」歆依附漢制而改飾之者。營州古無此名，歆以太公封於營丘而名之。王莽有并州、平州，「營」、「平」音同，即營州，蓋用歆説也。歆多以漢制爲古制，五色之帝、郊祀諸星皆然。漢有十三州，故歆亦以古爲有十二州也。《堯典》「十二州」三字，必爲古文家竄改，《尚書大傳》有「兆十有二州」説，或更追改者歟？《史記·五帝本紀》、《漢書·谷永傳》永之對，皆有十二州之說，皆竄改者。

「《禮·明堂記》曰：『周公朝諸侯於明堂，天子負斧依南面而立。』謂『周公踐天子位，六年，朝諸侯，制禮作樂，而天下大服』也。」

按：《尚書大傳》：「周公攝政，一年救亂，二年克殷，三年踐奄，四年建侯衛，五年營成周，六年制禮作樂，七年致政成王。」攝其政耳，無踐天子位事也。歆僞作《明堂位》，誣先聖以佐篡逆，而後人猶惑之，何哉？

「《書》逸《嘉禾篇》曰：『周公奉鬯立於阼階，延登，贊曰：「假王莅政，勤和天下。」』此周公攝政，贊者所稱。」

按：《尚書正義》一載古文十六篇目：「《舜典》一，《汩作》二，《九共》九篇十一，《大禹謨》十二，《棄稷》十三，《五子之歌》十四，《胤征》十五，《湯誥》十六，《咸有一德》十七，《典寶》十八，《伊訓》十九，《肆命》二十，《原命》二十一，《武成》二十二，《旅獒》二十三，《冏命》二十四。以《九共》九篇共卷，故爲十六。」無《嘉禾篇》，唯《史記》、《書序》有之。蓋歆僞爲古文《書》時，尚無附莽篡位意，後則僞爲經記以獎莽篡，故復增造此篇。移書太常云「十六篇」，而敘《儒林傳》及竄入《史記·儒林傳》，則但云「得十餘篇」，蓋《尚書》滋多於是矣」，以後有增加，故虚宕其辭，歆之肺肝如見矣。《堯典》「假於上下」，《西伯戡黎》「唯先假王」，《詩》「假哉天命」，皆訓至也，正也，無訓真假之義者。「假王」之稱，出於韓信。歆欲獎成莽篡，故緣此義以易古訓。歆倡訓詁之學以變大義如此。

居攝元年正月，莽祀上帝於南郊，迎春於東郊。

按：六經無四時迎氣之祭。《堯典》：「寅賓出日。」《尚書大傳》：「古者帝王躬率有司百執事，而以正月朝迎日於東郊，以爲萬物先而尊事天也。祀上帝於南郊，所以報天德。迎日之辭曰：『維某年某月上日，明光於上下，勤施於四方，旁作穆穆，維予一人某，敬拜迎日東郊。』迎日，謂春分迎日也。」《覲禮》云「拜日於東門之外」；《禮器》云「大明生於東」；《郊特牲》云「郊之祭也，大報天而主日也」；《玉藻》云「朝日於東門之外」；《大戴禮·朝事篇》云「率諸侯而朝日東郊，所以教尊尊也」；郊之義祇此，無四郊之祭，更無四時迎氣之舉。唯莽始有迎春及四郊禮，與《周官·小宗伯》「兆五帝於四郊，四望四類亦如之」合，與《月令》合。蓋皆歆之僞禮也。

「太保舜，大司空豐，輕車將軍邯，步兵將軍建，皆爲誘進單于籌策，又典靈臺、明堂、辟雍、四郊，定制度，開子午道。」

按：四郊之制始於歆，辨見前。

放《大誥》作策，遣諫大夫桓譚等班於天下。

譚爲歆、莽之黨，故主張僞古文學。凡《新論》云云，皆歆羽翼，不足據也。

「實考周爵五等，地四等，有明文。」

用歆《周官》説也。按孔子之禮則公、侯百里，伯七十里，子、男五十里，分土唯三。《孟子》、《王制》俱同。《春秋》公羊説則伯、子、男同等，爵三等而已。

少阿、羲和劉歆與博士諸儒七十八人，皆曰：「攝皇帝遂開祕府，會羣儒，制禮作樂，卒定庶官，茂成天功。聖心周悉，卓爾獨見，發得《周禮》，以明因監，則天稽古，而損益焉。」

凡莽措施，皆出於歆之僞《周禮》，莽蓋爲歆所欺者。「發得《周禮》以明因監」，爲《周禮》大行之始，故特著焉。

「《春秋》隱公不言即位，攝也。」

莽之居攝名義亦由於歆，即此一言，歆之僞作《左氏春秋》書法以證成莽篡，彰彰明矣。《左氏》之爲僞經，復有何疑！

「帝王之道，相因而通，盛德之祚，百世享祀。予唯黄帝、帝少昊、帝顓頊、帝嚳、帝堯、帝舜、帝夏禹、皋陶、伊尹咸有聖德，假於皇天，功烈巍巍，光施於遠。予甚嘉之，營求其後，將祚厥祀。」

按：《易·繫辭》、《大戴·五帝德》《帝繫姓》、《史記·五帝本紀》皆無少昊，唯《逸周書·嘗麥解》有少昊，則爲司馬者。歆變亂五帝名號，故竄之於《左傳》、《國語》、《月令》。辨見前。此用歆説也。

「予前在攝時，建郊宫，定祧廟，立社稷。」

《詩》、《書》、《禮》、《春秋》言廟禮，無「祧廟」説。唯《祭法》：「有二祧，享嘗乃止。」《左傳》昭元年：「其敢愛豐氏之祧。」《周官·春官》「守祧奄八人」，又「辨廟祧之昭穆」。是即「祧廟」之説。又《周官·春官》「兆五帝於四郊，四望四類亦如之。兆山川、丘陵、墳衍，各因其方」，是即「郊宫」之説。凡《祭法》、《左傳》、《周官》皆歆所僞。莽用其説，故云「建郊宫，定祧廟」也。

分長安城旁六鄉，置帥各一人。分三輔爲六尉郡，河東、河内、弘農、河南、潁川、南陽爲六隊郡，置大夫，職如太守；屬正，職如都尉。更名河南大尹曰保忠信卿。益河南屬縣滿三十，置六郊。

《周禮・地官》有六鄉、六遂，此外有遠郊、近郊。莽用其制也。

莽又曰：「『普天之下，莫非王土，率土之濱，莫非王臣』，蓋以天下養焉。《周禮》膳羞百有二十品。」

《周禮・膳夫》：「羞用百有二十品。醬百有二十甕，唯王及后、世子之膳不會。」皆歆僞撰經文以媚莽者，此可爲證。自歆僞經後，人主相承以爲先聖經義宜然。於是後宮至萬數千人，飲食度支歲費千萬，以此亡國者接踵，皆歆啟之。僞經之害如此。宋鄭伯謙《太平經國之書》「奉養」一條，至深斥漢文帝之節儉。是則歆之罪也。

「予制作地理，建封五等，考之經藝，合之傳記，通於義理。」

五等者，《周官》大司徒職：「諸公之地，封疆方五百里；諸侯之地，封疆方四百里；諸伯之地，封疆方三百里；諸子之地，封疆方二百里；諸男之地，封疆方百里。」即莽所謂「建封五等，考之經藝，合之傳記」者也。

初設六筦之令，命縣官酤酒、賣鹽、鐵器、鑄錢，諸采取名山大澤衆物者税之。又令市官收賤賣貴，賒貸予民，收息百月三。

按：《荀子・王制篇》「山林澤梁，以時禁發而不税」，《孟子》言「澤梁無禁」，《王制》「關譏而不征，林麓川澤，以時入而不禁」，此孔子所述文王之仁政也。歆以《周官》託於周公，而《閭師》云：「任衡以山事，貢其物；任虞以澤事，貢其物。」莽制「諸采取名山大澤衆物者税之」，用歆《周官》説也。然《左傳》昭公二十年，晏子曰「山林之木，衡鹿守之。澤之萑蒲，舟鮫守之。藪之薪蒸，虞候守之。海之鹽蜃，祈望守之」，以爲齊政之衰。晏子尚以爲政衰，則周公不爲可知，莽蓋從歆以興天下，亦以歆而亡天下者也。又《周官・

司市》云：「凡得貨賄六畜者，亦如之，三日而舉之。凡治市之貨賄、六畜、珍異，亡者使有，利者使阜，害者使亡，靡者使微。」又云：「大市日昃而市，百族爲主。」鄭司農云：「百族，百姓也。」既非商賈、販夫、販婦，則是何人，非百官而何？賈疏爲之辨，未見其通。又《廛人》：「凡珍異之有滯者，斂而入於膳府。」《泉府》云：「掌以市之征布，斂市之不售、貨之滯於民用者，以其賈買之，物楬而書之，❶以待不時而買者。」即所謂「令市官收賤賣貴」也。《泉府》又云：「凡賒者，祭祀無過旬日，喪紀無過三月，凡民之貸者，與其有司辨而授之，以國服爲之息。凡國事之財用取具焉。」即所謂「賒貸與予民收息百月三」也。此皆莽用《周官》制，民怨畔之。唐第五琦、皇甫鎛行酒酤，鹽鐵、鑄錢而民又怨之。王安石行青苗法而民又怨之。歆此法也，亡三國矣。

夫三皇象春，五帝象夏。

按：今學無「三皇」名，唯《春秋繁露·三代改制質文篇》云：「故聖王生則稱天子，崩遷則存爲三王，絀滅則爲五帝，下至附庸，絀爲九皇，下極其爲民。」《吕刑》有「皇帝哀矜庶戮之不辜」、「皇帝清問下民」語，❷「皇帝」非以爲尊崇。《左傳》僖二十五年：「今之王，古之帝也。」《史記·五帝本紀》以黄帝、顓頊、帝嚳、唐堯、虞舜爲五帝，實依《大戴禮·五帝德》、《帝繫姓》及《世本》。見《尚書正義》一。蓋孔門相傳之説，譙周、

❶ 「楬」，原作「揭」，據《周禮》改。

❷ 「戮」，原作「獄」，據《尚書》改。

應劭、宋均《史記・五帝本紀》正義引。同之。歆緣《易・繫辭》有伏犧、神農事，僞《周官》僞造「外史掌三皇、五帝之書」，《左傳》文十八年、昭十七年、二十九年、定四年竄入少皞。《漢書・律曆志》載歆《世經》以太昊帝、炎帝、黄帝、少昊帝、顓頊帝、帝嚳、唐帝、虞帝爲次，暗寓三皇、五帝之敘，而《月令》孟春「盛德在木，其帝太皞」，孟夏「盛德在火，其帝炎帝；中央土，其帝黄帝」，孟秋「盛德在金，其帝少皞」，孟冬「盛德在水，其帝顓頊」，與《世經》相應。《左傳》、《月令》、《律曆志》大行，於是三皇之説興，少昊之事出，五帝之號變。《後漢書・賈逵傳》，奏稱「五經家皆言顓頊代黄帝，而堯不得爲火德」，左氏以爲「少昊代黄帝」，即圖讖所謂帝宣也。皆因五德之運，證成古學之説，張衡於是反據以攻史遷之疏略矣。《後漢書・張衡傳》注引衡集曰：「《易》稱『宓犧氏王天下。宓犧氏没，神農氏作，神農氏没，黄帝、堯、舜氏作』，史遷獨載五帝，不記三皇。又一事曰，《帝繫》『黄帝産青陽昌意』，《周書》曰『乃命少皞清』，❶清即青陽也，今宜實定之。」自是僞孔安國《尚書序》、皇甫謐《帝王世紀》、孫氏注《世本》，並以伏犧、神農、黄帝爲三皇，少昊、高陽、高辛、唐、虞爲五帝，並見《史記・五帝本紀》索隱、《三皇本紀》注。實本之《世經》也。司馬貞且補撰《三皇本紀》。於是少昊之爲五帝，遂爲實事，競譏史遷之紕繆矣。夫史遷多採《左氏》，如《左氏》實有問官郯子之事，太史公何得若罔聞知，首創本紀，便已遺脱一朝哉？其爲歆之僞竄，證佐確鑿矣。《五帝本紀》於舜紀引《左傳》「少皞氏有不才子」，亦歆所竄入者歟？按歆務翻今文之説，又竄附《國語・晉語》，以炎帝、黄帝

❶ 「清」上，原衍「行」字，據《後漢書》注删。

爲少典之子，其母皆有蟜氏之女；以《列子・湯問》有女媧氏鍊石、共工觸不周山事，因於《祭法》、《國語》、《魯語》緣飾共工爲九州之伯，《明堂位》加「女媧氏之笙簧」，譸張爲幻，以崇佐驗。於是述其學者，緣飾緯書，鑿空增附。譙周則以燧人爲皇，宋均則以祝融爲皇，鄭康成、皇甫謐則以女媧爲皇，見司馬貞《三皇本紀》注。上承伏犧；《河圖》、《三五曆》引伸爲「天皇十二頭，木德王，立各一萬八千歲；地皇十一頭，火德王，亦各萬八千歲；人皇九頭；凡一百五十世，合四萬五千六百年」。司馬貞《三皇本紀》引。「自人皇已後，有五龍氏、燧人氏、大庭氏、栢皇氏、中央氏、卷須氏、栗陸氏、驪連氏、赫胥氏、尊盧氏、渾沌氏、昊英氏、有巢氏、朱襄氏、葛天氏、陰康氏、無懷氏。」見司馬貞《三皇本紀》。蓋緣《管子》「古封泰山七十二家」而妄爲之。《春秋緯》稱：「自開闢至於獲麟，凡三百二十七萬六千歲，❶分爲十紀，凡世七萬六百年，一曰九頭紀，二曰五龍紀，三曰攝提紀，四曰合雒紀，五曰連通紀，六曰序命紀，七曰脩飛紀，八曰回提紀，九曰禪通紀，十曰流訖紀。」司馬貞《三皇本紀》引。誕妄不可窮詰，蓋亦皆承歆之附會爲之。至於《皇王大紀》、《路史》等書，益辨之不足辨矣。

按：先是，「郎陽成修獻符命，言繼立民母，又曰『黄帝以百二十女致神僊』。莽於是遣中散大夫、謁者各備和嬪、美御、和人三，位視公；嬪人九，視卿；美人二十七，視大夫；御人八十一，視元士。凡百二十人，皆佩印韍，執弓韣。

---

❶「六千」，原脱，據《史記評林・三皇本紀》補。

四十五人，分行天下，博采鄉里所高有淑女者上名」。百二十女與膳羞百二十品，皆歆僞説以媚莽者也。古者「天子一娶十二女，諸侯一娶九女」，見於經傳，凡今文博士無二説，莽納女時猶用之。昏老縱慾，媚臣僞經説以傅會莽意。自是以爲經法宜然，後宮衆多，掖庭充滿。隋之宮人萬計，唐宗之宮女三千。縱恣無厭，怨曠充塞，皆歆作俑之罪也。歆之僞經，不過始則邀名，繼則媚勢，豈知流禍遂至於此哉？學者不正其心術，而以博聞强識造説立端，其禍等於洪水猛獸，可不懼乎！《昏義》：「三夫人，九嬪，二十七世婦，八十一御妻。」若非歆僞竄者，則三公、九卿、二十七大夫、八十一元士之命婦乎？若以爲後宮有是，則斷斷無是也。

新學僞經考卷七

漢儒憤攻僞經考第七

僞經焜焜爍燿，施行凡二千年。積非成是，戴而奉之，胡帝胡天。或疑或難，甲胄扞禦，不可干焉。請按厥朔，歆僞突出，諸儒譁然。博士不對，龔勝自免，師丹怒旃。尚有嶽嶽上書，請誅歆者。❶公孫、升、碩、育、休，建武之後，桓靈之前，衆儒咸詘，雖滅其名，萬百億千。古學既興，掃之除之，厥迹莫湮。綿載二百，帝者雖袒，學官不宣。昔《易》有京，《春秋》穀梁，儒士無言。僞經若信，匪仇匪怨，胡乃呰呰？鑄鼎然犀，漢儒發難，視我茲篇。

歆親近，欲建立《左氏春秋》，及《毛詩》、《逸禮》、古文《尚書》，皆列於學官。哀帝令歆與五經博士講論其義，諸博士或不肯置對。《漢書·劉歆傳》。

「抑此三學，以《尚書》爲備，謂左氏爲不傳《春秋》。」《漢書·劉歆傳》。

按：上云「魯共王得《逸禮》三十九篇，《書》十六篇」，又云「《春秋》左氏丘明所修」，又云「孝成皇帝得此三

---

❶「歆」，原作「健」，據重刻本改。

事」，則此之三學，即謂《逸書》、《逸禮》、《左氏春秋》也。《書》二十八篇，《禮》十七篇，皆爲完本，當時博士必皆以爲備，故歆並言抑之，《尚書》下當缺一「禮」字也。是時盈廷洶洶，説皆如此，非歆口自吐其實，則兩造不備，而國師公之存案，將以誣辭掩盡天下目矣。

是時名儒光禄大夫龔勝，以歆移書，上疏深自罪責，乞骸骨罷。及儒者師丹爲大司空，亦大怒，奏歆改亂舊章，非毁先帝所立。上曰：「歆欲廣道術，亦何以爲非毁哉？」歆由是忤執政大臣，爲衆儒所訕，懼誅，求出補吏。《漢書·劉歆傳》。

宣帝立大、小夏侯《尚書》，大、小戴《禮》，施、孟、梁丘《易》，穀梁《春秋》，元帝立京氏《易》，大儒博士咸無間言。獨至歆書，攻者雲起，龔勝乞罷，師丹大怒，執政見忤，衆儒競訕，乃至「懼誅，求出補吏」，人情可見。盡誣以「專己守殘，黨同門，妒道真」，其誰能信之？言衆儒盡訕，可知當時舉朝譁然，無一從者。漢朝自公卿、博士、弟子、儒生凡數千，無不憤絶，如明議大禮者之欲伏道手擊張、桂矣，不然，何至懼誅而求出哉？或疑歆若僞經，時人何不攻之？讀此應難置喙。

歆白《左氏春秋》可立。哀帝納之，以問諸儒，皆不對。歆於是數見丞相孔光，爲言《左氏》以求助，光卒不肯。唯鳳、龔許歆，遂共移書責讓大常博士，語在歆傳。大司空師丹奏歆非毁先帝所立。《漢書·儒林傳》。

光爲孔子十四世孫，而安國兄子之孫。若古文爲孔子所作，安國所傳，安有求助不肯之事？詳見《漢書儒林傳辨僞》。

是歲，南郡秦豐衆且萬人。平原女子遲昭平能説經博以八投，亦聚數千人在河阻中。莽召問羣臣禽賊方略，皆曰「此天囚行尸，命在漏刻」。故左將軍公孫禄徵來與議，禄曰：「太史令宗宣典星曆，候氣變，以凶爲吉，亂天文，誤朝廷。太傅平化侯飾虚僞以媮名位，『賊夫人之子』。國師嘉信公顛倒五經，毁師法，令學士疑惑。明學男張邯、地理侯孫陽造井田，使民棄土業。羲和魯匡設六筦以窮工商。説符侯崔發阿諛取容，令下情不上通。宜誅此數子以慰天下。」《漢書·王莽傳》。

歆作僞經，移孔子爲周公，又移秦、漢爲周制。微文瑣義，無一條不與孔子真經爲難。而又陰布其書於其黨，借莽力徵求天下學者讀之，與向來先師之説相忤，無一可通者。學者蓋無不疑之，人人皆積怨憤於心矣。歆又以其新説作《周禮》，莽用以變易漢制。天下苦其騷擾，莫不歸咎於國師之策，殆無不欲剸刃於歆腹中。公孫禄乃能因人民之愁怨，王莽之震動，而請借朱雲之劒以誅之，故云「以慰天下」。若非深見其僞經之亂聖，變法之失民，則公孫禄豈能與莽言此？不然，莽問平賊方略，歆爲定三雍、立法制之儒臣，何至與「使民棄土業」之孫陽、「設六筦以窮工商」之魯匡、「阿諛取容，令下情不上通」之崔發同請誅哉？蓋視之與張角之妖書等矣。如謂公孫禄「黨同門，妒道真」，則後世鄭、王之辨，朱、陸之争，羅整菴。王陽明。之攻，何嘗有挺刃言哉！

時尚書令韓歆上疏，欲爲費氏《易》、左氏《春秋》立博士，詔下其議。四年正月，朝公卿、大夫、博士見於雲臺。帝曰：「范博士可前平説。」升起對曰：「《左氏》不祖於孔子，而出於丘明。師徒相傳，又無其人，且非先帝所存。無因得立。」遂與韓歆及太中大夫許淑等互相辨難，日中乃罷。升退而奏曰：「臣聞主不稽古，無以承天；臣不述舊，無以奉君。陛下愍學微缺，勞心經藝，情存博聞，故異端競進。近有司請置京氏《易》博士，羣下執事，莫能據正。京氏既立，費氏怨望，左氏《春秋》復以比類，亦希置立。京、費已行，次復高氏。《春秋》之家，又有騶、夾。如令左氏、費氏得置博士，高氏、騶、夾，五經奇異，並復求立，各有所執，乖戾分争。從之則失道，不從則失人，將恐陛下必有厭倦之聽。孔子曰：『博學約之，弗叛矣夫。』夫學而不約，必叛道也。顔淵曰：『博我以文，約我以禮。』孔子可謂知教，顔淵可謂善學矣。老子曰『學道日損』，損猶約也；又曰『絶學無憂』，絶末學也。今費、左二學，無有本師，而多反異。先帝前世，有疑於此，故京氏雖立，輒復見廢。疑道不可由，疑事不可行。《詩》、《書》之作，其來已久。孔子尚周流游觀，至於知命，自衛反魯，乃正《雅》、《頌》。今陛下草創天下，紀綱未定，雖設學官，❶無有弟子，《詩》、《書》不講，禮樂不修，奏立左、費，非政急務。孔子曰：『攻乎異端，斯害也已。』傳曰『聞疑傳疑，聞信傳信，而堯、舜之道存』。願陛下疑先帝之所疑，信先帝之所信，以示反本，明不專己。天下之事所以異者，以不一本也。《易》曰『天下之動，貞夫一也』；又曰『正其本，萬事理』。五經之本，自孔子始。謹奏左氏之失凡十四事。」時難者以太史公引左氏。升又上太史公違戾五經，謬孔子言，及《左氏春秋》不可録三十一事。詔以下博士。《後漢書·范升傳》。

升言「左氏不祖孔子而出於丘明」及「費、左二學，無有本師」，已足以勝之矣。乃又云「京、費已行，次復高氏。《春秋》之家，又有騶、夾，恐陛下厭倦」云云，則其辭不順。夫使可立，雖有數家，猶兼存之。既不可立，無高氏、騶、夾，猶宜已也。此等説出，於是劉歆之徒，乃得以「黨同妒真」藉口，而人主亦漸疑之矣。

---

❶「官」，原作「宫」，據重刻本改。

夫《公》、《穀》盛衰，尚因辯訥，乃以守約爲辭，安得不爲僞古學者所排哉！蓋不得歆作僞之根原，故并遷怒《史記》，亦其短也。然云無本師而多反異，「前世有疑於此」，則當時實情矣。

時議欲立《左氏傳》博士。范升奏以爲《左氏》淺末，不宜立。元聞之，乃詣闕上疏。書奏，下其議。范升復與元相辯難，凡十餘上。帝卒立《左氏》學。太常選博士四人，元爲第一。帝以元新忿争，乃用其次司隸從事李封。於是諸儒以《左氏》之立，論議讙譁，自公卿以下，數廷争之。會封病卒，《左氏》復廢。《後漢書·陳元傳》。

「諸儒讙譁」，「公卿以下數廷争之」，與西漢移文博士一案正同。學者合争經二大案觀之，則當時僞經突出，衆情洶憤，雖以帝者之力，卒格衆議而不行，獄情自可明矣。

李育少習《公羊春秋》，頗涉獵古學。嘗讀《左氏傳》，雖樂文采，然謂不得聖人深意，以爲前世陳元、范升之徒更相非折，而多引圖讖，不據理體。於是作《難左氏義》四十一事。❶《後漢書·儒林傳》。

歆僞《左氏》在於僞書法。自范升、李育、何休，皆難僞《左傳》，而不知歆僞書法。此則百辨而無一日明矣。要以前漢博士「不傳《春秋》」一語爲最中癥結。升云「反異前世」，已稍失之。育云「不得聖人深意」，乃與之較短長。休之《膏肓》、《癈疾》，則直儕之與《穀梁》同列，其戰而北，不亦宜乎！然尚可見《左傳》雖行，猶有攻者。

❶ 「義」，原脱，據《後漢書》補。

休善曆算，與其師博士羊弼，追述李育意以難二傳，作《公羊墨守》、《左氏膏肓》、《穀梁癈疾》。《後漢書·儒林傳》。

何休爲《公羊》大宗，自能攻《左氏》。然亦不得其僞書法之根，故卒爲康成所箴。休又以《周官》爲「戰國陰謀之書」，可見今古學之不並立矣。

郡國壁中書者，魯共王壞孔子宅，而得《禮記》、《尚書》、《春秋》、《孝經》；❶又北平侯張蒼獻《春秋左氏傳》。郡國亦往往於山川得鼎彝，其銘即前代之古文，皆自相似，雖叵復見遠流，其詳可得略而説也。而世人大共非訾，以爲好奇者也，故詭更正文，鄉壁虚造不可知之書，變亂常行，以燿於世。段注曰：「此謂世人不信古文，非毁之，謂好奇者改易正字，向孔氏之壁憑虚造此不可知之書，變亂常行以燿於世。」諸生競逐説字解經，諠稱秦之隸書爲蒼頡時書，云：「父子相傳，何從改易？」❷《説文解字序》。

許慎爲劉歆干城，故於今學家言著而辨之，疾之如仇。不知適足以得攻僞之證。如此《序》稱鼎彝銘即前代之古文，而世人皆爲好奇，此許慎之供辭，即劉歆之親供也。考秦始侈心，實開求鼎之風。漢武踵之，求神仙，喜祥瑞，於是諸鼎間出。或者一二三代遺器，然僞造獻媚，蠱惑上意，若丹沙之黄金，空中之神語者，殆不少。道家符籙異篆多至百數。元虞集號稱博雅，識其七十餘種，而「垂露」、「薤葉」等體，亦夢英

---

❶ 「秋」下，《説文解字序》有「論語」二字。

❷ 「從」，《説文解字序》作「得」。

創爲之。方士每工作僞，此鍾鼎之所由出，奇字之所以生也。劉歆欲奪孔子之經，因得間而起，以宗室之英，名父之子，校書之任，多見古物，挾其奥博，搜采奇字異製，加以附會，僞爲鼎彝，或埋藏郊野而使人掘出，或深瘞山谷而欺紿後世。流布四出，以爲徵應。歆散布僞經、小學於其徒，復假帝力徵召，使説字未央廷中，以行其古文，則散僞鼎以爲徵應，亦其熟技耳。世人以其製作之精工，文字之奇古，故皆寶而信之。不知漢去古未遠，其製作自非今人所及。市賈僞造已不能辨之，况歆之所爲乎？其譸張以行之如此，世人以爲好奇，正得其實。至明詆曰「嚮壁虚造」，則出於孔壁之非真，當時固已大共昌言攻之矣，至云「秦之隸書爲蒼頡時書」，云「父子相傳，何從改易」。考周、秦、漢、晉，文字相承，少有減變，非有更作，而當時學者以秦隸爲蒼頡時書，且云「父子相傳，何從改易」。是即西漢以前不分籀書、小篆、隸書之明據，故皆推本於蒼頡。今文學者家世傳業，經莽、歆《史篇》文字顛倒竄亂，行之以國力，誘之以禄利，而不能奪其説，則其根源之深可知也。然使無許慎此言，則茫茫萬古，徵信無從矣。故有劉歆《移博士書》而僞經之獄明，有許慎《説文序》而僞字之案定。文字無變，辨見前。

秦自孝公以下用商君之法，其政酷烈，與《周官》相反。故始皇禁挾書，特疾惡，欲絶滅之，搜求焚燒之獨悉，是以隱藏百年。孝武帝始除挾書之律，開獻書之路。既出於山巖屋壁，復入於祕府，五家之儒莫得見焉。至孝成皇帝，達才通人劉向、子歆校理祕書，始得列序，著於《録》、《略》，然亡其《冬官》一篇，以《考工記》足之。時衆儒並排，以爲非是，唯歆獨識。其年尚幼，務在廣覽博觀，又多鋭精於《春秋》，末年乃知其周公致太平之迹，迹具在斯。奈遭天下倉卒，兵革並起，疾疫喪荒，弟子死喪。徒有里人河南緱氏杜子春尚在，永平之初，年且九十，家於南山，能通其讀，頗識其説。鄭衆、賈逵往受業焉。賈公彦《序周禮廢興》引馬融《傳》。《漢書》無言諸儒排《周官》者。賈公彦所引馬融《傳》，所出甚古，必有所據。蓋古學大盛後，今學攻難之迹剗削盡矣，故並録之。唯《後漢書》稱鄭興從歆受業，已親傳《周官》，何獨杜子春邪？除挾書之律，《漢書》以爲惠帝二年，此云武帝，蓋東漢學者附會僞學而加甚之，不復足據也。

林孝存以爲武帝知《周官》末世瀆亂不驗之書，故作《十論》、《七難》，以排棄之。何休亦以爲六國陰謀之書。唯有鄭玄偏覽羣經，知《周禮》者乃周公致太平之迹，故能答林碩之《論》、《難》，使《周禮》義得條通。賈公彦《序周禮廢興》。

碩、休皆知攻《周禮》，而僅以爲「末世瀆亂」、「六國陰謀」，則不能得其癥結也。碩更以爲武帝知之，尤爲僞説所紿。蓋西漢博士之攻僞經，立乎其外以攻之者也。范升以下之攻僞經，入乎其中以攻之者也。入乎其中以攻之，鮮有能勝之者矣。此僞談所以熾歟！

新學僞經考卷八

僞經傳於通學成於鄭玄考第八

按：後漢之儒，皆今學也。大儒講授，人徒千萬。如張興著録且萬人，蔡元著録萬六千人，樓望諸生著録九千餘人，宋登教授數千人，丁恭弟子自遠方至者，著録數千人，曹曾門徒三千人，牟長學者常千人，牟紆亦千人，楊倫、杜撫、張元皆千餘人。其數百人者，不可勝數。故舉天下皆今學也。而傳僞古學者，終後漢世不過杜、鄭、賈、馬數人而已。然且龔勝、師丹、公孫禄及諸博士攻之於前，范升、李育、何休、臨碩暨諸儒難之於後。哀帝、光武暨於諸帝，終不能違衆而立學官也。後世據僞古之大盛，疑漢人何不攻之。試思遺文所存，攻者之衆猶如此，今學之盛猶如此。劉歆僞經，不過如晉薛真之僞《歸藏》，隋劉炫之僞《孝經》孔傳，明豐坊之僞《子貢詩傳》，楊慎之僞《岣嶁碑》，人人皆知其僞，不甚信之。然則僞古學宜將滅矣，何能轉熾盛乎？今推其故，一由劉歆所傳皆一時之通學，一則博學必典校書，校書東觀者，必惑歆所改中古文之本，而笑今學之固陋。夫校書者爲天下學者之宗，通學者有著書自行之力。合斯二者，而鄭玄挾其碩學、高行、老壽，適丁漢微，經籍道息，康成採合今古，而實得僞古之傳以行之，遂爲天下所宗。濫觴於杜、鄭，推行於賈逵，篡統於鄭玄，於是僞古行於九州暨海外，而今學亡矣。夫得才者興,廣士者强,覘晉文之從者而知其得國,覩燕昭之得士而知其奪齊。觀傳古學諸人,楊雄則稱「無所不見」,杜林則稱「博洽多聞」,桓譚則稱「博學多通」,賈逵則「問事不休」,馬融則「才高博洽」。自餘班固、崔駰、張衡、蔡邕之倫,並以宏覽博達,高文贍學,上比遷、向者,並校書東觀。傳授古學,或少習今學。洎入中祕,覩未見書,咸信爲然,盡舍舊學,而新是謀,反咎夙昔之愚,溺於鄉曲,因笑章句之徒,固陋無知,許慎所謂「不見通學」,桓譚之「憙非毀俗儒」也。諸人挾其豐贍之才,俯首信服,於是鼓動後生。人情喜新,樂其博異,豐力之士,靡不景從。雖無康成,僞經亦有必行之勢矣。蓋劉歆以校書爲傳授,盤踞高大,自應得博達之才,理勢然也。雖然,不值漢中微,今學不銷亡,鄭玄亦何能混一哉?然則今學與漢爲終始,是亦有天運者邪?今掇其通人傳歆古學者著於篇,而以康成終之。張竦、楊雄,歆之友也,附見於篇首云。

張竦

敞孫竦,王莽時至郡守,封侯,博學文雅過於敞。《漢書·張敞傳》。

又外氏張竦父子喜文采,林從竦受學,博洽多聞,時稱通儒。《後漢書·杜林傳》。

《蒼頡》多古字,俗師失其讀。宣帝時,徵齊人能正讀者,張敞從受之。傳至外孫之子杜林作《訓故》。《漢書·藝文志》。

竦爲莽臣,歆友,林師。傳稱「博學」、「喜文采」。僞學之傳,有所受矣。《藝文志》推本張敞以傳至杜林。

考敞治《春秋》，以經術自輔，其上封事引《春秋》譏世卿，皆用今文，安有所謂古字？是猶國師作法而誣及子政，景伯傳經而託之賈誼也。誣其祖也！

楊雄

雄少好學，不爲章句，訓詁通而已。博覽無所不見。

通訓詁不爲章句，乃劉歆新開之學派也。雄身爲僚友，自當用之。

及太史公記六國，歷楚漢，訖麟止，不與聖人同是非，頗謬於經。故時人有問雄者，❶常用法應之，撰以爲十三卷，象《論語》，號曰《法言》。

《史記》皆用今文家説，如譏宋宣之啟争，褒宋襄之能讓之類，皆與僞《左氏》相反。左氏既與聖人同好惡，史公自「不與聖人同是非」矣。盜憎主人之故智，不足辨矣。

以爲經莫大於《易》，故作《太玄》；傳莫大於《論語》，作《法言》；史篇莫善於《倉頡》，作《訓纂》；箴莫善於《虞箴》，作《州箴》；賦莫深於《離騷》，反而廣之；辭莫麗於相如，作四賦：皆斟酌其本，相與放依而馳騁云。用心於内，而不求於外，於時人皆曶之，唯劉歆及范逡敬焉，而桓譚以爲絶倫。以上《漢書·楊雄傳》。

莽之放《大誥》，雄之作《太玄》、《法言》，亦可見當時風氣莫不欲僞託聖人。然莽僞而人得以操、懿之爲賊

❶「時人」，《漢書》作「人時」。

誅之，雄僞而人得以吴、楚之僭王絶之。獨至歆僞，則其術更巧，蔽蒙羣言，晦昧千載，聖人之大統幾取而代焉。君臣之間，有幸有不幸也。《贊》云「諸儒或譏以爲雄非聖人而作經」，則其爲衆儒所訕，亦等於歆矣。

至元始中，徵天下通小學者以百數，各令記字於庭中。楊雄取其有用者以作《訓纂篇》，順續《蒼頡》，又易《蒼頡》中重復之字，凡八十九章。《漢書·藝文志》。

辨見《漢書藝文志辨僞》。

劉棻嘗從雄學，作奇字。

鉅鹿侯芭常從雄居，受其《太玄》、《法言》焉。劉歆亦嘗觀之。以上《漢書·楊雄傳》。

雄、歆爲密交。雄有所作，歆觀之；歆有所作，雄亦知之必矣。棻爲歆子而從雄學，學出於一也。今取雄書獎僞之言條録之如左。以雄與歆同時，人罕知其受歆學者，故詳列之。其王充、王符、仲長統之流，生古學大盛後，沾染風氣，理固宜然，不復録焉。

或曰：《易》損其一，雖蠢知闕焉。至《書》之不備過半矣，而習者不知。惜乎《書序》之不如《易》也！曰：❶彼數也，可數焉故也。如《書序》，雖孔子亦末如之何矣。昔之説《書》者序以百，而《酒誥》之篇俄空焉，今亡夫。《法言·問神篇》。

此言「《易》損其一」，僅指《説卦》，則《序卦》、《雜卦》二篇，此時尚未增入。

---

❶ 「曰」，原脱，據《法言》補。

説天者莫辨乎《易》，説事者莫辨乎《書》，説體者莫辨乎《禮》，説志者莫辨乎《詩》，説理者莫辨乎《春秋》。《法言·寡見篇》。

按：敘五經次第與《漢志》合。《詩》後於《禮》者，或歆初成《周禮》時，欲以爲周公之典而尤尊大之歟？

或問：南正重司天，北正黎司地，今何僚也？《法言·重黎篇》。

或問《周官》，曰：立事。《左氏》，曰：品藻。太史遷，曰：實録。同上。

三八爲木，爲東方，爲春，日甲乙，辰寅卯，聲角，色青，味酸，臭羶，形詘信，生火，勝土，時生，藏脾，侟志，性仁，情喜，事貌，用恭，撝肅，徵旱，帝太昊，神句芒，星從其位。《太玄·數篇》。

四九爲金，爲西方，爲秋，日庚辛，辰申酉，聲商，色白，味辛，臭腥，形革，生水，勝木，時殺，藏肝，侟魄，性誼，情怒，事言，用從，撝乂，徵雨，帝少昊，神蓐收，星從其位。同上。

二七爲火，爲南方，爲夏，日丙丁，辰巳午，聲徵，色赤，味苦，臭焦，形上，生土，勝金，時養，藏肺，侟魂，性禮，情樂，事視，用明，撝哲，徵熱，帝炎帝，神祝融，星從其位。同上。

一六爲水，爲北方，爲冬，日壬癸，辰子亥，聲羽，色黑，味鹹，臭朽，形下，生木，勝火，時藏，藏腎，侟精，性智，情悲，事聽，用聰，撝謀，徵寒，帝顓頊，神玄冥，星從其位。同上。

五五爲土，爲中央，爲四維，日戊己，辰辰未戌丑，聲宫，色黄，味甘，臭芳，形植，生金，勝水，時該，藏心，侟神，性信，情恐懼，事思，用睿，撝聖，徵風，帝黄帝，神后土，星從其位。同上。

按：此與《月令》全合。觀雄之言《周官》、《左氏》、《書序》、《月令》，則其傳古學昭昭矣。

文王淵懿也。重《易》六爻，不亦淵乎。《法言·問明篇》。雄書皆言文王重卦，無言作上、下經者。歆之僞《易》最後，時尚未有此説也。災異，董相、夏侯勝、京房。《法言·淵騫篇》。言京不言孟，則《漢志》云「孟氏得《易》家陰陽災變」者非也。此二條與歆説不合，然適足以證其僞妄之迹，故并列焉。

杜子春

歆末年乃知《周官》周公致太平之迹，迹具在斯。奈遭天下倉卒，兵革並起，疾疫喪荒，弟子死喪。徒有里人河南緱氏杜子春尚在，永平之初，年且九十，家於南山，能通其讀，頗識其説。鄭衆、賈逵往受業焉。賈公彦《序周禮廢興》引馬融《傳》。

鄭興既從歆受，而衆又受之於杜子春，則子春或較興尤明歟？《周官》爲僞學大宗，故必授之於大弟子，非璜、惲之徒可比矣。

鄭興

少學《公羊春秋》，晚善《左氏傳》，遂積精深思，通達其旨，同學者皆師之。天鳳中，將門人從劉歆講正大義。歆美興才，使撰《條例》、《章句》、《訓詁》及校《三統曆》。興好古學，尤明《左氏》、《周官》，長於曆數，自杜林、桓譚、衛宏之屬莫不斟酌焉。世言《左氏》者多祖興，而賈逵自傳其父業，故有鄭、賈之學。《後漢書》本傳。

衆，字仲師。年十二，從父受《左氏春秋》，精力於學，明《三統曆》，作《春秋難記條例》，兼通《易》、《詩》，知名於世。其後受詔作《春秋删》十九篇。子安世，亦傳家業。《後漢書》本傳。

歆僞經以《左氏》爲根本，以《周官》爲國土，二書皆興所傳。又撰《左氏條例》、《章句》、《訓詁》，校《三統曆》，則歆最得意弟子。杜林、桓譚、衛宏皆興斟酌。❶子衆、孫安世又能傳家業，《左氏》、《周官》、《毛詩》、費氏《易》皆衆所傳，世稱「二鄭」，故古學當以興、衆爲第一宗傳矣。

杜林

杜林，字伯山，扶風茂陵人也。父鄴，成、哀間爲涼州刺史。林少好學沈深，家既多書，又外氏張竦父子喜文采，林從竦受學，博洽多聞，時稱通儒。河南鄭興、東海衛宏等，皆長於古學。興嘗師事劉歆，林既遇之，欣然言曰：「林得興等固諧矣，使宏得林，且有以益之。」及宏見林，闇然而服。濟南徐巡，始師事宏，後皆更受林學。林前於西州得漆書古文《尚書》一卷，常寶愛之，雖遭艱困，❷握持不離身。出以示宏等曰：「林流離兵亂，常恐斯經將絶。何意東海衛子、濟南徐生復能傳之，是道竟不墜於地也。古文雖不合時務，然願諸生

❶ 「興」，中華本疑爲「與」字之訛。

❷ 「艱」，原脱，據重刻本補。

無悔所學。」宏、巡益重之，於是古文遂行。《後漢書》本傳。

桓　譚

桓譚，字君山，沛國相人也。父成帝時爲太樂令。譚以父任爲郎，因好音律，善鼓琴。博學多通，徧習五經，皆詁訓大義，不爲章句。能文章，尤好古學。數從劉歆、楊雄辨析疑異。性嗜倡樂，簡易不修威儀，而憙非毀俗儒，由是多見排抵。《後漢書》本傳。

桓譚從劉歆、楊雄辨析疑異，其受古學之淵源也。譚與杜林皆成學於西漢，受劉歆、張竦、楊雄之學，以通博爲主。崔駰、班固、張衡、馬融、劉珍、蔡邕，皆此一派。以其博洽，故不守章句。實則章句皆今學，爲古學者攻之，故不守也。從古學者多博洽，人皆信之，此古學所以盛也。譚、林淵源學問相等。而林以卓行高位，弟子衆多，古文於是遂行，則林爲古學一大宗也。

陳　元

陳元，字長孫，蒼梧廣信人也。父欽，習《左氏春秋》，事黎陽賈護，與劉歆同時而別自名家。王莽從欽受左氏學，以欽爲厭難將軍。元少傳父業，爲之訓詁，鋭精覃思，至不與鄉里通。以父任爲郎。建武初，元與桓譚、杜林、鄭興俱爲學者所宗。時議欲立《左氏傳》博士，范升奏以爲《左氏》淺末，不宜立。元聞之，乃詣闕上疏曰：「陛下撥亂反正，文武並用，深愍經藝謬雜，真僞錯亂，每臨朝日，輒延羣臣講論聖道。知丘明至賢，親受孔子，而公羊、穀梁傳聞於後世，故詔立《左氏》，博詢可否，示不專己，盡之羣下也。今論者沈溺所習，翫守舊聞，固執虚言傳受之辭，以非親見實事之道。左氏孤學少與，遂爲異家之所覆冒。夫至音不合衆聽，故伯牙絶弦；至寶不同衆好，故卞和泣血。仲尼聖德，而不容於世，况於竹帛餘文，其爲雷同者所排，固其宜也。非陛下至明，孰能察之！臣元竊見博士范升等所議奏《左氏春秋》不可立，及太史公違戾凡四十五事。按升等所言，前後相違，皆斷截小文，媟黷微辭。以年數小差，掇爲巨謬；遺脱纖微，指爲大尤。抉瑕擿釁，掩其宏美，所謂『小辨破言，小言破道』者也。升等又曰：『先帝不以《左氏》爲經，故不置博士。後主所宜因襲。』臣愚以爲若先帝所行而後主必行者，則盤庚不當遷於殷，周公不當營洛邑，陛下不當都山東也。往者孝武皇帝好《公羊》，衛太子好《穀梁》，有詔詔太子受《公羊》，不得受《穀梁》。孝宣皇帝在人間時，聞衛太子好《穀梁》，於是獨學之。及即位，爲石渠論而穀梁氏興，至今與《公羊》並存。此先帝、後帝各有所立，不必其相因也。孔子曰『純儉，吾從衆』，至於拜下則違之。夫明者獨見，不惑於朱紫，聽者獨聞，不謬於清濁，故離朱不爲巧眩移目，師曠不爲新聲易耳。方今干戈少弭，戎事略戢，留思聖藝，眷顧儒雅，採孔子下拜之義，卒淵聖獨見之旨，分明黑白，建立《左氏》，解釋先聖之積結，洮汰學者之累惑，使基業垂於萬世，後進無復狐疑，則天下幸甚。臣元愚鄙，嘗傳師言，如得以褐衣召見，俯伏庭下，誦孔氏之正道，理丘明之宿冤，若辭不合經，事不稽古，退就重誅，雖死之日，生之年也。」書奏，下其議。范升復與元相辨難，凡十餘上。帝卒立《左氏》學。太常選博士四人，元爲第一。帝以元新忿争，乃用其次司隸從事李封。於是諸儒以《左氏》之立，論議讙譁，自公卿以下數廷争之。會封病卒，《左氏》復廢。《後漢書》本傳。

范升、陳元憤争《左氏》，是經學一大案。自少讀《後漢書》，即怪《左傳》之文博，何范升必極相攻？苟非不得已，扶弱持微，豈不甚善，何事與古人爲仇乎？然古學者僅争《左氏》，未敢及《周官》、《毛詩》也。抑可想矣。

賈逵

父徽，從劉歆受《左氏春秋》，兼習《國語》、《周官》，又受古文《尚書》於塗惲，學《毛詩》於謝曼卿，作《左氏條例》二十一篇。逵悉傳父業，弱冠，能誦《左氏傳》及五經本文，以大夏侯《尚書》教授。雖爲古學，兼通五家《穀梁》之説。與班固並校祕書，應對左右。肅宗立，降意儒術，特好古文《尚書》、《左氏傳》。建初元年，詔逵入講北宮白虎觀、南宮雲臺。帝善逵説，使出《左氏傳》大義長於二傳者。逵於是具條奏之曰：「臣謹擿出《左氏》三十事尤著明者，斯皆君臣之正義，父子之紀綱。其餘同《公羊》者什有七八，或文簡小異，無害大體。至如祭仲、紀季、伍子胥、叔術之屬，《左氏》義深於君父，《公羊》多任於權變，其相殊絶，固已甚遠，而寃抑積久，莫肯分明。臣以永平中上言《左氏》與圖讖合者，先帝不遺芻蕘，省納臣言，寫其傳詁，藏之祕書。建平中，侍中劉歆欲立《左氏》，不先暴論大義而輕移太常，恃其義長，詆挫諸儒，諸儒内懷不服，相與排之。孝哀皇帝重逆衆心，故出歆爲河内太守。從是攻擊《左氏》，遂爲重讎。至光武皇帝，奮獨見之明，興立《左氏》、《穀梁》，會二家先師不曉圖讖，故令中道而廢。凡所以存先王之道者，要在安上理民也。今《左氏》崇君父，卑臣子，彊幹弱枝，勸善戒惡，至明至切，至直至順。且三代異物，損益隨時，故先帝博觀異家，各有所采。《易》有施、孟，復立梁丘，《尚書》歐陽，復有大小夏侯，今三傳之異亦猶是也。又五經家皆無以證圖讖明劉氏爲堯後者，而《左氏》獨有明文；五經家皆言顓頊代黄帝而堯不得爲火德，而《左氏》以爲少皞代黄帝，即圖讖所謂帝宣也。如令堯不得爲火，則漢不得爲赤。其所發明，補益實多。陛下通天然之明，建大聖之本，改元正曆，垂萬世則，是以麟鳳百數，嘉瑞雜遝，猶朝夕恪勤，游情六藝，研幾綜微，靡不審覈。若復留意廢學，以廣聖見，庶幾無所遺失矣。」書奏，帝嘉之，賜布五百疋，衣一襲。令逵自選《公羊》嚴、顏諸生高才者二十人，教以《左氏》，與簡紙經傳各一通。逵母常有疾，帝欲加賜，以校書例多，特以錢二十萬，使潁陽侯馬防與之，謂防曰：「賈逵母病，此子無人事於外，屢空則從孤竹之子於首陽山矣。」逵數爲帝言古文《尚書》與經、傳、《爾雅》詁訓相應，詔令撰歐陽、大小夏侯《尚書》、古文同異，❶逵集爲三卷。帝善之，復令撰齊、魯、韓《詩》與毛氏異同，并作《周官解故》。遷逵爲衛士令。八年，乃詔諸儒各選高才生，受左氏、穀梁《春秋》、古文《尚書》、《毛詩》，由是四經遂行於世，皆拜逵所選。弟子及門生爲千乘王國郎，朝夕受業黄門署，學者皆欣欣羡慕焉。

論曰：鄭、賈之學，行乎數百年中，遂爲諸儒宗，亦徒有以焉爾。桓譚以不善讖流亡，鄭興以遜辭僅免，賈逵能附會文致，最差貴顯。世主以此論學，悲矣哉！《後漢書》本傳。

鄭衆傳費《易》、《毛詩》、《周官》、《左傳》而不光大。賈逵傳古文《書》、《毛詩》、《周官》、《左傳》、《國語》，則

❶「與經傳」至「尚書古文」二十二字，原脱，據《後漢書》補。

僞經遂行。蓋逵校書東觀，入講南宮，遭遇獨隆矣。又附會圖讖以媚時主，選嚴、顔高才生以受《左氏》，則《公羊》奪矣。拜逵弟子門生爲郎，則榮途開矣。至於詔諸儒皆選高才以受僞經，令學者受業黄門以生其欣慕，幾等於明代庶常之選矣。僞經安得不行哉？蓋自劉歆僞經之後，今古水火，至賈逵乃始行焉。鄭玄之前，創業祖功，守成宗德，應推逵矣。蔚宗曰：「鄭、賈之學，行乎數百年中，遂爲諸儒宗。」又曰：「賈逵能附會文致，最差貴顯。世主以此論學，悲矣哉！」若有不概於心而亟致微辭者。豈蔚宗傳武子之學，有所知邪？

徐巡

濟南徐巡，始師事宏，後皆更受林學。❶林前於西州得漆書古文《尚書》一卷，常寶愛之，雖遭艱困，握持不離身，出以示宏等曰：「林流離兵亂，常恐斯經將絶。何意東海衛子、濟南徐生復能傳之？是道竟不墜於地也。古文雖不合時務，然願諸生無悔所學。」宏、巡益重之，於是古文遂行。《後漢書·杜林傳》。

徐巡兼承兩大師之統，《古文尚書》、《毛詩》多本之焉，亦僞學之功臣也。

❶「皆」，原脱，據《後漢書》補。

張衡

上疏請得專事東觀，收檢遺文，畢力補綴。又條上司馬遷、班固所敘與典籍不合者十餘事。著《周官訓詁》，崔瑗以爲不能有異於諸儒也。《後漢書》本傳。

劉陶

陶明《尚書》、《春秋》，爲之訓詁，推三家《尚書》及古文，是正文字三百餘事，名曰《中文尚書》。《後漢書》本傳。

劉珍、劉騊駼

永初中，謁者僕射劉珍、校書郎劉騊駼等，著作東觀。《後漢書·張衡傳》。

馬日磾、楊彪、韓説

歲餘，復徵拜議郎。與諫議大夫馬日磾、議郎蔡邕、楊彪、韓説等，並在東觀校書。《後漢書·盧植傳》。

僞古之學，劉歆以校書而作之，諸儒亦以校書而信之。蓋藏於祕府，伏而未發，徵應散布，惑人甚矣。其校書之人，散見於羣傳者，並列於此，以省觀覽焉。

班彪、班固

班彪，字叔皮，扶風安陵人也。性沈重好古。《後漢書》本傳。

固，字孟堅。年九歲，能屬文，誦詩賦。及長，遂博貫載籍，九流百家之言無不窮究，所學無常師，不爲章句，舉大義而已。顯宗甚奇之，召詣校書部，除蘭臺令史。《後漢書》本傳。

孟堅作史全採歆書，文字異者僅二萬餘，其入歆之坎陷深矣。推其所由，則亦在校中祕書也。

王充、王符、仲長統

王充，字仲任。少孤，鄉里稱孝。後到京師，受業太學，師事扶風班彪。好博覽而不守章句。《後漢書》本傳。

王符，字節信。少好學，有志操。與馬融、竇章、張衡、崔瑗等友善。《後漢書》本傳。

仲長統，字公理。少好學，博涉書記。《後漢書》本傳。

充師班彪，符友馬融、張衡。融所謂「達才通人」，營道同術。長統亦頻引《周禮》，蓋通達之家，無有不入其籠中，而今學所傳則皆守約之士也。此其盛衰所以判歟。

崔篆、崔駰、崔瑗

篆兄發，以巧佞幸於莽，位至大司空。母師氏，能通經學、百家之言。莽寵以殊禮，賜號義成夫人，金印紫綬，顯於新世。篆生毅。毅生駰。年十三，能通《詩》、《易》、《春秋》。博學有偉才，盡通古今訓詁。《後漢書》本傳。

駰曾祖母能通經學、百家之言，顯於新世。駰古學所本也。

崔瑗，字子玉。早孤，鋭志好學，盡能傳其父業。年十八，至京師，從侍中賈逵質正大義。逵善待之，瑗因留游學。與扶風馬融、南陽張衡特相友好。《後漢書》本傳。

以崔駰爲之父，以賈逵爲之師，以馬融、張衡爲之友，古學之長畢集矣。

馬融

融才高博洽，爲世通儒，教養諸生，常有千數。涿郡盧植、北海鄭玄，皆其徒也。嘗欲訓《左氏春秋》，及見賈逵、鄭衆注，乃曰：「賈君精而不博，鄭君博而不精。既精既博，吾何加焉？」但著《三傳異同説》，注《孝經》、《論語》、《詩》、《易》、三《禮》、《尚書》、《列女傳》、《老子》、《淮南子》、《離騷》。所著賦、頌、碑、誄、書、記、表、奏、七言、琴歌、對策、遺令，凡二十一篇。《後漢書》本傳。

馬融才高，徧注九經，遂爲古學之總匯。三禮、三傳皆其所定，且爲二千年學派之宗。亦以盧植、鄭玄皆出其門故也。學者千人，古學聚徒之多，以融爲始。鄭玄因得薈萃而集其成。譬之經國，馬融爲文王，三分有二，鄭玄爲武王，乃能革殷受命也。故融於僞古之功，實與賈逵並驅。世稱賈、馬，亦曰馬、鄭，猶之宋曰周、程，亦曰程、朱，宜也。

盧植

盧植，字子幹，涿郡涿人也。少與鄭玄俱事馬融，能通古、今學，好研精而不守章句。作《尚書章句》、《三禮解詁》。時始立太學石經以正五經文字，植乃上書曰：「臣少從通儒故南郡太守馬融受古學，頗知今之《禮記》特多回穴。臣前以《周禮》諸經發起紕繆，敢率愚淺爲之解詁，而家乏，無力供繕寫上。願得將能書生二人，共詣東觀，就官財糧，專心研精，合《尚書章句》，考《禮記》失得，庶裁定聖典，刊正碑文。古文科斗近於爲寔，而厭抑流俗，降在小學。中興以來，通儒達士班固、賈逵、鄭興父子并敦悦之。今《毛詩》、《左氏》、《周禮》各有傳記，其與《春秋》共相表裏，宜置博士，爲立學官，以助後來，以廣聖意。」歲餘，復徵拜議郎，與諫議大夫馬日磾、議郎蔡邕、楊彪、韓説等並在東觀，校中書五經記傳，補續《漢記》。❶《後漢書》本傳。

《經典釋文·序録》云：「馬融、盧植考諸家同異，附戴聖篇章，去其繁重，及所敘略，而行於世，即今之《禮記》是也。鄭玄亦依盧、馬之本而注焉。」而植傳亦云「從融受古學，知今之《禮記》特多回穴，臣前以《周禮》諸經發起紕繆」云云。則劉歆之後，其有以僞學之説羼亂於真經以疑惑後生者，則馬融與植其人也。

---

❶ 「記」，原作「書」，據重刻本改。

蔡邕

校書東觀，遷議郎。邕以經籍去聖久遠，文字多謬，俗儒穿鑿，疑誤後學。熹平四年，乃與五官中郎將堂谿典、光禄大夫楊賜、諫議大夫馬日磾、議郎張馴、韓説、大史令單颺等，奏求正定六經文字。靈帝許之。邕乃自書丹於碑，使工鐫刻，立於太學門外，於是後儒晚學咸取正焉。及碑始立，其觀視及摹寫者，車乘日千餘兩，填塞街陌。《後漢書》本傳。

按：《邕傳》及《水經注》皆言「邕自書丹於石，使工鐫刻」。《洛陽伽藍記》亦言「三種字《石經》，漢右中郎將蔡邕筆之遺迹」。《隋書·經籍志》亦言「後漢鐫刻七經，著於石碑，皆蔡邕所書」。董逌《廣川書跋》乃云：❶「《石經》不盡蔡邕書，如馬日磾輩相與成之。」洪适《隸釋》云：「今所存諸經字體各不同，雖邕能分善隸，兼備衆體，但文字之多，恐非一人可辦。竊意其間必有同時揮毫者。」張縯《石經跋》云：「今六經字體不一，當是時書丹者亦不獨邕也。」按：洪适《隸釋》，《石經論語》殘碑末一行云：「詔書與博士臣左立，郎中臣孫表。」黄伯思《東觀餘論》：「《石經公羊》殘碑，其末云『谿典、諫議大夫臣馬日磾、臣趙䧞、議郎臣劉弘、郎中臣張文、臣蘇陵、臣傅楨』，唯『谿』上缺，當是『堂谿典』也。」由二碑證之，則當時奏求正定者，祗邕等七人。暨後立石，又有左立、孫表及趙䧞等諸人也。范《史》略之耳。

---

❶「川」，原作「州」，據文義改。

鄭　玄

玄師事京兆第五元先始通京氏《易》、《公羊春秋》、《三統曆》、《九章算術》；又從東郡張恭祖受《周官》、《禮記》、《左氏春秋》、《韓詩》、古文《尚書》。以山東無足問者，乃西入關，因涿郡盧植，事扶風馬融。融門徒四百餘人，升堂進者五十餘生。融素驕貴，玄在門下，三年不得見，乃使高業弟子傳授於玄。玄日夜尋誦，未嘗怠倦。會融集諸生考論圖緯，❶聞玄善算，乃召見於樓上。玄因從質諸疑義。問畢，辭歸。融喟然謂門人曰：「鄭生今去，吾道東矣！」玄自遊學，十餘年乃歸鄉里。家貧，客耕東萊，學徒相隨已數百千人。及黨事起，乃與同郡孫嵩等四十餘人，俱被禁錮。遂隱修經業，杜門不出。時任城何休好公羊學，遂著《公羊墨守》、《左氏膏肓》、《穀梁廢疾》。玄乃《發墨守》、《鍼膏肓》、《起廢疾》。休見而歎曰：「康成入吾室，操吾矛，以伐我乎！」初，中興之後，范升、陳元、李育、賈逵之徒爭論古、今學，後馬融答北地太守劉瓌及玄答何休，義據通深，由是古學遂明。

門生相與撰玄答諸弟子問五經，依《論語》作《鄭志》八篇。凡玄所注《周易》、《尚書》、《毛詩》、《儀禮》、《禮記》、《論語》、《孝經》、《尚書大傳》、《中候》、《乾象曆》，又著《天文七政論》、《魯禮禘祫義》、《六藝論》、《毛詩譜》、《駁許慎五經異義》、《答臨孝存周禮難》，凡百餘萬言。玄質於辭訓，通人頗譏其繁。至於經傳洽熟，稱

❶「集」，原作「及」，據《後漢書》改。

爲純儒，齊魯問宗之。其門人，山陽郗慮至御史大夫，東萊王基、清河崔琰著名於世。又樂安國淵、任嘏，時並童幼，玄稱淵爲國器，嘏有道德。

論曰：自秦焚六經，聖文埃滅。漢興，諸儒頗修藝文。及東京，學者亦各名家。而守文之徒，滯固所稟，異端紛紜，互相詭激，遂令經有數家，家有數説，章句多者或乃百餘萬言，學徒勞而少功，後生疑而莫正。鄭玄括囊大典，網羅衆家，删裁繁蕪，刊改漏失。自是學者略知所歸。王父豫章君每考先儒經訓，而長於玄，常以爲仲尼之門不能過也，及傳授生徒，專以鄭氏家法云。

僞古文傳至賈、馬，燄既張矣，而所以輔成古學，篡今學之大統者，則全在鄭康成一人。推康成所以能集六經之成，以滅今學者，蓋有故焉。兩漢儒林，皆守家法。爰逮後漢，古學雖開，而古學自守其藩籬，今學自守其門户，甯有攻伐，絶不通和。今學攻古學爲顛倒經法，古學攻今學爲蔽固妒毁。但今學之毁古，猶王師之拒賊也；古學之攻今，則盜憎主人也。觀其相毁之辭，而曲折見矣。然古學雖言僞而辨，而自杜林、鄭興至賈逵、馬融、許慎諸大師，皆篤守古文，與今學家溝絶不通。苟長若此，即互有盛衰，亦可兩存。唯鄭康成先從第五元通京氏《易》、《公羊春秋》，又從張恭祖受《周官》、《禮記》、《左氏春秋》、《韓詩》、古文《尚書》，蓋兼通今古，因舍今學而就古學。然雖以古學爲宗主，而時有不同，又採今學以裨佐之。如箋《詩》以毛本爲主，則宗毛可矣，而又時違毛義，兼採《韓詩》。於是得鄭氏《箋》而今、古學俱備，不知毛之僞古行，而《韓詩》實廢矣。注《書》既以古文爲宗主，《禹貢》悉參以班氏《地理志》，則又用今學。於是得鄭《古文尚書注》而今、古學俱備，不知古文《尚書》僞經行，而歐陽、大小夏侯亡矣。本習小戴《禮》，「後以古經校之，取其義長者」，《儒林傳》。故注《儀禮》並存古文、今文，從今文則注内疊出古文，從古文則注内疊出今文。於是得鄭氏《儀禮注》而今古學俱備，不知僞古文《儀禮》行，而今文《儀禮》亡矣。注《論語》則「就《魯論》篇章，考之《齊》、《古》，爲之注」，《論語集解》、《隋書·經籍志》同。《釋文》云：「鄭校周之本，以《齊》、《古》讀正，凡五十事。」於是得《論語鄭注》而今古學俱備，不知齊、魯《論》亦失真矣。其注《詩》、《書》、《禮》、《論語》如此，其注羣經當亦然。於是今古雜揉，不可復辨。而其所注之本，則《毛詩》、古文《尚書》、古文《儀禮》、《禮記》、《周官》、費氏《易》、《左氏春秋》，玄注《左氏春秋》，見《世説新語》。皆古文也。讚二鄭則曰「雅達」、「廣攬」，攻何休則曰「鄉曲之學足以忿人」。蓋賈、馬之嫡傳，偏主僞古。加以不受徵辟之高節，甄綜毖緯之碩學，適有高壽，徧注羣經。高譽隆洽，既爲齊、魯之宗；弟子萬數，散布方州之緒。觀陶謙與諸豪傑移檄牧伯，同討李傕等，奉迎天子，奏記於朱儁，曰「徐州刺史陶謙，前揚州刺史周乾，郎邪相陰德，東海相劉馗，彭城相汲廉，北海相孔融，沛相袁忠，太山太守應邵，汝南太守徐璆，前九江太守服虔，博士鄭玄等敢言之行車騎將軍河南尹莫府」云云。❶《後漢書·朱儁傳》。漢獻帝時，三公八座議：屯騎校尉不其亭侯伏完「雖后父，不可令后獨拜於朝。或以爲當交拜。又子尊不加於父母，公私之朝，后當獨拜。或欲令公朝者完拜如衆臣，於私宫后拜如子。不知四者，何是正禮」。鄭玄議曰：「不其亭侯在京師，禮事出入，宜從臣體；若后適離宫及歸甯父母，從子禮。」《通

❶「行」，原脱，據《後漢書》補。

典・禮部》二十七。康成爲處士，而諸豪傑討賊則引以爲重，三公八座議禮則問以取決。王粲云：「世稱伊、雒以東，淮、漢以北，康成一人而已。咸言先儒多闕，鄭氏道備。」其望重如此。於是范蔚宗謂：「鄭康成括囊大典，網羅衆家，自是學者略知所歸。」袁翻云：「鄭玄訓詁三《禮》及釋五經異義，並盡思窮神，得之遠矣。」徐爰云：「鄭玄有贍雅高遠之才，沈静精妙之思，超然獨見，聖人復出，不易其言矣。」蕭子顯云：「康成生炎漢之季，訓義優洽一世，孔門褒成並軌，故老以爲前修，後生未之敢異。」其爲學者歸宗如此。於是鄭學統一天下數十年矣。加以弟子萬人。今可考者，朱氏錫鬯《經義考》有郗慮、王基、崔琰、國淵、任嘏、趙商、張逸、冷剛、田瓊、炅模、焦喬、王權、鮑遺、陳鏗、崇精。其未載者，氾閣屢見《鄭志》；又《三國志・程秉傳》云「逮事鄭玄，與劉熙考論大義」；《崔琰傳》「結公孫方等就鄭玄受學」；《孝經》唐玄宗序并注邢疏云「宋均《詩譜序》云『我先師北海司農』」，則均是玄之傳業弟子，竹垞未及也。張逸與鄭君同縣，鄭君妻弟。逸官至尚書左丞，見《太平御覽》卷五百四十一所采《鄭玄別傳》。《經義考》又載治鄭氏《易》者許慈。按《三國志・許慈傳》云「師事劉熙，善鄭氏學，治《易》、《尚書》、三《禮》、《毛詩》、《論語》」，非止治《易》也。程秉逮事鄭君，與劉熙考論大義，許慈師事劉熙，善鄭氏學，則劉熙似是鄭君弟子。熙，北海人，固宜受學於鄭君也。《三國志・薛綜傳》「從劉熙學」，則綜與慈，鄭君再傳弟子矣。又《姜維傳》云「好鄭氏學」，然不言其何所受。郤正論維「樂學不倦，清素節約，一時儀表」。維，天水人，與北海相去甚遠而好鄭學，鄭學所及者遠矣。又《孫乾傳》云：「先主領徐州，辟爲從事。」《注》采《鄭玄傳》云：「薦乾於州。乾被辟命，❶玄所舉也。」按乾，❷北海人，又爲鄭君所知，不知其嘗受學否。孫叔然受學鄭康成之門人，稱「東州大儒」，徵爲祕書監，不就。王肅集《聖證論》譏短康成，叔然駁而釋之。《三國志·王肅傳》。弟子既多，其高才能傳於後世者猶如此。而當時適丁漢亂，經籍道息，人不悦學，故《三國志》董昭上疏陳末流之弊云：「竊見當今年少不復以學問爲本，專更以交遊爲業，國士不以孝弟清修爲首，乃以趨勢游利爲先。」杜恕上疏云：「今之學者，師商、韓而上法術，競以儒家爲迂闊，不周世用。此最風俗之流弊。」魚豢《魏略》，以董遇、賈洪、邯鄲淳、薛夏、隗禧、蘇林、樂詳七人爲儒宗。❸其《序》曰：「正始中，有詔議圜丘，普延學士。是時郎官及司徒領吏二萬餘人，而應書與議者，略無幾人。又是時朝堂公卿以下四百餘人，其能操筆者，未有十人。多皆相從飽食而退。嗟夫！學業沈隕，乃至於此，是以私心常區區貴乎數公者，各處荒亂之際，而能守志彌敦者也。」《王肅傳》注。漢末經學極盛，曾幾何時，乃至於此。於是時有能言學者寡矣，況欲責以辨别今、古哉！而康成弟子徧天下，得乘間抵隙，收拾天下之士以言遺經。挾此數者，萬流歸宗，於是天下執經言學無有出鄭氏者。故王肅《家語·序》云：「鄭氏學行五十載矣，義理不安，違錯者多，是以奪而易之。」王肅當三國時，鄭學已大行五十載。於是鄭學統一宇内久矣。魏之王肅、王粲，吴之虞翻，蜀

❶ 「乾」，原作「朝」，據《三國志》注改。

❷ 「乾」，原作「朝」，據文義改。

❸ 「詳」，原作「祥」，據《三國志》注改。

之李譔，盛妒攻之。然是數子者，亦古學之緒餘。虞翻雖云出於孟氏，而納甲乃所自創，非孟氏也。譬陸、王攻朱，實出朱子之《四書》，抑不足議也。鄭學既行，後世乃咸奉劉歆之僞經，而孔子之學亡。故康成者，劉歆之功臣，孔門之罪人也。

新學僞經考卷九

後漢書儒林傳糾謬第九 說文序糾謬附

僞經傳於通學，發於校書之人，自餘習者蓋寡。以《後漢書·儒林傳》考之，十四博士皆今學；諸大師張興、樓望、蔡玄教授萬人者，皆今學；精廬之啟，贏糧之從，家法之試，禄利之得，天下莫非今學，至彊盛也。傳古學者，《書》則杜林，《詩》則衛宏，《易》、三《禮》、《左傳》則二鄭、賈、馬；鄭玄、許慎集其成而已，有幾士哉？然而董卓掃蕩於邦畿，學士血肉於豺虎，經籍道息，人士流離。而通學之徒，著書足以自張；高密布衣，徒衆徧於海内。遂使兩漢學校選舉之大法，一掃而絶軌；孔子筆削改制之聖經，一束於燒薪。由斯言之，運有屯夷，道無强弱，國制有時不足恃，聖經有時不能伸。當其時也，魁儒巨夫俯首於章句之末；易其時也，匹夫賤士變易於天人之間。以劉歆之僞經，康成負之而馳，然猶易天下者二千載，况挾聖人之大道者乎！此傳皆今學。中有云「習古學」者，多漢、魏間古學者所誣亂，今辨正焉。

先是四方學士，多懷挾圖書，遁逃林藪。自是莫不抱負墳策，雲會京師。范升、陳元、鄭興、杜林、衛宏、劉昆、桓榮之徒，繼踵而集。於是立五經博士，各以家法教授。《易》有施、孟、梁丘、京氏，《尚書》歐陽、大小夏侯，《詩》齊、魯、韓，❶《禮》大、小戴，《春秋》嚴、顔。凡十四博士，太常差次總領焉。建初中，又詔高才生受古文《尚書》、《毛詩》、《穀梁》、《左氏春秋》，雖不立學官，然皆擢高第爲講郎，給事近署，所以網羅遺逸，博存衆家。

范史所稱「四方學士雲會京師」，特稱之者七人，而陳元、鄭興、杜林、衛宏，言古學者已四人矣。下云又詔高才生受《毛詩》，「雖不立學官，然皆擢高第」，則《毛》不立博士審矣。且按而數之，若連《毛》則爲十五博士，以《百官志》、《朱浮傳》注引《漢官儀》考之，並十四博士。則「毛」字，寫官誤文也。

熹平四年，靈帝乃詔諸儒正定五經，刊於石碑，爲古文、篆、隸三體書法以相參檢，樹之學門，使天下咸取則焉。

按：《序》稱「詔諸儒正定五經，刊於石碑，爲古文、篆、隸三體書法以相參檢」。《伽藍記》亦稱「漢國子學堂前有三種字《石經》二十五碑，表裏刻之，寫《春秋》、《尚書》二部，作篆、科斗、隸三種字」。《後魏·崔光傳》「光爲祭酒，請命博士李郁等補漢所立《三字石經》之殘缺」；《劉芳傳》亦云「漢世造《三字石經》於太學」；《江式傳》亦云「蔡邕採李斯、曹喜之法，爲古今雜形」。歐陽棐《集古録目》亦稱「《石經》遺字，古文、篆、隸三體，凡八百二十九字，蔡邕書」。張舜民《畫墁録》、邵伯温《聞見後録》，乃據雒陽發地所得《石經》，以爲蔡邕隸書。趙明誠《金石録》則又以爲蔡邕小字八分書，而力辨《儒林傳》序「古文、篆、隸三體」

❶「韓」下，原有「毛」字，據《後漢書》删。

之非。黄伯思見《公羊》殘碑，亦定以爲「鴻都一字《石經》」。而《唐書·藝文志》祇有「蔡邕今字石經《論語》」，唐以隸爲「今字」也。張縯又以爲「邕不能具三體書法於孔安國三百年之後。或以邕三體參檢其文，而書丹於碑，則定爲隸」。《魏書·江式傳》云：「魏邯鄲淳建《三字石經》於漢碑之西，其文蔚炳，三體復宣。校之《説文》，篆、隸大同，而古字少異。」《水經注》及《晉·衛恒傳》皆言「魏正始中，立古文、篆、隸《三字石經》」。獨《隋·經籍志》乃言「魏正始中又立《一字石經》」，疑於乖謬。然考其目，《三字石經》祇有《尚書》、《春秋》，而《一字石經》有《周易》，有《尚書》，有《魯詩》，有《儀禮》，有《春秋》，有《公羊傳》，有《論語》，有《典論》，與漢所立者不合。故正始之碑，仍不得遽以三字爲斷。胡三省注《通鑑》，則又鑿指「《三字》爲魏所立」，亦似有理，而顧氏獨不之採。杭氏世駿《石經考異》曰：「范蔚宗時，《三體石經》與熹平所鐫並列於學官，故史筆誤書其事。後人襲其謬錯，或不見石刻，無以考正。趙氏雖以《一字》爲中郎所書，而未見《三體》者；歐陽氏以《三體》爲漢碑，而未嘗見《一字》者。近世方勺作《泊宅編》，載其弟匋所跋《石經》，亦爲范史、《隋志》所惑，指《三體》爲漢字。至《公羊》碑有馬日磾等名，乃云『世用其所正定之本，因存其名』，可謂謬論。」總此而言，則熹平所立爲一字今體《石經》也，魏正始所立爲《三體石經》也。范史、《隋志》兩者俱謬，不可不辨。

孫期，習京氏《易》、古文《尚書》。建武中，范升傳孟氏《易》，以授楊政，而陳元、鄭衆皆傳費氏《易》。其後馬融亦爲其傳。融授鄭玄，玄作《易注》，荀爽又作《易傳》。自是費氏興，而京氏遂衰。

傳費氏《易》者雖爲王璜，而實則陳元、鄭衆、歆之傳也，其全爲歆學昭昭矣。古學皆集成於馬、鄭。此敘今、古《易》學興衰之故甚明。然後漢初年，古學實寥寥。范史《儒林傳》敘古學，多誣今學之徒。此云孫期習古文《尚書》，疑其無源，蓋古學者之誣辭也。

又魯人孔安國傳古文《尚書》，授都尉朝；朝授膠東庸譚，爲《尚書》古文學，未得立。

按，前書《藝文志》、《儒林傳》，於傳《尚書》、傳《論語》，移文博士，皆云「庸生」，無名。此云名譚，從何知之？蓋古學家所附會，如毛公之有大、小，名亨、名長耳。後漢古學家承歆餘風，多嚮壁虚造，杜撰名字事迹，絶無師法。

張馴，少游太學，能誦《春秋左氏傳》，以大夏侯《尚書》教授。辟公府，舉高第，拜議郎。與蔡邕共奏定六經文字。尹敏，初習歐陽《尚書》，後受古文，兼善《毛詩》、《穀梁》、《左氏春秋》。周防，師事徐州刺史蓋豫，受古文《尚書》，撰《尚書雜記》三十二篇，四十萬言。孔僖，自安國以下，世傳古文《尚書》、《毛詩》。二子長彦、季彦。長彦好章句學，季彦守其家業。

據《前書·孔光傳》，安國兄子延年，延年子霸，霸子光，皆世受夏侯《尚書》，未聞其世傳古文《尚書》也。至於《毛詩》，《前書·儒林傳》云本之徐敖，西漢無言之者，孔氏更未聞有習之者，其謬殆不待言。

孔奮，少從劉歆受《春秋左氏傳》。歆稱之，謂門人曰：「吾已從君魚受道矣。」《孔奮傳》。

孔奮爲光孫。歆欲立《左氏》，光不肯助，安有其孫反從而受之之事？歆每欲自附於孔氏，而不計其可否。安國、僖、奮皆其類也。

又按：奮別有傳，而著於此者，以其爲僞黨所誣，不可列於通學，故從其類附於此。其猶有一二人若周磐之徒，辨見《傳授表》，不復序也。

楊倫，師事司徒丁鴻，習古文《尚書》。

按：《丁鴻傳》：「從桓榮受歐陽《尚書》。」此傳上言「陳弇亦受歐陽《尚書》於司徒丁鴻」。倫從丁鴻受《書》，安得爲古文乎？此亦「孔僖世傳古文《尚書》、《毛詩》」之類，其爲古學家誣改多矣。

趙人毛萇傳《詩》，是爲《毛詩》，未得立。

《史記》無《毛詩》。《前書·藝文志》《儒林傳》但言毛公，無名。鄭康成《詩譜》有大、小毛公。見《毛詩·周南》正義。陸璣《毛詩草木鳥獸蟲魚疏》有毛亨、毛長名。此則由「長」加「艹」爲「萇」，展轉誣增，後世遂以爲實事，因而竊兩廡之祀。試比而觀之，其烏有子虛，徒增怪笑而已。

衛宏少與河南鄭興俱好古學。初，九江謝曼卿善《毛詩》，乃爲其訓。宏從曼卿受學，因作《毛詩序》，善得《風》、《雅》之旨，於今傳於世。後從大司空杜林更受古文《尚書》，爲作《訓旨》。時濟南徐巡師事宏，後從林受學，亦以儒顯，由是古學大興。中興後，鄭衆、賈逵傳《毛詩》。後馬融作《毛詩傳》，鄭玄作《毛詩箋》。

《毛詩》僞作於歆，付囑於徐敖、陳俠，傳授於謝曼卿、衛宏。《序》作於宏，此傳最爲實録。然首句實爲歆作，以其與《左傳》相合也。宏《序》蓋續廣歆意，然亦有時相矛盾者。如《凱風》序云「美孝子也」，續序以爲「淫風流行，不安其室」；《將仲子》序云「刺莊公也」，續序反謂「莊公小不忍以致大亂」；《椒聊》序云「刺晉昭公也」，續序乃云「君子見沃之盛彊，能脩其政」，《箋》則釋「碩大無朋」爲桓叔之德美廣博、平均不朋黨。凡此皆與首句不合而傷教害義者，而宏之爲《序》最確矣。鄭《箋》以衛爲主，則今日《詩》學，宏爲大宗矣。僞古經《詩》、《書》俱出衛宏，傳馬、鄭而大盛，其流別猶可溯也。至王肅、孫毓，徒争毛、鄭之訓詁，而不知其學皆出於衛宏，俱爲古學。争難蠭起，一鬨之市，君子所不道已。

孔安國所獻《禮古經》五十六篇及《周官經》六篇。

中興，鄭衆傳《周官經》。後馬融作《周官傳》，授鄭玄。玄作《周官注》。玄本習小戴《禮》，後以古經校之，取其義長者，故爲鄭氏學。玄又注小戴所傳《禮記》四十九篇。通爲三《禮》焉。

按：《禮古經》有出自河間獻王者，有出自魯共王者，無以爲安國所獻。此又魏晉後展轉妄説矣。餘辨見《藝文志》。

李育少習《公羊春秋》，沈思專精，博覽書傳。頗涉獵古學。嘗讀《左氏傳》，雖樂文采，然謂不得聖人深意。以爲前世陳元、范升之徒更相非折，而多引圖讖，不據理體，於是作《難左氏義》四十一事。詔與諸儒論五經於白虎觀。育以《公羊》義難賈逵，往返皆有理證，最爲通儒。

《白虎通德論》尚多《公羊》説。何休與其師博士羊弼，追述李育意以難二傳，今《膏肓》、《癈疾》尚存十一，則育説未盡亡。惜其不得劉歆僞作書法之根，但以爲「不得深意」，宜其不能破之。李育爲《公羊》宗傳，猶樂其文采，况後儒乎？此《左氏》所以獨尊，而二傳之所由微也。

何休精研六經，世儒無及者。與其師博士羊弼，追述李育意以難二傳，作《公羊墨守》、《左氏膏肓》、《穀梁癈疾》。何邵公爲《公羊》宗子，然不得《左氏傳》作僞之由，僅以爲「膏肓」，安得不爲人所箴也！

服虔作《春秋左氏傳解》，行之至今。

潁容，博學多通，善《春秋左氏》。著《春秋左氏條例》五萬餘言。

謝該，善明《春秋左氏》。河東人樂詳條《左氏》疑滯數十事以問，該皆爲通解之，名爲《謝氏釋》，行於世。

建武中，鄭興、陳元傳《春秋左氏》學。時尚書令韓歆上疏，欲爲《左氏》立博士。范升與歆争之，未決。陳元上書訟《左氏》，遂以魏郡李封爲《左氏》博士。後羣儒蔽固者數廷争之。及封卒，光武重違衆議，而因不復補。

《左傳》者，歆僞經之巢穴也，《左傳》立，則諸僞經證據分明，隨踵自立矣。故劉歆及韓歆，皆姑舍羣經，而争立《左氏》也。然後漢之世，六經傳授皆今學，僞古傳授僅寥寥數人，故光武亦重違衆，不敢立。若非賈逵附會讖緯以媚時主，鄭玄遭遇漢衰學廢，僞經不過後世僞《歸藏》之類，豈能盜篡學統哉！

許慎以五經傳説臧否不同，於是撰爲《五經異義》，又作《説文解字》十四篇，皆傳於世。

歆爲僞經，更爲僞字，託之古文，假之徵天下通文字詣公車，以昭徵信。楊雄、班固之倫，果爲所欺矣。周漢所傳真字在《倉頡篇》，五十五章三千三百字，其餘六千字皆歆僞字也。歆僞經之光大，則賴鄭玄之功，僞字之光大，則賴許慎之力。故許慎與鄭玄實歆之蕭何、韓信也。唐元行沖稱學者「父康成，兄許慎」。許、鄭並稱，遂丕冒後世，二千年無不稽首皈依矣。篡孔子之聖統，慎之罪亦何可末減哉！其《説文》皆僞古學，别見《説文僞證》。今録其《序》，附辨於後。

古者庖犧氏之王天下也，仰則觀象於天，俯則觀法於地，視鳥獸之文與地之宜，近取諸身，遠取諸物，於是始作《易》八卦，以垂憲象。及神農氏結繩爲治，而統其事，庶業其繁，飾僞萌生。黄帝之史倉頡，見鳥獸蹏迒之迹，知分理之可相别異也，初造書契，百工以乂，萬品以察，蓋取諸《夬》。「夬，揚於王庭」，言文者宣教明化於王者朝廷，君子所以施禄及下，居德則忌也。倉頡之初作書，蓋依類象形，故謂之「文」，其後形聲相益，即謂之「字」。字者，言孳乳而浸多也。著於竹帛謂之「書」，書者，如也。以迄五帝、三王之世，改易殊體，封於泰山者七十有二代，靡有同焉。

《倉頡篇》父子相傳，籀篆相承，未有變異，云「七十有二代不同」，亦妄説也。

《周禮》，八歲入小學。保氏教國子，先以六書：一曰「指事」，指事者，視而可識，察而可見，「上」、「下」是也；二曰「象形」，象形者，畫成其物，隨體詰詘，「日」、「月」是也；三曰「形聲」，形聲者，以事爲名，取譬相成，「江」、「河」是也；四曰「會意」，會意者，比類合誼，以見指撝，「武」、「信」是也；五曰「轉注」，轉注者，建類一首，同意相受，「考」、「老」是也；六曰「假借」，假借者，本無其字，依聲託事，「令」、「長」是也。

六書辨見《藝文志》。

及宣王太史籀箸大篆十五篇，與古文或異。至孔子書六經，左邱明述《春秋傳》，皆以古文，厥意可得而説。

《史籀》，説見前，爲周史官教學僮書。孔子書六經，自用籀體。自申公、伏生、高堂生、田何、胡毋生以來之文字，未有云變，非如歆所僞古文也。左氏不傳《春秋》，《傳》爲歆僞，辨已見前。

其後諸侯力政，不統於王，惡禮樂之害己，而皆去其典籍。分爲七國，田疇異晦，車涂異軌，律令異法，衣冠異制，言語異聲，文字異形。

《中庸》爲子思作，云「今天下書同文」，則皆用籀體，安得「文字異形」？此古學家僞説。鍾鼎字雖多異，不知皆僞作者。

秦始皇帝初兼天下，丞相李斯乃奏同之，罷其不與秦文合者。斯作《倉頡篇》，中車府令趙高作《爰歷篇》，太史令胡毋敬作《博學篇》，皆取史籀大篆，或頗省改，所謂「小篆」者也。

「小篆」與「史籀」相同，但頗省改，而《倉頡》、《爰歷》、《博學》俱小篆猶可考，則籀、篆及漢儒文字無異也。

是時秦燒滅經書，滌除舊典。大發隸卒，興役戍，官獄職務繁。初有「隸書」，以趣約易，而古文由此絶矣。

秦末有作「隸書」。隸書但承變而成。辨見《藝文志》。

自爾秦書有八體：一曰「大篆」，二曰「小篆」，三曰「刻符」，四曰「蟲書」，五曰「摹印」，六曰「署書」，七曰「殳書」，八曰「隸書」。漢興，有「艸書」。《尉律》：「學僮十七已上，始試。諷《籀書》九千字，乃得爲吏。」

《漢志》，《史籀》僅十五篇。下云「凡《倉頡》以下十四篇，凡五千三百四十字」。按《志》云「閭里書師合《倉頡》、《爰歷》、《博學》三篇，斷六十字以爲一章，凡五十五章，并爲《倉頡篇》」，不過三千三百字耳。《志》下又謂「揚雄作《訓纂》，易《倉頡》重復之字」，是《倉頡》并有復字，不足三千三百字之數。《志》又云：「武帝時，司馬相如作《凡將篇》，無復字。元帝時，黄門令史游作《急就篇》。成帝時，將作大匠李長作《元尚篇》。皆《倉頡》中正字也，《凡將》則頗有出矣。至元始中，徵天下通小學者以百數，各令記字於廷中。揚雄取其有用者以作《訓纂篇》，順續《倉頡》，又易《倉頡》中重復之字，凡八十九章。」乃僅得五千三百四十字。《志》又云「臣復續揚雄作十三章，凡一百三章」，乃始有九千字。籀文在漢初安得九千字？殆劉歆欺人之辭，許慎爲所欺紿耳。

又以八體試之，郡移太史并課，最者以爲尚書史。書或不正，輒舉劾之。

按：《漢志》作「又以六體試之」，「六體者，古文、奇字、篆書、隸書、繆篆、蟲書」。此云「八體」者，蓋《八體六技》，劉歆所僞撰。許慎用其説也。

今雖有《尉律》，不課，小學不修，莫達其説久矣。孝宣時，召通《倉頡》讀者。張敞從受之。涼州刺史杜業、沛人爰禮、講學大夫秦近，亦能言之。孝平時，徵禮等百餘人，令説文字未央廷中，以禮爲小學元士。

杜林爲歆傳法，則所謂父業及外祖張敞，皆歆門附會之辭。爰禮、秦近貴顯於莽世，與塗惲、王璜，皆歆所授，假借莽力，令説文字於未央廷中，借以惑衆以行其學，辨見《藝文志》。

黄門侍郎楊雄采以作《訓纂篇》。凡《倉頡》已下十四篇，凡五千三百四十字，羣書所載，略存之矣。及亡新居攝，使大司空甄豐等校文書之部，自以爲應制作，頗改定古文。時有六書：一曰「古文」，孔子壁中書也；二曰「奇字」，即古文而異者也；三曰「篆書」，即小篆，秦始皇帝使下杜人程邈所作也；四曰「佐書」，即秦隸書；五曰「繆篆」，所以摹印也；六曰「鳥蟲書」，所以書幡信也。「壁中書」者，魯共王壞孔子宅，而得《禮記》、《尚書》、《春秋》、《論語》、《孝經》。又北平侯張倉獻《春秋左氏傳》。郡國亦往往於山川得鼎彝，其銘即前代之古文，皆自相似。雖叵復見遠流，其詳可得略説也。

古文爲歆僞撰，古文與鼎彝相似，又云「鼎彝即前代之古文」，然則鼎彝爲歆所僞，明矣。以歆奧博，作爲鼎彝，必有可觀。至於後世，益奇古矣。近世金學大興，如《楚公鐘》、《曶鼎銘》，形體奇異，蓋蔚成大國矣。然京師、山東市賈多能售其欺僞，即制度色澤瓌瑋奇古，不爲黄長睿、劉貢父之所欺，亦出於歆等所爲耳。若出於歆手制，通學多爲所蔽，宜哉！

而世人大共非訾，以爲好奇者也。故詭更正文，鄉壁虛造不可知之書，變亂常行，以燿於世。諸生競説字解經誼，稱秦之隸書爲蒼頡時書，云：「父子相傳，何得改易？」乃猥曰「馬頭人爲長」、「人持十爲斗」、「虫者屈中」也。廷尉説律，至以字斷法，「苛人受錢」，「苛」之字，「止句」也。若此者甚衆，皆不合孔氏古文，謬於《史籀》。俗儒鄙夫，翫其所習，蔽所希聞，不見通學，未嘗覩字例之條，怪舊藝而善野言，以其所知爲祕妙，究洞聖人之微恉。又見《蒼頡篇》中「幼子承詔」，因號古帝之所作也，其辭有神僊之術焉。其迷誤不喻，豈不悖哉！《書》曰「予欲觀古人之象」，言必遵修舊文而不穿鑿。孔子曰：「吾猶及史之闕文，今亡也夫！」蓋非其不知而不問。人用己私，是非無正，巧説衺辭，使天下學者疑。

今文與古文必不相合。真僞不相並立，相攻如仇讎。故古文僞經始出，博士不答，孔光不助，龔勝解綬。師丹大怒，奏「歆非毁先帝所立」。公孫禄奏「國師顛倒五經，毁師法」。范升奏「左氏爲異端」。光武立《左氏傳》，則諸儒讙然。楊雄所采，甄豐所定，共王所得，皆歆僞造。西漢以前所不經見，諸儒「大共非訾，以爲好奇」，乃其守道辨僞之宜也。許慎受業於賈逵，逵父徽受業於歆，爲歆三傳弟子，主張古學。既從逆矣，盜憎主人，各爲其主。乃以今學諸儒爲「俗儒鄙夫」，斥爲「迷誤」，亦不足異也。其云「翫其所習，蔽所希聞，不見通學，未嘗覩字例之條，怪舊藝而善野言」，即歆《七略》所謂「安其所習，毁所不見，終以自蔽」也。許慎不學妄言，真所謂「怪舊藝而善野言」，「迷誤不喻」者。不幸古學大行，今學昧没，而許書遂若日中天，爲後人鑽仰。唐立書學，以《説文》爲宗，自是奉爲金科玉律矣。元行沖所嗤「父康成，兄許慎，寧言孔聖誤，諱言鄭服非」矣。是非無常，真僞謬易，操、懿篡統，人咸戴之，王凌、稽紹且爲之致命盡節矣。近世尊許尤甚，豈知其爲僞學之毗佐哉！

蓋文字者，經藝之本，王政之始，前人所以垂後，後人所以識古，故曰「本立而道生」，知天下之至嘖而不可亂也。今敘篆文，合以古籀，博采通人，至於小大，信而有證，稽撰其説。將以理羣類，解謬誤，曉學者，達神恉，分別部居，不相雜厠。萬物咸覩，靡不兼載。厥誼不昭，爰明以喻。其稱《易》孟氏，《書》孔氏，《詩》毛氏，《禮》《周官》，《春秋》左氏，《論語》、《孝經》，皆古文也。

許慎述所稱經皆古文，而又云「《易》孟氏」，已可疑。今考《説文》引《易》，無與孟氏同者，而虎部「履虎尾虩虩」與馬同；角部「其牛觭」與鄭同，井部「井法也」則直爲鄭注之文，告部「僮牛之告」與九家同。皆見《經典釋文》。馬、鄭、荀爲費《易》的傳，❶而《説文》皆與之合。然則許慎蓋用費《易》，其「孟」字特誤文耳。許慎純古學家，不似鄭玄古今雜揉也。門人梁啓超説。❷

其於所不知，蓋闕如也。

---

❶「的」，重刻本作「適」。

❷「門人梁啓超説」，重刻本無此六字。

新學僞經考卷十

經典釋文糾謬第十

元朗生當隋、唐，今學盡亡，耳濡目染，師友講授，皆僞古學，蓋五百餘年矣。習非成是，不足糾繩。唯其書甚重於世，經學家所共鑽仰，不可使留僞説以惑衆聽也。今條其瞀謬，劾之如左。

次　第

五經六籍，聖人設教，訓誘機要，寧有短長？然時有澆淳，隨病投藥，不相沿襲，豈無先後？所以次第互有不同。如《禮記·經解》之説，以《詩》爲首；《七略》、《藝文志》所記，用《易》居前，阮孝緒《七録》亦同此次；而王儉《七志》，《孝經》爲初。原其後前，義各有旨。今欲以著述早晚，經義總別，以成次第，出之如左。

「時有澆淳，隨病投藥」，二語甚精。惜其不從《經解》之次第，而惑於劉歆，曲爲附從耳。然阮孝緒先從之，安能責元朗哉！

《周易》

雖文起周代，而卦肇伏犧。既處名教之初，故《易》爲七經之首。《周禮》有《三易》，《連山》久亡，《歸藏》不行於世，故不詳録。

《史記·儒林傳》及西漢以前經子傳記，無言《易》有三者。至劉歆僞撰《周官》，始著《三易》，然其爲《藝文志》，不敢著也。《周易正義·論三代易名》云：「《周禮·太卜》『三易』云：『一曰《連山》，二曰《歸藏》，三曰《周易》。』杜子春云：『《連山》伏犧，《歸藏》黄帝。』鄭玄《易贊》及《易論》云：『夏曰《連山》，殷曰《歸藏》，周曰《周易》。』鄭玄又釋云：『《連山》者，象山之出雲連連不絶。《歸藏》者，萬物莫不歸藏於其中。《周易》者，言《易》道周普，無所不備。』鄭玄雖有此釋，更無所據之文。按《世譜》等羣書，『神農一曰連山氏，亦曰列山氏，黄帝一曰歸藏氏』。」以上《正義》。皆古學附會之辭也。此云「《連山》久亡，《歸藏》不行於世」，《隋志》云「《歸藏》十三卷，晉太尉參軍薛真撰」，又云「《歸藏》漢初已亡，按晉《中經》有之」，則東漢人述古學者所爲無疑也。《隋志》又云「唯載卜筮，不似聖人之旨，以本卦尚存，故取貫於《周易》之首，以備殷易之缺」，則《隋志》已瞭其僞，但未决之。較德明似稍有知識也。

《古文尚書》

既起五帝之末，理後三皇之經，故次於《易》。伏生所誦，是曰今文，闕謬處多，故不別記。馬、鄭所有同異，今亦附之音後。

直謂「伏生闕謬」，可謂無知而悍獷矣。然古學盛行，於是五百餘年，積非成是，盜憎主人，奚足記哉？唯「不別記」，則今文遂亡，德明不能無罪焉！

《毛詩》

既起周文，又兼《商頌》，故在堯、舜之後，次於《易》、《書》。《詩》雖有四家，齊、魯、韓世所不用，今亦□□不取。

三《禮》

《周》、《儀》二禮並周公所制，宜次文王。《禮記》雖有戴聖所録，然忘名已久，又記二禮闕遺。□□相從，次於《詩》下。三《禮》次第，《周》爲本，《儀》爲末，先後可見。然古有《樂經》，謂之六籍，滅亡既久，今亦闕焉。

三《禮》之謬，辨見《漢書·藝文志》篇。唯云「《周》爲本，《儀》爲末」，據《中庸》「禮經三百，威儀三千」而附會之。於是尊劉歆之僞《周官》，而抑孔子之《儀禮》，公孫禄所謂「顛倒五經毁師法」也。

《春秋》

既是孔子所作，理當後於周公，故次於《禮》。左丘明受經於仲尼，公羊高受之於子夏，穀梁赤乃後代傳聞。

三《傳》次第自顯。

按：六經之序，自《禮記·王制》《經解》、《論語》、《莊子·徐無鬼》《天下》、《列子·仲尼》、《商君書·農戰》、《史記·儒林傳》皆曰「《詩》、《書》、《禮》、《樂》、《易》、《春秋》」，無不以《詩》爲先者。《詩》、《書》並稱，不勝繁舉，辨見卷二者，無疑義矣。自歆定《七略》，改先聖六經之序，後世咸依以爲法，則無識也。元朗蓋爲歆所惑，故其序如此。云伏犧「既處名教之初，故《易》爲七經之首」，《書》「既起五帝之末，理後三皇之經，故次於《易》」，《詩》「既起周文，又兼《商頌》，故在堯、舜之後，次於《易》、《書》」，「《周》、《儀》二禮並周公所制，宜次文王」，附會疑有序焉。不知六經皆孔子所作，而興必以《詩》，教小子先以《詩》，六經先《詩》，聖教之序。劉歆務求變亂，德明妄立次第，失之矣。

注解傳述人

伏犧氏之王天下，仰則觀於天文，俯則察於地理，觀鳥獸之文與地之宜，近取諸身，遠取諸物，始畫八卦。或云因《河圖》而畫八卦，因而重之，爲六十四。

按：《史記·周本紀》：「西伯蓋即位五十年，其囚羑里，蓋益《易》之八卦，爲六十四卦。」《日者傳》：「自伏犧作八卦，周文王演三百八十四爻，而天下治。」《法言·問神篇》：「《易》始八卦，而文王六十四，其益可知也。」《漢書·楊雄傳》：「是以伏犧氏之作《易》也，緜絡天地，經以八卦，文王附六爻，孔子錯其象而彖其辭。」《漢書·藝文志》：「《易》曰：『伏犧氏仰觀象於天，俯觀法於地，觀鳥獸之文與地之宜，近取諸身，遠取諸物，於是始作八卦，以通神明之德，以類萬物之情。』至於殷、周之際，紂在上位，逆天暴物，文王以諸侯順命而行道，天人之占可得而效，於是重《易》六爻。」《論衡・對作篇》：「《易》言『伏犧作八卦』，前是未有八卦，伏犧造之，故曰『作』也。文王圖八，自演爲六十四，故曰『演』。」《正説篇》：「伏犧得八卦，非作之，文王得成六十四，非演也。」自《繫辭》至漢人之説，莫不以重卦爲文王，雖劉歆亦不敢生異論。自商瞿傳授，不經秦火，西漢前更無異説，至足據也。東京以後，異論横興，鄭康成以爲神農重卦，孫盛以爲夏禹重卦。見《周易正義・論重卦之人》。嚮壁虚造，不知從何得來？蓋自劉歆多爲僞説，惑亂正經，令學者耳目紛紜，從無可從，信無可信，於是馬、鄭之徒敢以疑似杜撰。自是經學之中，異端蠭起，推所自來，亦歆作俑之罪也。《周易正義・論重卦之人》云：「其言夏禹及文王重卦者，按《繫辭》，神農之時已有蓋取益與噬嗑，以此論之，不攻自破。其言神農重卦，亦未爲得。今以諸文驗之。按《説卦》云：『昔者聖人之作《易》也，幽贊於神明而生蓍。』凡言『作』者，創造之謂也。神農以後，便是述修，不可謂之作也。則幽贊用蓍，謂伏犧矣。故《乾鑿度》云：『垂皇策者犧。』《上繫》論用蓍云：『四營而成《易》，十有八變而成卦。』既言聖人作《易》，十八變成卦，明用蓍在六爻之後，非三畫之時。伏犧用蓍，即伏犧已重卦矣。《説卦》又云：『昔者聖人之作《易》也，將以順性命之理。是以立天之道曰陰與陽，立地之道曰柔與剛，立人之道曰仁與義，兼三才而兩之。故《易》六畫而成卦。』既言聖人作《易》『兼三才而兩之』，又非神農始重卦矣。又《上繫》云：『《易》有聖人之道四焉，以言者尚其辭，以動者尚其變，以制器者尚其象，以卜筮者尚其占。』此之四事，皆在六爻之後。何者？三畫之時，未有彖繇，不得有『尚其辭』。因而重之，始有變動；三畫不動，不得有『尚其變』。揲蓍布爻，方用之卜筮；蓍起六爻之後，三畫不得有『尚其占』。自然中間『以制器者尚其象』，亦非三畫之時；今『伏犧結繩而爲罔罟』，則是制器，明伏犧已重卦矣。又《周禮》小史『掌三皇五帝之書』，❶明三皇已有書也。《下繫》云：『上古結繩而治，後世聖人易之以書契，蓋取諸夬。』既象夬卦而造書契，伏犧有書契，則有夬卦矣。故孔安國《書序》云：『古者伏犧氏之王天下也，始畫八卦，造書契，以代結繩之政。』又曰『伏犧、神農、黄帝之書，謂之《三墳》』是也。又八卦小成，爻象未備，重三成六，能事畢矣。若言重卦起自神農，其爲功也，豈比《繫辭》而已哉！何因《易緯》等數所歷三聖，但云伏犧、文王、孔子，竟不及神農？明神農但有『蓋取諸益』，不重卦矣。故今依王輔嗣，以伏犧既畫八卦，即自重爲六十四卦，爲得其實。其重卦之意，備在《説卦》，此不具敘。」按：孔沖遠引《説卦》、僞《周官》、僞《孔序》俱不論，至於以《繫辭》神農之時已有「蓋取益與噬嗑」爲伏犧重卦之證，此未確也。《朱子語類》云：「十三卦所謂『蓋取諸離』、『蓋取諸益』者，言結繩而爲網罟，有離之象，非觀離而始有此也。」卷六十五。又云：「不是先有見乎離而後爲網罟，先有見乎益而後爲耒耜。聖人亦衹是見魚鼈之屬，欲有以取之，遂做一箇物事去攔截他；欲得耕種，見地土硬，遂做一箇物事去剔起他；卻合於離之象，合於益之意。」卷七十五。沈寓山《寓簡》云：「《大傳》言『蓋取諸益、取諸睽』凡一十三卦，蓋聖人謂耒耜得益，弧矢得睽耳，非謂先有卦名乃作某器也。」番禺陳氏澧曰：「《繫辭》所言『取諸』者，與《考工記·輪人》『取諸圜也』、『取諸

❶「小史」，據《周禮》當作「外史」。

易直也』、『取諸急也』文義正同。輪人意取於圜，非因見圜物而取之也；意取易直與急，非因見易直與急之物而取之也。」說「取」義最通。又曰：「此以伏犧創始，牽連於用蓍，又以用蓍傅合於六畫，已紆曲矣。且三畫非創始，六爻乃爲創始乎？六爻誠用蓍矣，何以知三畫不可用蓍乎？《周禮·龜人》鄭注引《世本·作》曰『巫咸作筮』，賈疏云『伏犧未有揲蓍之法，至巫咸乃教人爲之』。然則『幽贊用蓍』，非謂伏犧也。言『作』亦非必謂創始。『作《易》者其有憂患乎』，孔疏固以爲文王、周公矣。」按：從來無謂伏犧造書契者。僞孔《序》、僞《周官》不足據，沖遠附會之，益謬矣。

文王拘於羑里，作《卦辭》。周公作《爻辭》。孔子作《彖辭》、《象辭》、《文言》、《繫辭》、《說卦》、《序卦》、《雜卦》，是爲《十翼》。班固曰：「孔子晚而好《易》，讀之韋編三絶，而爲之《傳》。」《傳》即《十翼》也。先儒說重卦及《爻辭》爲《十翼》不同，解見余所撰□□。

據《史記·周本紀》《日者傳》、《法言·問神篇》、《漢書·藝文志》《楊雄傳》、《論衡·對作篇》，皆謂文王重卦爲六十四卦，三百八十四爻，無有以爲作《卦辭》者。唯王輔嗣以六十四卦爲伏犧所自重。《周易正義·論卦辭爻辭誰作》云：「一說所以《卦辭》、《爻辭》並是文王所作。按《繫辭》云：『《易》之興也，其於中古乎？作《易》者其有憂患乎？』又曰：『《易》之興也，其當殷之末世、周之盛德邪？當文王與紂之事邪？』鄭學之徒，並依此說也。」則影響附會，妄變《楊何傳》史公之真說，其可信乎？至周公作《爻辭》之說，西漢前無之。《漢書·藝文志》云：「人更三聖。」韋昭注曰：「伏犧、文王、孔子。」即《正義》所引《乾鑿度》云：「垂皇策者犧，卦道演德者文，成命者孔。」《通卦驗》又云：「蒼牙通靈，昌之成，孔演命，明道經。」

晉紀瞻曰：「昔庖犧畫八卦，陰陽之理盡矣。文王、仲尼，係其遺業。三聖相承，共同一致，稱《易》準天，無復其餘也。」《晉書·紀瞻傳》。亦無有及周公者。唯《左傳》昭二年：「韓宣子來聘，見《易象》與《魯春秋》，曰：『吾乃今知周公之德。』」涉及周公，此蓋劉歆竄亂之條，與今學家不同。歆《周官》、《爾雅》、《月令》無事不託於周公，《易·爻辭》之託於周公亦此類。唯馬融陸績同。❶學出於歆，故以爲《爻辭》周公所作，見《周易正義·論卦辭爻辭誰作》。或以《爻辭》並是文王作。《周易正義·論卦辭爻辭誰作》云：「二以爲驗《爻辭》多是文王後事。《升卦》六四『王用亨於岐山』，武王克殷之後，始追號文王爲『王』。若爻辭是文王所制，不應云『王用亨於岐山』。又《明夷》六五『箕子之明夷』。武王觀兵之後，箕子始被囚奴，文王不宜豫言箕子之明夷。又《既濟》九五『東鄰殺牛，不如西鄰之禴祭』，説者皆云『西鄰謂文王，東鄰謂紂』。文王之時，紂尚南面，豈容自言己德，受福勝殷，又欲抗君之國，遂言東西相鄰而已。」如《正義》言，《爻辭》又不得爲文王作，則《藝文志》謂「文王作上、下篇」者謬矣。三聖無周公，然則舍孔子誰作之哉！故《易》之卦爻始畫於犧、文，《易》之辭全出於孔子。「十翼」之名，史遷父受《易》於楊何未之聞，殆出於劉歆之説。按《史記·孔子世家》有《文言》、《説卦》，而無《序卦》、《雜卦》，《漢書·藝文志》亦無《雜卦》。《論衡·正説》曰：「至孝宣皇帝之時，河内女子發老屋，得逸《易》、《禮》、《尚書》各一篇，奏之。宣帝下示博士，然後《易》、《禮》、《尚書》各益一篇。」此説「《易》益一篇」，蓋《説卦》也。《隋志》：「及秦焚書，《周易》獨以卜筮得

❶「績」，原作「續」，據《周易正義》改。

存，唯失《説卦》三篇，後河内女子得之。」《易》既以卜筮得存，自商瞿傳至楊何以至史遷，未嘗云亡失，又未嘗有《序卦》、《雜卦》。《論衡》以《説卦》出於宣帝時，則史遷所未覩，其爲後出之僞書，《孔子世家》爲僞竄可知。王充云「益《易》一篇」，《隋志》云「失三篇」，因河内後得之事而附《序卦》、《雜卦》，是《序卦》、《雜卦》爲劉歆僞作可見。三篇非孔子作，明矣。《繫辭》，歐陽永叔、葉水心以爲非孔子作，考其辭頻稱「子曰」，蓋孔子弟子所推補者，故史遷以爲「《大傳》」也。《彖》、《象》與《卦辭》、《爻辭》相屬，分爲上、下二篇，乃孔子所作原本。歆以上、下二篇屬之演爻之文王，既不可通，因以己所僞作之《序卦》、《雜卦》，附之河内女子所得之事，而以爲孔子作十篇爲《十翼》。奪孔子所作，而與之文王、周公，以己所作而冒之孔子。譸張爲幻，可笑可駭！然孔子作傳而非經，《易》有《十翼》而非止上、下二篇，則二千年相沿，無有能少窺其作僞之迹者矣。

費直字長翁，東萊人，單父令。傳《易》，授郎邪王璜，字平仲，又傳古文《尚書》。爲費氏學。本以古字號《古文易》，無章句，徒以《彖》、《象》、《繫辭》、《文言》解説上下經。《七録》云：「直《易章句》四卷，殘缺。」漢成帝時，劉向典校書，考《易》説，以爲諸《易》家説皆祖田何、楊叔元、丁將軍，大義略同，唯京氏爲異。向又以中古文《易經》校施、孟、梁丘三家之《易經》，或脱去「無咎」、「悔亡」，唯費氏經與古文同。范曄《後漢書》云：京兆陳元，字長孫，司空、南閣祭酒，兼傳《左氏春秋》。扶風馬融，字季長，茂陵人，南郡太守、議郎，爲《易傳》，又注《尚書》、《毛詩》、《禮記》、《論語》。河南鄭衆，字仲師，大司農，兼傳《毛詩》、《周禮》、《左氏春秋》。北海鄭玄，字康成，高密人，師事馬融，大司農徵不至，還家，凡所注《易》、《尚書》、三《禮》、《論語》、《尚書大傳》、《五經中候》，箋毛氏，作《毛詩譜》，駁許慎《五經異議》，鍼何休《左氏膏肓》、去《公羊墨守》、起《穀梁癈疾》，休見大慙。潁川荀爽，字慈明，官至司空，爲《易言》。並傳費氏《易》。沛人高相治《易》，與費直同時。其《易》亦無章句，專説陰陽災異，自言出丁將軍。傳至相，相授子康，康以明《易》爲郎。及蘭陵毋將永，豫章都尉。爲高氏學。漢初，立《易》楊氏博士，宣帝復立施、孟、梁丘之《易》，元帝又立京氏《易》。費、高二家不得立，民間傳之。後漢費氏興而高氏遂微。永嘉之亂，施氏、梁丘之《易》亡，孟、京、費之《易》人無傳者，唯鄭康成、王輔嗣所注行於世。江左中興，《易》唯置王氏博士。太常荀崧奏請置鄭《易》博士，詔許，值王敦亂，不果立。而王氏爲世所重，今以王爲主，其《繫辭》以下，王不注，相承以韓康伯注續之，今亦用韓本。

劉歆僞經散布中外，其存於中者曰「中古文」，其託之外者，如《書》則《移太常書》云：「傳問民間，則有膠東庸生之遺學與此同，抑而未施。」今亂《易》亦然。《易》則費氏與古文同，不知皆歆所誘屬也。「永嘉之亂，施氏、梁丘之《易》亡，孟、京、費之《易》人無傳者」。按鄭康成、王輔嗣之本，即費學本，安得謂其無傳？又《漢書·藝文志》「費氏亡章句」，今云「費直《章句》四卷」，其然豈其然乎！子夏未嘗傳《易》，此云《子夏易傳》三卷，僞託顯然。餘辨見前。

《書》者，本王之號令，右史所記。孔子删録，斷自唐虞，下訖秦穆，典、謨、訓、誥、誓、命之文凡百篇，而爲之序。

《書序》另有專篇辨於下。

及秦禁學，孔子之末孫惠，壁藏之。《家語》云：「孔騰，字子襄，畏秦法峻急，藏《尚書》、《孝經》、《論語》於夫子舊堂壁中。」《漢紀·尹敏傳》以爲孔鮒藏之。漢興，欲立《尚書》，無能通者。聞濟南伏生名勝，故秦博士。傳之，文帝欲徵，時年已九十餘，不能行，於是詔太常，使掌故晁錯受焉。《古文官書》云：「伏生年老，不能正言，言不可曉，使其女傳言教錯。」

伏生失其本經，口誦二十九篇傳授。《漢書》云：「伏生爲秦禁書，壁藏之。漢定，伏生求其書，亡數十篇，獨得二十九篇，以教齊魯之間。」以其上古之書，謂之《尚書》。鄭玄以爲孔子撰《書》，尊而命之曰《尚書》。尚者，上也，蓋言若天書然。王肅云：「上所言下，爲史所書，故曰《尚書》。」

秦雖禁書，而博士之職不禁，孔氏之傳世世不絶，《書》不待壁藏始見，亦無亡失。漢興，非無《書》本，口誦者乃其傳義，辨見前。

漢宣帝本始中，河内女子得《泰誓》一篇獻之，與伏生所誦合三十篇，漢世行之。

《史記》、《漢書》《儒林傳》皆云「伏生得二十九篇」，不辨別。其實伏生僅得二十八篇，《泰誓》後得而附之今文，爲二十九篇，因并誤以爲伏生所傳耳。《論衡·正説篇》：「孝景皇帝時，始存《尚書》。伏生已出山中，景帝遣晁錯往從受《尚書》二十餘篇。伏生老死，《書》殘不竟。晁錯傳於兒寬。至孝宣皇帝之時，河内女子發老屋，得逸《易》、《禮》、《尚書》各一篇，奏之。宣帝下示博士，然後《易》、《禮》、《尚書》各益一篇，而《尚書》二十九篇始定矣。」又云：「或説《尚書》二十九篇者，法曰斗與七宿。四七二十八篇，其一曰斗矣，故二十九。」是二十九篇者，皆并河内所得《泰誓》計之，以其後得，故附會爲斗也。《隋志》曰：「至漢，唯濟南伏生口傳二十八篇，又河内女子得《泰誓》一篇獻之。」於《史》、《漢》二十九篇之意最得其通，但「口傳」二字誤耳。此云「合三十篇」，則謬甚。

然《泰誓》年月不與序相應，又不與《左傳》、《國語》、《孟子》衆書所引《泰誓》同。馬、鄭、王肅諸儒皆疑之。

《釋文》與《隋志》引宣帝時河内女子所得，出於王充《論衡·正説篇》，房宏説同之。見《尚書正義》一。又劉向《别録》："「武帝末，民有得《泰誓》書於壁内者，獻之，與博士使讚説之，數月皆起傳以教人。」《尚書正義》一引。然《尚書大傳》引之，董子、《漢書·董仲舒傳》。終軍《漢書·終軍傳》。引之，《史記·周本紀》引之，則王充、劉向傳聞稍有誤矣。或董子、終軍、《史記》所引爲孔子未修之《書》，如《史記》引《湯誥》之類，則《論衡》及劉向《别録》之説未爲有誤也。龔氏自珍《泰誓答問》以《史》、《漢》謂伏生得二十九篇，不當有後出之《泰誓》，據《書序》以《顧命》、《康王之誥》分爲二篇，足二十九篇之數。按《康王之誥》，馬融以爲歐陽、大小夏侯同爲《顧命》，見《釋文》。融時歐陽、大小夏侯經猶存，融親見其本。若《康王之誥》與《顧命》分爲二篇，則融言大妄矣。今《漢志》大小夏侯經、《章句》、《解故》各二十九，劉歆云："「《泰誓》後得，博士集而讀之。」《移太常書》。則伏生之始爲二十八篇，武、宣之後，增多《泰誓》，博士讀後，爲二十九篇無疑矣。王充謂「河内女子發老屋，得逸《易》、《禮》、《尚書》各一篇奏之，宣帝下示博士，而《尚書》二十九篇始定」，説最明。漢儒以二十八篇增多《泰誓》比北斗，足爲確證。《尚書大傳》云「五誥可以觀仁」，二十八篇之中：《大誥》、《康誥》、《酒誥》、《召誥》、《雒誥》也。若《尚書》本《康王之誥》另篇，《傳》應有「六誥」之文，漢儒且無二十八宿之比矣。徒以《史記》省文，遂增異説耳。至馬融等所疑「與《左傳》、《國語》、《孟子》衆書所引不相應」，固然。外此尚有《管子》、《墨子》所引，亦皆無之。大體其文怪異，與《湯誥》、《武成》同爲孔子所删之餘。趙岐《孟子注》以爲古百二十篇之《泰誓》，則謬。國朝劉逢禄見龔氏《泰誓答問》。以爲戰國之《泰誓》，其或然乎！

《漢書・儒林傳》云：「百兩篇者，出東萊張霸，分析合二十九篇以爲數十，又采《左傳》、《書序》爲作首尾，凡百二篇，篇或數簡，文意淺陋。成帝時，劉向校之非是，後遂黜其書。」古文《尚書》者，孔惠之所藏也，魯共王壞孔子舊宅，漢景帝程姬之子，名餘，封於魯，謚共王。於壁中得之，并《禮》、《論語》、《孝經》，皆科斗文字。

衛恒《四體書勢》：「時人以不復知有古文，謂之『科斗書』。」見《晉書・衛恒傳》。實歆僞説也。

博士孔安國字子國，魯人，孔子十二世孫，受《詩》於魯申公，官至諫大夫、臨淮太守。以校伏生所誦，爲隸古寫之，增多伏生二十五篇；《藝文志》云：「多十六篇。」又，伏生誤合五篇，凡五十九篇，爲四十六卷。《藝文志》云：「《尚書古文經》四十六卷，五十七篇。」安國又受詔爲古文《尚書傳》，值武帝末，巫蠱事起，經籍道息，不獲奏上，藏之私家。安國并作古文《論語》、古文《孝經》傳。《藝文志》云：「安國獻《尚書傳》，遭巫蠱事，未列於學官。」

晚出古文《尚書》，自梅鷟、閻若璩、惠棟、江聲、王鳴盛、孫星衍諸家辨之詳矣，而未有實得其主名者。考《家語》、《孔叢》，爲魏王肅所作以難康成者，而孔安國作《傳》之事，《家語・後序》、《孔叢・論書篇》皆已言之，則非出於肅而何？又僞孔傳與肅諸經注無不符合，亦猶劉歆所造古文、僞竄諸經內外相應之故智。故晉武帝置博士十九人，孔氏《書》已厠其中。見《晉書・荀崧傳》。晉武帝，王肅之外孫，尊崇肅學，固其宜也。或疑《晉書・荀崧傳》：「時方修學校，簡省博士，置《周易》王氏，《尚書》鄭氏，古文《尚書》孔氏，《毛詩》鄭氏，《周官》、《禮記》鄭氏，《春秋左傳》杜氏、服氏，《論語》、《孝經》鄭氏，博士各一人，凡九人。」數之實得十人，疑「古文《尚書》孔氏」爲衍文，則崧疏所稱武帝置孔氏《書》博士，或亦不可信。按：兩處皆有「孔氏」，何得彼此皆衍？其所謂「凡九人」者，蓋《論語》、《孝經》鄭氏合爲一人。考《宋書・百官志》：

「國子助教十人。《周易》、《尚書》、《毛詩》、《禮記》、《周官》、《儀禮》、《春秋左氏傳》、《公羊》、《穀梁》各爲一經，《論語》、《孝經》爲一經，合十經。」亦合《論語》、《孝經》爲一，故十一經而爲十人，與晉十經而爲九人一例。蓋《論語》、《孝經》文字無多，六藝附庸，故博士從簡。晉、宋相承，沿革多因，《論語》、《孝經》之合一，又何足疑？如以「孔氏」字爲衍，則孔沖遠《尚書正義》一亦云「前晉奏上其書而施行焉」。此語今《晉書》無之。唐初諸家《晉書》尚存，沖遠采而用之。然則諸家《晉書》皆有西晉立孔氏《書》博士事，不獨唐人官撰之本爲然，豈一史衍而羣史皆衍？必不然矣。僞孔傳西晉已立，且與肅所著書徵應皆合，其爲肅撰，無可逃遁矣。國朝惠氏棟、江氏聲、王氏鳴盛、李氏惇、劉氏端臨、丁氏晏皆有僞古文出於王肅之說。

以授都尉朝。司馬遷亦從安國問故，遷書多古文說。劉向以中古文校歐陽、大小夏侯三家經文，脱誤甚衆。《藝文志》云：「《酒誥》脱簡一，《召誥》脱簡二，文異者七百有餘，脱字數十。」都尉朝授膠東庸生，名譚，亦傳《論語》。庸生授清河胡常，字少子，以明《穀梁春秋》爲博士，至部刺史，又傳《左氏春秋》。常授虢徐敖，右扶風掾，又傳《毛詩》。敖授郎邪王璜及平陵塗惲，字子真。惲授河南乘欽。字君長，一本作桑欽。王莽時，諸學皆立，惲、璜等貴顯。

右皆見《漢書儒林傳辨僞》。

范曄《後漢書》云：「中興，扶風杜林傳古文《尚書》，賈逵字景伯，扶風人，左中郎將、侍中。爲之作訓，馬融作傳，鄭玄注解。由是古文《尚書》遂顯於世。」按：今馬、鄭所注，並伏生所誦，非古文也。

杜林所傳，馬、鄭所注，則劉歆古文僞《尚書》。《後漢書》以爲「古文復興」，與伏生今文相對而言。陸德明以爲「並伏生所誦，非古文」，對王肅僞古文而言。德明已明辨晰矣。

孔氏之本絶，是以馬、鄭、杜預之徒，皆謂之《逸書》。王肅亦注今文，而解大與古文相類。或肅私見孔傳而祕之乎？江左中興。元帝時，豫章内史枚賾字仲真，汝南人。奏上孔傳古文《尚書》，亡《舜典》一篇，購不能得，乃取王肅注《堯典》從「昚徽五典」以下，分爲《舜典》篇以續之，孔《序》謂伏生以《舜典》合於《堯典》。孔傳《堯典》止於「帝曰往欽哉」，而馬、鄭、王之本同爲《堯典》，故取爲《舜典》。學徒遂盛。後范甯字武子，順陽人，東晉豫章太守，兼注《穀梁》。變爲今文集注，俗間或取《舜典篇》以續孔氏。齊明帝建武中，吴興姚方興采馬、王之注造孔傳《舜典》一篇，云「於大航頭買得」，上之。梁武時爲博士，議曰：「孔《序》稱伏生誤合五篇，皆文相承接，所以致誤。《舜典》首有『曰若稽古』，伏生雖昬耄，何容合之？」遂不行用。

《書》無《舜典》，辨已見前。梁武之説，雖蘇、張無可置辨。徒以《書序》所著，歆之古文十六篇已自有之，則王肅之書自易行矣。

漢始立歐陽《尚書》，宣帝復立大小夏侯博士，平帝立古文。永嘉喪亂，衆家之《書》並滅亡，而古文孔傳始興，置博士。鄭氏亦置博士一人。近唯崇古文，馬、鄭、王注遂廢。今以孔氏爲正，其《舜典》一篇仍用王肅本。

哀、平之末，劉歆倡僞經，而經一變。永嘉之亂，今學銷亡，而經幾滅矣。「平帝立古文」者，劉歆之古文；「近唯崇古文」者，王肅之古文；「馬、鄭、王注遂廢」，則劉歆之古文僞《書》亦亡。譬操、丕篡漢，而馬懿篡操、丕之統，「君以此始，亦以此終」也。

《詩》者，所以言志，吟詠性情，以諷其上者也。古有采詩之官，王者巡守，則陳詩以觀民風，知得失，自考正也。動天地，感鬼神，厚人倫，美教化，移風俗，莫近乎詩。是以孔子最先删録，既取《周詩》，上兼《商頌》，凡三百一十一篇。

《史記·孔子世家》：「古者《詩》三千餘篇。及至孔子，去其重，取可施於禮義，上采契、后稷，中述殷、周之盛，至幽、厲之缺，始於衽席。故曰：『《關雎》之亂以爲《風》始，《鹿鳴》爲《小雅》始，《文王》爲《大雅》始，《清廟》爲《頌》始。』三百五篇，孔子皆弦歌之，以求合《韶》、《武》、《雅》、《頌》之音。」王式曰：「臣以三百五篇諫。」《漢書·儒林傳》。《漢書·藝文志》曰：「孔子純取周詩，上采殷，下取魯，凡三百五篇。」西漢以前，未聞三百一十一篇之説者，此劉歆《毛詩》僞經既行後之説也。《毛詩》多笙詩六篇，并三百五篇，故爲三百一十一篇，篇數與三家異，益見其作僞也。

以授子夏，子夏遂作《序》焉。

按：劉歆僞撰《毛詩》，其《七略》但稱「又有毛公之學，自謂子夏所傳」而已，不以爲子夏作《序》也。《後漢書·儒林傳》以爲衛宏受學謝曼卿，「作《毛詩序》」，尚得其實。自鄭玄《詩譜》以爲「大序是子夏作，小序是子夏、毛公合作」。《釋文》引。王肅《家語注》以爲「子夏《序》即今《毛詩序》」。按之兩《漢書》志傳，皆烏有子虚事也。此蓋沿襲其謬者。考《毛詩》大序以風、大雅、小雅、頌爲「四始」，與三家《詩》不合。《唐書·藝文志》載「《韓詩》卜商序」，如《毛詩》亦出子夏，何至歧絶？且風、雅、頌爲「六詩」之三，以爲「四始」，豈非大謬！三頌不知據魯、新周、故宋之義。至於小序，《大雅》正篇莫能詳其樂章之所用；《小雅》自《節南山》以下四十四篇，皆以爲刺幽王詩，而雜見傳記者則爲昭、懿、厲、宣、平諸王之詩；《楚茨》諸詩，亦不以爲樂章也。十三國之無正風，與燕、蔡、莒、許、杞、薛之并無變風，既以序不明而棄之矣，則所存諸國之序，當必可爲詩史。乃《國風》小序於史有《世家》者，皆傅之惡謚，至魏、檜之史無《世家》者，則但以爲「刺其君」、「刺其大夫」，而無一謚號世次之可傅會。又《漢廣》「德廣所及」、《白華》「孝子之潔白」、《崇丘》「萬物得極其高大」、《雨無正》「衆多如雨而非所以爲正」之類，皆望文生義，一味空衍；非如魯、韓逸説，以《芣苢》爲「蔡人妻作」、《行露》爲「召南申女作」、《柏舟》爲「衛宣夫人作」、《燕燕》爲「定姜送歸婦作」、《式微》爲「黎莊夫人及傅母作」、《碩人》爲「莊姜傅母作」之皆有實人實事也。使子夏爲之，去其時不遠，安得謬悠若是乎？則大序及小序初句，爲劉歆所僞，其餘則衛宏所潤飾，不特非子夏作，并非劉歆作矣。漢、魏後，《毛詩》獨盛，而辨《序》之説紛如。韓愈以爲子夏不序《詩》。成伯璵以爲子夏唯裁初句，以下出於毛公。王安石以爲詩人所自製。甚至程明道以大序爲孔子所作，小序爲國史舊文。王得臣以首句爲孔子所題。曹粹中以爲《毛傳》初行尚未有序，門人互相傳授，各記師説。舉不足辨。唯鄭樵、王質、朱子掊擊其妄，識最高矣，恨未能得其故，令後人來反唇之稽。《詩》至今乃爲決其蔀耳。

口以相傳，未有章句。戰國之世，專任武力，雅、頌之聲，爲《鄭》、《衛》所亂，其廢絶亦可知矣。遭秦焚書而得全者，以其人所諷誦，不專在竹帛故也。

秦焚書，《詩》本仍存，不徒賴諷誦。辨見前。

《毛詩》者，出自毛公。河間獻王好之。徐整字文操，豫章人，吴太常卿。云：「子夏授高行子，高行子授薛倉子，薛倉子授帛妙子，帛妙子授河間人大毛公。毛公爲《詩故訓傳》於家，以授趙人小毛公。一云名萇。小毛公爲河間獻王博士，以不在漢朝，故不列於學。」一云：「子夏傳曾申，字子西，魯人，曾參之子。申傳魏人李克，克傳魯人孟仲子，鄭玄《詩譜》云：「子思之弟子。」孟仲子傳根牟子，根牟子傳趙人孫卿子，孫卿子傳魯人大毛公。」《漢書・儒林傳》云：「毛公，趙人。治《詩》，爲河間獻王博士。授同國貫長卿，徐整作「長公」。長卿授解延年，爲阿武令，《詩譜》云：「齊人。」延年授號徐敖，敖授九江陳俠。」王莽講學大夫。或云：陳俠傳謝曼卿，元始五年，公車徵説《詩》。

《毛詩》源流皆僞託，辨見前。若陳俠、謝曼卿，其爲歆傳者歟！公車特徵，歆所授意以廣其僞學者也。

後漢鄭衆、賈逵傳《毛詩》，馬融作《毛詩注》，鄭玄作《毛詩箋》，申明《毛》義，難三家。於是三家遂廢矣。

三家之廢，由於馬、鄭。以此推之，馬、鄭黨僞破經，罪難末減，若必科斷，應與劉歆首從並誅矣。自爾王肅、王基之徒，孫毓、陳統之彦，互相申難，皆盤旋於《毛詩》之下。穴中鬬蟻，角裏争蠻，但供噱哂，不足樹頰。而《齊》、《魯》之早亡，《韓詩》之僅存者，得無以鄭嘗用《韓》，故學者因而存之邪？自是《毛詩》獨尊。偏觀所録之書，無一部三家者，劉歆豐蔀之力亦至矣。

景帝時，河間獻王好古，得古《禮》獻之。鄭《六藝論》云：「後得孔氏壁中河間獻王古文《禮》五十六篇，《記》百三十一篇，《周禮》六篇。其十七篇與高堂生所傳同，而字多異。」劉向《别録》云：「古文《記》二百四篇。」《藝文志》曰：「《禮古經》五十六篇，出於魯淹中。」蘇林云：「淹中，里名。」或曰：「河間獻王開獻書之路，時有李氏上《周官》五篇，失《事官》一篇，乃購千金不得，取《考工記》以補之。」王莽時，劉歆爲國師，始建立《周官經》以爲《周禮》。河南緱氏杜子春受業於歆，還家，以教門徒。好學之士鄭興父子興，字少贛，河南人，後漢太中大夫。子衆已見前。並作《周禮解詁》。等多往師之。賈景伯亦作《周禮解詁》。

河間獻王無得古經事。《逸禮》、《周官》爲歆僞撰。辨見前。

《禮記》者，本孔子門徒共撰所聞以爲此《記》。後人通儒各有損益。故《中庸》是子思伋所作，《緇衣》是公孫尼子所制，鄭玄云《月令》是吕不韋所撰，盧植字子幹，涿郡人，後漢北中郎將、九江太守。云《王制》是漢時博士所爲。

《禮記》云爲後人所益，信矣。故《保傅》、《禮察》，《賈子》之書得附入，不獨《中庸》、《緇衣》采自《子思》、《公孫尼子》也。《月令》亦劉歆僞撰，辨見《王莽傳》。若盧植以《王制》是漢時博士所爲，則殊非。考《史記·封禪書》索隱，文帝所造書有《本制》、《兵制》、《服制》篇，非今《王制》也。鄭康成以《王制》制度與《孟子》同，故答臨碩云：「孟子當赧王之際，《王制》之作復在其後。」今驗《王制》與《公》、《穀》全同，句容陳立、德清俞樾説。體大物博，本末兼該，蓋孔氏遺書也。劉歆作僞，盜憎主人，故排擠之。而盧植誤述之。

陳邵字節良，下邳人，晉司空長史。《周禮論序》云：「戴德删《古禮》二百四篇爲八十五篇，謂之《大戴禮》，戴聖删《大戴禮》爲四十九篇，是爲《小戴禮》。」漢劉向《别録》有四十九篇，其篇次與今《禮記》同名，爲他家書拾撰所取，不可謂之《小戴禮》。後漢馬融、盧植考諸家同異，附戴聖篇章，去其繁重及所敘略而行於世，即今之《禮記》是也。

《隋志》云：「戴聖删《大戴》爲四十六篇。馬融增《月令》、《明堂位》、《樂記》三篇，爲四十九篇。」《别録》、《後漢書》橋元、曹褒二傳及元朗説，皆不足據也。

鄭玄亦依盧、馬之本而注焉。范曄《後漢書》云：「中興，鄭衆傳《周官經》。後馬融作《周官傳》，授鄭玄。玄作《周官注》。鄭注引杜子春、鄭大夫、鄭司農之義。鄭玄《三禮目録》云：「二鄭信同宗之大儒，今贊而辯之。」玄本治《小戴禮》，後以古經校之，取其於義長者順者，故爲鄭氏學。玄又注小戴所傳《禮記》四十九篇，通爲三《禮》焉。」漢初，立高堂生《禮》博士，後又立大小戴、慶氏三家，王莽又立《周禮》。後漢三《禮》皆立博士。今慶氏、《曲臺》久亡，《大戴》無傳學者。唯鄭注《周禮》、《儀禮》、《禮記》並列學官，而《喪服》一篇又別行於世。今三《禮》俱以鄭爲主。

三《禮》説辨見《藝文志》。然自是古學大行，慶氏、《曲臺》之《禮》亡，今學説從此衰息，則鄭玄爲劉歆功臣之首，亦爲孔學罪魁，正不得稍從末減也。云「玄本治小戴《禮》，後以古經校之，取其於義長者順者」，則今《儀禮》亦爲鄭玄所亂，雖注猶別稱今古，然大小戴、慶氏三家則既亡矣。

古之王者必有史官，君舉則書，所以慎言行，昭法式也。諸侯亦有國史，《春秋》即魯之史記也。孔子應聘不遇，自衛而歸，西狩獲麟，傷其虚應，乃與魯君子左丘明觀書於太史氏，因魯史記而作《春秋》，上遵周公遺制，下明將來之法，褒善黜惡，勒成十二公之經，以授弟子。弟子退而異言。丘明恐弟子各安其意，以失其真，故論本事而爲之傳，明夫子不以空言説經也。《春秋》所貶損人，當世君臣，其事實皆形於傳，故隱其書而不宣，所以免時難也。及末世口説流行，故有公羊、名高，齊人，子夏弟子，受經於子夏。穀梁、名赤，魯人。糜信云，與秦孝公同時。《七録》云名淑，字元始。《風俗通》云子夏門人。鄒氏、王吉善鄒氏《春秋》。夾氏之傳。鄒氏無書，夾氏有録無書，故不顯於世。桓譚《新論》云：「《左氏傳》遭戰國寖藏。後百餘年，魯人穀梁赤作《春秋》，殘缺，多有遺文；又有齊人公羊高，緣經文作《傳》，彌失本事。」左丘明作《傳》以授曾申，申傳衛人吳起，魏文侯相。起傳其子期，期傳楚人鐸椒，楚太傅。椒傳趙人虞卿，趙相。卿傳同郡荀卿名況，況傳武威張蒼，漢丞相，北平侯。蒼傳洛陽賈誼，長沙梁王太傅。誼傳至其孫嘉，嘉傳趙人貫公，《漢書》云：賈誼授貫公，爲河間獻王博士。貫公傳其少子長卿，蕩陰令。長卿傳京兆尹張敞字子高，河東平陽人，徙杜陵。及侍御史張禹。字長子，清河人。禹數爲御史大夫蕭望之言《左氏》，望之善之，薦禹，徵待詔，未及問，會病死。禹傳尹更始，更始傳其子咸及翟方進、胡常，常授黎陽賈護，字季君，哀帝時待詔爲郎。護授蒼梧陳欽。字子佚，以《左氏》授王莽，至將軍。

按：劉向《別録》云：「左丘明授曾申，申授吴起，起授其子期，期授楚人鐸椒，作《抄撮》八卷授虞卿，虞卿作《抄撮》九卷授荀卿，荀卿授張蒼。」按向治《公羊》，後奉詔治《穀梁》，其書本《公羊》者十之九，本《穀梁》者十之一，未嘗言《左氏》也。《説苑》：「魏武侯問元年於吴子。吴子對曰：『言國君必謹始也。』『謹始奈何？』曰：『正之。』『正之奈何？』曰：『明智。』」按：「謹始」之説本《公羊》、《穀梁》緒言，「明智」之説，兵家要旨，俱非《左氏》説也。《十二諸侯年表》云：「鐸椒爲楚威王傳，爲王不能盡觀《春秋》，采取成敗，卒四十章，爲《鐸氏微》。」此《春秋》當係《檮杌》，猶《晉語》「羊舌肸習於《春秋》」，《楚語》申叔時云「教之《春秋》」者也，必非左氏之書。《史記》言「四十章」，《藝文志》云「三篇」，此又云「《抄撮》八卷」，名不雅馴，歆所託也。《虞卿傳》云：「上采《春秋》，下觀近世，曰《節義》、《稱號》、《揣摩》、《政謀》凡八篇，以刺譏國家得失，世傳之曰《虞氏春秋》。」《年表》同。蓋虞氏之書雖亡，其體例略同《吕覽》，非傳《左氏》者也。《史記》言「八篇」，《藝文志》於「儒家」云「十五篇」，於「《春秋》家」云「《虞氏微傳》二篇」，此又云「《抄撮》九卷」，亦歆假託也。荀卿之書多本《穀梁》，亦非傳《左氏》者。《釋文》兼采僞《別録》及《漢·儒林傳》而爲之。然

《左氏》傳授不見《太史公書》，班固別傳亦無徵。當東漢初，范升廷爭以爲「師徒相傳又無其人」，若果出於《別録》，劉歆之徒及鄭興父子、賈逵、陳元、鄭玄諸人欲申《左氏》者多矣，何無一言及之？曾申即曾西，曾子之子，羞稱管仲，必非爲左氏之學者。吴起曾事子夏，或《左氏》多采其文。姚姬傳以「左氏言魏氏事，造飾尤甚，蓋吴起爲之以媚魏君者尤多」，要非左氏再傳弟子也。張蒼非荀卿弟子。賈生亦非張蒼弟子。貫公《毛詩》之學，亦非賈嘉弟子。嘉果以左氏爲傳《春秋》，授受詳明如此，何不言諸朝爲立博士？此又從《賈誼傳》增設之。嘉與史公善，當武帝時。貫公爲獻王時，必非嘉弟子。《史記》、《漢書》具在，而歆之徒，博采名儒，牽合佚書，妄造此文。元朗、沖遠以江左以後文人獨尚《左氏》，不加深察，敘録如此，不可爲典要矣。劉氏逢禄《左氏春秋考證》說。

《漢書·儒林傳》云：「漢興，北平侯張蒼及梁太傅賈誼、京兆尹張敞、大中大夫劉公子，皆修《春秋左氏傳》。」始，劉歆字子駿，向之子，王莽國師。從尹咸及翟方進受《左氏》，哀帝時，歆與房鳳、王龔欲立《左氏》，爲師丹所奏，不果，平帝世始得立。「由是言《左氏》者，本之賈護、劉歆」。歆授扶風賈徽，字元伯，後漢潁陰令，作《春秋條例》二十一卷。徽傳子逵。逵受詔列《公羊》、《穀梁》不如《左氏》四十事，奏之，名曰《左氏長義》。章帝善之。逵又作《左氏訓詁》，司空南閤祭酒陳元作《左氏同異》，大司農鄭衆作《左氏條例章句》，南郡太守馬融爲《三家同異》之說。京兆尹延篤字叔堅，南陽人。受《左氏》於賈逵之孫伯升，因而注之。汝南彭汪字仲博。記先師奇說及舊注。太中大夫許淑，字惠卿，魏郡人。九江太守服虔，字子慎，河南人。侍中孔嘉，字山甫，扶風人。魏司徒王朗，字景興，肅之父。荊州刺史王基，大司農董遇，徵士燉煌周生烈，並注解《左氏傳》。梓潼李仲欽著《左氏指歸》，陳郡潁容字子嚴，後漢公車徵，不就。作《春秋條例》。又何休字邵公，任城人，後漢諫大夫。作《左氏膏肓》、《公羊墨守》、《穀梁癈疾》。鄭康成《鍼膏肓》、《發墨守》、《起癈疾》。自是《左氏》大興。

賈逵《左氏長義》，陳元《左氏異同》，鄭衆《左氏條例章句》，馬融《三家同異》，李仲欽《左氏指歸》，潁容《春秋條例》，衆作紛紜，皆言《左氏》之長，於是《左氏》大興。即有范升之《難》，何休《膏肓》，亦皆於《左氏》書法校量得失，既已入其籠中，無怪助其談之益熾也。若知爲劉歆引傳解經，僞造書法，據《史記》以難《漢書》，則《左氏》但爲記事之書，無預《春秋》之義。雖有百賈逵之徒，何能措一辭乎！《左氏》書法之義，與《公》、《穀》頡頏。斯固歆目覩《公》、《穀》之争，但有所長，便可自立，故僞造書法，諸「書」、「故書」、「不書」，時用《公》、《穀》日月例爲之，僞《毛詩》、《周官》以爲之證。此所以豐蔀二千年而莫之知。自是《左氏》大興，二傳漸微，後漢攻《左氏》者，謂之「蔽固」；東晉抑《穀梁》者，謂之「膚淺」。至德明之世，至謂「二傳近代無講者，恐其學遂絶」。嗚呼！以先聖微言大義之所寄，而至於垂絶，則誰之罪乎？故自魏、晉之後，莠言繁興，不可復言經學矣。

漢初，立《公羊》博士，宣帝又立《穀梁》，平帝始立《左氏》。後漢建武中，以魏郡李封爲《左氏》博士，羣儒蔽固者數廷争之；及封卒，因不復補。和帝元興十一年，鄭興父子奏上，《左氏》，乃立於學官，仍行於世。迄今遂盛行，二傳漸微。江左中興，立《左氏傳》杜氏、服氏博士。太常荀崧奏請立二傳博士。詔許立《公羊》，云《穀梁》膚淺不足立博士。王敦亂，竟不果立。《左氏》今用杜預注，《公羊》用何休注，《穀梁》用范甯注。二傳近代無講者，恐其學遂絶，故爲音以示將來。

敍《左氏》大興之由，二傳衰微之故，最明矣。試檢《釋文》、《隋志》觀之，傳《公》、《穀》者有幾家哉？晉世詔書已云「《穀梁》膚淺，不足立博士」。《公羊》亦值王敦亂，於是竟不立。元朗云「二傳近代無講者，恐其學遂絶，故爲音以示將來」。夫孔子改制之學，傳在《公》、《穀》，漢世四百年政事皆本之。自劉氏僞經出，《左傳》文采盛，至於元朗世恐其幾絶。末法千年，聖制竟墜，亦堪哀矣！劉歆之罪，固不足誅，而沈冥二千年，無人發揮者。至近人劉逢禄、陳立、鍾文烝乃始有發明。孔子之學，或漸賴以著，豈所謂循還之運者歟！

《孝經》者，孔子爲弟子曾參説孝道，因明天子、庶人五等之孝，事親之法。亦遭焚燼，河間人顔芝爲秦禁，藏之。漢氏尊學，芝子貞出之，是爲今文。

按：《漢書》無顔芝、顔貞傳《孝經》事。自向、歆、楊雄、班固博極羣書，不能知之。不省後人何以知此？東京以後，經學荒蕪，僞造典故，《易》有子夏之傳，《左傳》有曾申之傳，誕妄支離，恐未足據也。

長孫氏、博士江翁、少府后倉、諫大夫翼奉、安昌侯張禹傳之，各自名家，凡十八章。又有古文，出於孔氏壁中，别有《閨門》一章，自餘分析十八章，總爲二十二章，孔安國作《傳》。劉向校書，定爲十八。後漢馬融亦作古文《孝經傳》，而世不傳。世所行鄭注，相承以爲鄭玄，按《鄭志》及《中經簿》無。唯中朝穆帝集講《孝經》，云以鄭玄爲主。檢《孝經注》，與康成注《五經》不同，未詳是非。江左中興，《孝經》、《論語》共立鄭氏博士一人。古文《孝經》世既不行，今隨俗用鄭注十八章本。

《孝經》鄭注，諸書所引者雖多，然無以定爲康成注。唯《郊特牲》正義引王肅難鄭云「《孝經注》云『社，后土也』，『句龍爲后土』。鄭既云社后土，則句龍也，是鄭自相違反」。此王肅所難，是康成注明矣。劉光伯謂肅無攻擊《孝經》鄭注者，殆未詳考邪！陳氏澧説。

古《論語》者，出自孔氏壁中，凡二十一篇，有兩《子張》如淳云：「分《堯曰篇》後『子張問何如可以從政』以下爲篇，名曰《從政》。」篇次不與齊、魯《論》同。《新論》云：「文異者四百餘字。」

劉歆徧亂羣經，皆有古文。以《論語》考之，《漢書・藝文志》云：「《論語》古二十一篇，出孔子壁中，兩《子張》。」孔安國爲傳，今見何晏《集解》所引，亦僞託，與古文《書》、古文《孝經》同。以其託出孔氏壁中，舍安國不足以昭人信也。

孔安國爲傳，後漢馬融亦注之。安昌侯張禹受《魯論》於夏侯建，又從庸生、王吉受《齊論》，擇善而從，號曰《張侯論》，最後而行於漢世。禹以《論》授成帝。後漢包咸、字子長，吴人，大鴻臚。周氏不詳何人。並爲章句，列於學官。鄭玄就《魯論》包、周之篇章，考之《齊》、《古》，爲之注焉。魏吏部尚書何晏集孔安國、包咸、周氏、馬融、鄭玄、陳羣、字長文，潁川人，魏司空。王肅、周生烈燉煌人。《七録》云：字文逢，❶本姓唐，魏博士侍中。之説，并下己意爲《集解》。正始中上之，盛行於世，今以爲主。

張禹既受《魯論》，又受《齊論》，擇善而從，號曰《張侯論》，亂魯、齊之家法矣。鄭康成就《魯論》，考之《齊》、《古》，爲之《注》焉，又亂今古之家法矣。孔安國、馬融、鄭玄、陳羣、王肅、周生烈率皆僞古學説，而

---

❶「逢」，原作「進」，據《經典釋文》改。《論語》邢疏引《七録》作「逸」。

何晏《集解》以爲主。然則今本《論語》，皆僞古學而已。自宋以後，尊《論語》者既至，近儒攻朱，辨論至夥，豈知其經劉歆竄亂邪！今《論語》有「左丘明恥之，丘亦恥之」語，疑亦歆所加入，以實其魯君子左丘明親承孔子，以抑公、穀口傳之説。《朱子語類》謂：「要知左氏是箇曉了識利害底人，趨炎附勢。大率《左傳》只道得禍福利害底説話，於義理上全然理會不得，如載『卜妻敬仲』與『季氏生』之類。看此等處，便見得是六卿分晉，田氏篡齊以後之書。」卷百二十二。按《史記·仲尼弟子傳》、文翁《孔廟圖》皆無左丘明，蓋非孔門弟子，益見歆依託之僞妄也。然惑世千載，亦見讀書考古之難其人矣。自鄭康成、何晏後，今文齊、魯二家無可復考，魏、晉以後注家皆用鄭、何二本，蓋不足復道矣。

《爾雅》者，所以訓釋五經，辨章同異。實九流之通路，百氏之指南，多識鳥獸草木之名，博覽而不惑者也。爾，近也；雅，正也。言可近而取正也。《釋詁》一篇，蓋周公所作。《釋言》以下，或言仲尼所增，子夏所足，叔孫通所益，梁文所補。張揖論之詳矣。前漢終軍始受豹鼠之賜，自兹迄今，斯文甚矣。先儒多爲億必之説，乖蓋闕之義。唯郭景純洽聞强識，詳悉古今，作《爾雅注》，爲世所重。今依郭本爲正。

《爾雅》爲歆僞學訓詁之祖，辨見《漢書·藝文志》。張揖以爲作自周公，仲尼、子夏固謬，即以爲「叔孫通所益，梁文所補」亦非也。豹鼠之辨，爲後漢世祖時竇攸事。見《文選注》三十八引《三輔決録》注。郭璞誤引之爲終軍。德明用之，疑誤千古。蓋自歆徵通《爾雅》者百餘人詣公車，《爾雅》遂行，建武之世，遂有徵用。若武帝以前，未有及《爾雅》者，可共明也。注家犍爲文學及劉歆爲之先，犍爲文學注亦歆僞也。趙岐《孟子題辭》：「孝文皇帝欲廣游學之路，《論語》、《孝經》、《孟子》、《爾雅》皆置博士。」按《史記》、《漢書》《儒林傳》皆以爲「文帝好刑名，博士具官，未有進者」，是文帝並非右文之主，安得有廣游學之事？博士當時止成具文，又安得有更增《論語》、《孝經》、《孟子》、《爾雅》博士之事？迨公孫弘悼道之鬱滯，始請諸經建立學官。若孝文時《論語》等且增置博士，弘何必復有鬱滯之歎？若文帝徒表彰《論語》等而略五經，既欲廣游學而舍經任傳，無是理也。孝文帝《論語》、《孝經》、《孟子》、《爾雅》置博士，漢以前書皆無此説，唯歆《移太常書》有「孝文時諸子傳説立於學官」之語。然則趙岐之説即出劉歆，以實其僞撰《爾雅》之事者，至明顯矣。

新學僞經考卷十一

隋書經籍志糾謬第十一

《隋志》與《經典釋文》並出隋、唐時，僞古學一統久矣。今學亡絶，獨尊僞古固宜，然紛紜謬亂，蓋已多矣。抑自《漢志》之後，諸史無志，藉以考經籍之源流，舍是莫之焉。故唐、宋以來，鑽仰無盡。恐其惑亂學者耳目，並糾繩焉。然序《説卦》、《序卦》、《雜卦》爲河内後得，述《月令》、《明堂》、《樂記》爲馬融所增，因是得知《易》之僞書，《記》之竄亂，則《隋志》尚爲功過相比者也。

秦政奮豺狼之心，❶劃先代之迹，焚《詩》、《書》，坑儒士，以刀筆吏爲師，制挾書之令。學者逃難，竄伏山林，或失本經，口以傳説。漢氏誅除秦、項，未及下車，先命叔孫通草緜蕝之儀，救擊柱之弊。其後張蒼治律曆，陸賈撰《新語》，曹參薦蓋公言黄老，惠帝除挾書之律，儒者始以其業行於民間。

按：《史記·李斯傳》「若有欲學者，以吏爲師」，《秦始皇本紀》作「若欲有學法令，以吏爲師」，徐廣曰「一無『法令』二字」。是徐廣見歆未改之本，正與《李斯傳》同。且博士所職，秦既不焚，博士七十，若不以教

❶「奮」，原作「憤」，據《隋書》改。

士，將何置焉？「法令」二字爲歆竄入，《志》爲其所惑也。按高祖入關，除秦苛法，約法三章，蕭何定律九章，挾書之苛法，早在入關蠲除之例，何待惠帝乎！《漢書》爲歆所作，當有竄入。《史記·儒林傳》稱：「故漢興，然後諸儒始得修其經藝，講習大射、鄉飲之禮。叔孫通作漢禮儀，因爲太常，諸生弟子共定者咸爲選首，於是喟然歎興於學。」即《漢志》亦云：「漢興，改秦之敗，大收篇籍。」何嘗云至惠帝始得行其業乎！且博士具官，六經具完，挾書之律即未除，博士之傳自若。兩漢人無不之長安受業博士者，仍秦制也。此《志》自未知之，故多誤據。

昔宓犧氏始畫八卦，以通神明之德，以類萬物之情。蓋因而重之，爲六十四卦。及乎三代，實爲三《易》，夏曰《連山》，殷曰《歸藏》，周文王作卦辭，謂之《周易》。周公又作爻辭，孔子爲《彖》、《象》、《繫辭》、《文言》、《序卦》、《說卦》、《雜卦》，而子夏爲之《傳》。及秦焚書，《周易》獨以卜筮得存。唯失《說卦》三篇，後河內女子得之。

伏犧六十四卦，文王作卦辭，周公作爻辭，孔子作《十翼》，皆僞說，辨見前。至《子夏傳》，《漢志》不著；且《易》不傳於子夏，漢人無是說，蓋六朝之僞書也。至云「及秦焚書，《周易》獨以卜筮得存，唯失《說卦》三篇，後河內女子得之」。考《法言·問神篇》云：「《易》損其一也，雖蠢知闕焉。」《論衡·正說篇》云：「至孝宣皇帝之時，河內女子發老屋得逸《易》、《禮》、《尚書》各一篇奏之。宣帝下示博士，然後《易》、《禮》、《尚書》各益一篇，而《尚書》二十九篇始定矣。」按此說河內女子僅得《易》一篇，即《說卦》也。《說卦》說震、離、兑、坎四卦方位及諸象，與京、焦《易卦氣圖》同，其爲京、焦學者所僞無疑。孔子傳《易》，自商瞿至楊何，太史談受之而傳於遷，未聞有缺。而忽云「有所亡失」，其僞易見。《論衡》祇言「河内女子得《易》一篇」，而此乃云「失《説卦》三篇，後河内女子得之」，因河内之事而又附會其説，其僞尤易見。蓋《説卦》與《泰誓》同出，爲武、宣時人僞撰。《序卦》、《雜卦》始見於《漢書·藝文志》，《儒林傳》取足十篇而爲十翼，蓋劉歆所僞。《雜卦》訓詁與《爾雅》同，并附之於河内所得，以崇尊之而泯其迹。幸賴此志之文，猶令後人有考也。

漢初，傳《易》者有田何。何授丁寬，寬授田王孫，王孫授沛人施讎、東海孟喜、郎邪梁丘賀，由是有施、孟、梁丘之學。又有東郡京房，自云受《易》於梁國焦延壽，别爲京氏學，嘗立，後罷。後漢施、孟、梁丘、京氏凡四家並立，而傳者甚衆。漢初又有東萊費直傳《易》，其本皆古字，號曰古文《易》，以授郎邪王璜。璜授沛人高相，相以授子康及蘭陵毋將永。故有費氏之學，行於人間，而未得立。後漢陳元、鄭衆皆傳費氏之學，馬融又爲其《傳》，以授鄭玄。玄作《易注》，荀爽又作《易傳》。魏代王肅、王弼並爲之注。自是費氏大興，高氏遂衰。梁丘施氏、高氏亡於西晉，孟氏、京氏有書無師。梁、陳，鄭玄、王弼二注列於國學，齊代唯傳鄭義。至隋，王注盛行，鄭學寖微，今殆絶矣。《歸藏》，漢初已亡。按晉《中經》有之，唯載卜筮，不似聖人之旨。以本卦尚存，故取冠於《周易》之首，以備殷《易》之缺。

費氏《易》，辨見前。《歸藏》之名，爲劉歆僞撰《周官》所稱三《易》者，至實而造作一書，又爲六朝之僞妄，與王肅古文《尚書》同者，抑不足辨也。

《書》之所興，蓋與文字俱起。孔子觀書周室，得虞、夏、商、周四代之典，删其善者，上自虞，下至周爲百篇，編而序之。遭秦滅學，至漢，唯濟南伏生口傳二十八篇，又河内女子得《泰誓》一篇，獻之。《書序》爲劉歆僞作，另篇辨之。伏生所傳僅二十八篇，當時以比二十八宿，并後得之《泰誓》乃爲二十九篇。《史記》、《漢書》《儒林傳》皆未分明，唯此志最得其實。陸德明《經典釋文·序録》不考伏生所傳篇數，誤會班、馬，則并後得以爲三十篇，可笑甚矣。

伏生作《尚書傳》四十一篇，以授同郡張生。張生授千乘歐陽生，歐陽生授同郡兒寬，❶寬授歐陽生之子，世世傳之，至曾孫歐陽高，謂之《尚書》歐陽之學。又有夏侯都尉受業於張生，以授族子始昌，始昌傳族子勝，爲大夏侯之學。勝傳從子建，别爲小夏侯之學。故有歐陽、大小夏侯三家並立。訖漢東京，相傳不絶，而歐陽最盛。初，漢武帝時，魯共王壞孔子舊宅，得其末孫惠所藏之書，字皆古文，孔安國以今文校之，得二十五篇。其《泰誓》與河内女子所獻不同，又濟南伏生所誦有五篇相合。安國並依古文開其篇第，以隸古字寫之，合成五十八篇。其餘篇簡錯亂，不可復讀，並送之官府。安國又爲五十八篇作《傳》，會巫蠱事起，不得奏上，私傳其業於都尉朝，朝授膠東庸生，謂之《尚書》古文之學，而未得立。後漢扶風杜林傳古文《尚書》，同郡賈逵爲之作《訓》，馬融作《傳》，鄭玄亦爲之注。然其所傳唯二十九篇，又雜以今文，非孔舊本，自餘絶無師説。

辨皆見前。

❶ 「授」，原作「受」，據《隋書》改。

晉世祕府所存，有古文《尚書》經文，今無有傳者。及永嘉之亂，歐陽、大小夏侯《尚書》並亡。

諸經多亡於永嘉之亂。然自歐陽、大小夏侯既亡，古文十六篇亦不傳，則是《尚書》真僞俱亡。《晉書》荀崧疏謂「自喪亂以來，儒學尤寡，今處學則闕朝廷之秀，仕朝則廢儒學之俊」。然晉人戎狄之亂華猶少，老、莊之滅學最深。故暴秦焚坑，而猶有伏、申、轅固、韓嬰、高堂、胡、董之師傳；典午淪墜，則并韋逞之母，不可多得矣。士不悦學之禍，其患乃過王者之焚，豈不烈哉！劉歆古文亡於何日，實不可考，閻氏《古文尚書疏證》據此以爲亡於永嘉之世，於是梅賾得因隙以獻之。然《晉書·荀崧傳》，崧疏稱武帝時置博士已有孔氏，則是僞《孔傳》已行於西晉。蓋王肅僞爲古文《書》以奪鄭學，以外祖之故，武帝尊之，爲立博士，此文足據。至永嘉亂後，梅賾復獻之耳，非始於梅賾。劉歆古文之亡於永嘉，疑或然也。

濟南伏生之傳，唯劉向父子所著《五行傳》，是其本法，而又多乖戾。

向則伏生之學，歆則反是。《五行傳》具在，今可覆按。「乖戾」即由於此，作志者自不知耳。

至東晉，豫章内史梅賾始得安國之《傳》，奏之。時又闕《舜典》一篇。齊建武中，吴姚興方於大航市得其書，奏上，比馬、鄭所注多二十八字，於是始列國學。梁、陳所講有孔、鄭二家，齊代唯傳鄭義。至隋，孔、鄭並行，而鄭氏甚微。自餘所存，無復師説。又有《尚書》逸篇出於齊、梁之間。考其篇目，似孔壁中《書》之殘缺者，故附《尚書》之末。

梅賾所獻之僞《古文》，國朝閻氏若璩《古文尚書疏證》攻難不遺。然僞古文實出王肅，唯肅之學乃能爲之。肅既僞《書》，又僞《家語》以證之，與劉歆同一心法。武帝時立學官，梅賾不過再獻之，如陳元、韓歆請立《左氏》之類。此志謂東晉「梅賾始得」，「齊建武中列國學」，殆未爲確也。獨晉世祕府既有古文，鄭注又復行世，逸篇尚見於齊、梁間，篇目同十六篇之舊，則真僞易見。何無人據《漢書·藝文志》十六篇之説以折之？亦可異事也。然古文亦爲僞作，則王肅之書爲僞中之僞。於今梅、閻、惠、江、王、孫數家之書彰彰大行，童學皆知，此不復及。

《詩》者，所以導達心靈，歌詠情志也，故曰「在心爲志，發言爲詩」。上古人淳俗樸，情志未惑。其後君尊於上，臣卑於下，面稱爲諂，目諫爲謗，故誦美譏惡，以諷刺之。初但歌詠而已，後之君子因被管絃，以存勸戒。夏殷已上，詩多不存。周氏始自后稷，而公劉克篤前烈，太王肇基王迹，文王光昭前緒，武王克平殷亂，成王、周公化至太平，誦美盛德，踵武相繼。幽、厲板蕩，怨刺並興。其後王澤竭而《詩》亡，魯太師摯次而録之。

按：《史記·十二諸侯年表》：「太史公讀《春秋曆譜諜》，至周厲王，未嘗不廢書而歎曰：嗚呼！師摯見之矣！紂爲象箸而箕子唏。周道缺，「周」字當是「商」字之誤。詩人本之衽席，《關雎》作。仁義陵遲，《鹿鳴》刺焉。」《韓詩外傳》：「有瞽有瞽，在周之庭，紂之餘民也。」卷三。《漢書·古今人表》以太師摯諸人次之第三等，在祖伊之後，虢中、虢叔之前，與微子、箕子、比干、膠鬲、微中、商容、師涓、梅伯、邢侯、鬼侯同列。師古注曰：「自師摯以下八人，皆紂時奔走分散而去，鄭玄以爲周平王時人，非也。」《史記·周本紀》：「太師疵、少師彊抱其樂器而奔周。」「疵」與「摯」、「彊」與「陽」音近。《論語》曰「師摯之始，《關雎》之亂」，蓋《關雎》樂章作於師摯。《汝墳》稱「王室如燬」，《文王》稱「天命靡常」，洋洋盈耳之時，正靡靡溺音之日，西漢今文家説莫不同之。此云「其後王澤竭而《詩》亡，魯太師摯次而録之」，蓋鄭學盛行，隋、唐人皆用其説，不足據也。然《史記・禮書》云：「仲尼没後，受業之徒，沈湮而不舉，或適齊、楚，或入河海。」此謂弟子，非指疵、彊諸人。注家之誤，蓋緣此也。

孔子删《詩》，上采商，下取魯，凡三百篇。

《史記》、《漢書》皆作「三百五篇」，此云「三百篇」，或脱文。

至秦，獨以爲諷誦不滅。漢初，有魯人申公受《詩》於浮丘伯，作《詁訓》，是爲《魯詩》；齊人轅固生亦傳《詩》，是爲《齊詩》；燕人韓嬰亦傳《詩》，是爲《韓詩》。終於後漢，三家並立。漢初又有趙人毛萇善《詩》，自云子夏所傳，作《訓詁傳》，是爲《毛詩》古學，而未得立。後漢有九江謝曼卿善《毛詩》，又爲之《訓》。東海衛敬仲受學於曼卿。先儒相承，謂之《毛詩序》，子夏所創，毛公及敬仲又加潤益。鄭衆、賈逵、馬融並作《毛詩傳》，鄭玄作《毛詩箋》。《齊詩》，魏代已亡。《魯詩》亡於西晉。《韓詩》雖存，無傳之者。唯《毛詩》鄭箋至今獨立。又有《業詩》，宋奉朝請業遵所注，立義多異，世所不行。

《毛詩序》辨見《經典釋文》。《毛詩》在後漢甚孤。自鄭箋大行，而三家遂亡矣。若業注者，其朱《傳》之先聲邪！自大道既隱，天下爲家。先王制其夫婦、父子、君臣上下親疏之節，至於三代，損益不同。周衰，諸侯僭忒，惡其害己，多被焚削，自孔子時已不能具，至秦而頓滅。漢初有高堂生傳十七篇。又有古經出於淹中，而河間獻王好古愛學，收集餘燼，得而獻之，合五十六篇，並威儀之事；而又得司馬穰苴《兵法》一百五十五篇及《明堂陰陽》之記，並無敢傳之者。唯古經十七篇與高堂生所傳不殊，而字多異。自高堂生至宣帝時，后倉最明其業，乃爲《曲臺記》。倉授梁人戴德及德從兄子聖、沛人慶普，於是有大戴、小戴、慶氏三家並立。後漢唯曹充傳慶氏，以授其子褒。然三家雖存並微，相傳不絶。漢末，鄭玄傳小戴之學，後以古經校之，取其於義長者作注，爲鄭氏學。其《喪服》一篇，子夏先傳之，諸儒多爲注解，今又別行。鄭氏本傳小戴今學，志云「後以古經校之，取其於義長者作注」，則康成定本以古爲主，其害則在雜揉今古也。然自此大小戴、慶氏之學亡矣。

而漢時有李氏得《周官》。

劉歆僞撰《周官》，託出河間，無云李氏得之。此又魏、晉後增造之僞經説也。

《周官》，蓋周公所制官政之法。上於河間獻王，獨闕《冬官》一篇。獻王購以千金不得，遂取《考工記》以補其處，合成六篇，奏之。至王莽時，劉歆始置博士，以行於世。河南緱氏及杜子春受業於歆，因以教授。是後馬融作《周官傳》，以授鄭玄，玄作《周官注》。漢初，河間獻王又得仲尼弟子及後學者所記一百三十一篇獻之，時亦無傳之者。至劉向考校經籍，檢得一百三十篇，向因第而敘之；而又得《明堂陰陽記》三十三篇，《孔子三朝記》七篇，《王氏史氏記》二十一篇，《樂記》二十三篇，凡五經，合二百十四篇。戴德刪其煩重，合而記之，爲八十五篇，謂之《大戴記》；而戴聖又刪大戴之書爲四十六篇，謂之《小戴記》。漢末，馬融遂傳小戴之學。融又作《月令》一篇、《明堂位》一篇、《樂記》一篇，合四十九篇。而鄭玄受業於融，又爲之注。今《周官》六篇，《古經》十七篇，《小戴記》四十九篇，凡三種，唯鄭《注》立於國學。其餘並多散亡，又無師説。

右辨皆見前。唯此志獨稱「戴聖又刪大戴之書爲四十六篇。漢末馬融遂傳小戴之學。融又作《月令》一篇、《明堂位》一篇、《樂記》一篇，合四十九篇」。是二戴相傳經師之學，皆無《月令》、《明堂位》、《樂記》可見。蓋《月令》、《明堂位》僞作於劉歆，《樂記》亦歆所改竄者。《漢書·魏相傳》言「相數表采《易陰陽》及《明堂》、《月令》」，亦歆所竄入者。《禮記·樂記》正義引《别録》作「四十九篇」。《别録》爲歆所作，則四十九篇之名定於歆無疑，特密傳至馬融注《小戴記》始大顯。鄭康成受業於融，爲之作注。千餘年來，鄭注立於學。學者自少習鄭氏，忘《月令》、《明堂位》、《樂記》之所出。賴此志述其源流，猶能見竄僞之迹耳。

《春秋》者，魯史策書之名。昔成周微弱，典章淪廢，魯以周公之故，遺制尚存。仲尼因其舊史，裁而正之，或婉而成章以存大順，或直書其事以示首惡。故有求名而亡，欲蓋而彰，亂臣賊子於是大懼。其所襃貶，不可具書，皆口授弟子。弟子退而異説。左丘明恐失其真，乃爲之《傳》。遭秦滅學，口説尚存。漢初有公羊、穀梁、鄒氏、夾氏四家並行。王莽之亂，鄒氏無師，夾氏亡。初，齊人胡毋子都傳《公羊春秋》，授東海嬴公，嬴公授東海孟卿，孟卿授魯人眭孟，眭孟授東海嚴彭祖、魯人顔安樂。故後漢《公羊》有嚴氏、顔氏之學，與《穀梁》三家並立。漢末，何休又作《公羊解詁》。❶而《左氏》漢初出於張蒼之家，本無傳者。至文帝時，梁太傅賈誼爲《訓詁》，授趙人貫公。其後劉歆典校經籍，考而正之，欲立於學，諸儒莫應。至建武中，尚書令韓歆請立，而未行。時陳元最明《左傳》，又上書訟之。於是乃以魏郡李封爲《左氏》博士。後羣儒蔽固者，數廷争之，及封卒，遂罷。然諸儒傳《左氏》者甚衆。永平中，能爲《左氏》者，擢高第爲講郎。其後賈逵、服虔並

❶「詁」，原作「説」，據重刻本改。

爲訓解，至魏遂行於世。晉時，杜預又爲《經傳集解》。《穀梁》范甯注，《公羊》何休注，《左氏》服虔、杜預注，俱立國學，然《公羊》、《穀梁》但試讀文，而不能通其義。後學三傳通講，而《左氏》唯傳服義。至隋，杜氏盛行，服義及《公羊》、《穀梁》寖微，今殆無師説。

《左氏》書爲歆僞造，辨見前。蓋歆僞經以《左氏》爲根柢。《左氏》既盛，諸僞經符應皆合，故爲歆之學者爭之最力，自東漢後遂行。至隋、唐，則《公》、《穀》無師説，其微如此。近人多惜服氏之説亡。然服、杜皆歆僞學，存亡不足計也。《漢書·律曆志》《匡衡傳》皆以《國語》爲《春秋外傳》，蓋亦歆竄入者。受其學者若賈逵之徒，多以《國語》爲《春秋外傳》。既以左氏《國語》加書法爲《春秋左氏傳》，自以補緝之《國語》爲《春秋外傳》。是「大學士申公隔壁」之銘旌，展轉謬傳，祇供捧腹者也。然劉向五十四篇之《國語》，《隋志》不可見，豈非真亡之乎？

夫孝者，天之經，地之義，人之行。自天子達於庶人，雖尊卑有差，及乎行孝，其義一也。先王因之以治國家，化天下，故能不嚴而順，不肅而成。斯實生靈之至德，王者之要道。孔子既敘六經，題目不同，指意差別，恐斯道離散，故作《孝經》以總會之，明其枝流雖分，本萌於孝者也。遭秦焚書，爲河間人顔芝所藏。漢初，芝子貞出之，凡十八章，而長孫氏、博士江翁、少府后倉、諫議大夫翼奉、安昌侯張禹，皆名其學。又有古文《孝經》，與古文《尚書》同出，而長孫有《閨門》一章，其餘經文大較相似。篇簡缺解，又有衍出三章，并前合爲二十二章，孔安國爲之《傳》。至劉向典校經籍，以顔本比古文，除其繁盛，以十八章爲定，鄭衆、馬融並爲之注。又有鄭氏注，相傳或云鄭玄。其立義與玄所注餘書不同，故疑之。梁代，安國及鄭氏二家並立國學，而安國之本亡於梁亂。陳及周、齊，唯傳鄭氏。至隋，祕書監王劭於京師訪得孔傳，送至河間劉炫。炫因序其得喪，述其議疏，講於人間，漸聞朝廷，後遂著令與鄭氏並立。儒者諠諠，皆云炫自作之，非孔舊本，而祕府又先無其書。又云魏氏遷洛，未達華語，孝文帝命侯伏、侯可、悉陵，以夷言譯《孝經》之旨，教於國人，謂之《國語孝經》。今取以附此篇之末。

《孝經》古文之僞，鄭注之可信，辨見前。山陽丁晏曰：「孔安國之書久亡，其傳者皆僞本，非真古文。《隋志》之説覈矣。邢疏引唐司馬貞議曰：『今文《孝經》是漢河間王所得顔芝本。至劉向以此參校古文，省除煩惑，定此一十八章。其古文二十二章無出《唐會要》、《册府元龜》作「元出」。孔壁。先是安國作《傳》，緣遭巫蠱，未之行也。荀昶集注之時，尚未見孔《傳》。中朝遂亡其本。近儒欲崇古學，妄作傳學，假稱孔氏，輒穿鑿更改，又僞作《閨門》。劉炫詭隨，妄稱其善。且「閨門」之義，近俗之語，必非宣尼正説。按：其文云：「閨門之内具禮矣，《唐會要》「矣」下有「乎」字。嚴親嚴兄，妻子臣妾，繇百姓徒役也。」是比妻子於徒役。文句凡鄙，不合經典。又分《庶人章》從「故自天子已下」別爲一章，仍加「子曰」二字。然「故」者，逮下之辭，既是章首，不合言「故」。是古人既没，後人妄開此等數章以應二十二章之數，非但經文不真，抑亦傳文淺僞。又注「用天之道，分地之利」，其略曰：「脱之《文苑英華》作「脱衣」。應功，暴其肌體，朝暮從事，露髮跣足，少而習之，其心安焉。」此語雖旁出諸子，而引之爲注，何言之鄙俚乎！』小司馬辨古文孔《傳》之僞，説最明確。」《孝經徵文》。唐開元十年，明皇取王肅、劉邵、虞翻、韋昭、陸澄、劉炫之説，親注《孝經》，八分書之，立於國學，所謂《石臺孝經》也。蓋展轉傳謬，歧路有歧，今古雜合，幾於不可詰矣。宋至和元年，司馬光上《古文孝經指解》一卷，則劉炫僞古文之餘波。淳熙十三年，朱子撰《孝經刊誤》一卷，取《古文孝經》分爲經一章，傳十四章，删去「子曰」者二，引《書》者一，引《詩》者四，共二百二十三字，後有《自記》，述胡侍郎、汪端明語。僞中又僞，紛紛竄亂，殆更不足辨矣。

按：《史記》述六經不及《孝經》。然出於西漢前，緯書甚尊之。其後得而尊崇類《泰誓》，其文辭義理蓋《禮記》之倫，不解何緣推崇至是？於是劉歆僞爲古文，託爲孔安國之説於前，劉炫僞爲孔安國傳於後，僞中作僞，正與《尚書》同。而劉炫作僞，人能攻之；王肅作僞，千年無人疑之者，抑又少異。而豐蔀雖深，久而必露。至今諸僞真隱盡發，究何益邪！

《論語》者，孔子弟子所録。孔子既敘六經，講於洙、泗之上，門徒三千，達者七十。其與夫子應答及私相講肄，言合於道，或書之於紳，或事之無厭。仲尼既没，遂緝而論之，謂之《論語》。漢初有齊、魯之説，其齊人傳者二十二篇，魯人傳者二十篇。齊則昌邑中尉王吉、少府宗畸、御史大夫貢禹、尚書令五鹿充宗、膠東庸生。魯則常山都尉龔奮、長信少府夏侯勝、韋丞相節侯父子、魯扶卿、前將軍蕭望之、安昌侯張禹，並名其學。張禹本授《魯論》，晚講《齊論》，後遂合而考之，删其煩惑，除去《齊論·問王》《知道》二篇，從《魯論》二十篇爲定，號《張侯論》，當世重之。周氏、包氏爲之章句，馬融又爲之訓。又有《古論語》，與《古文尚書》同出。章句煩省，與《魯論》不異，唯分《子張》爲二篇，故有二十一篇，孔安國爲之傳。

《古論語》爲劉歆僞作，辨見前。按《論衡·正説篇》云：「漢興失亡，至武帝，發取孔子壁中古文，得二十一篇，齊、魯二，河間九篇：三十篇，至昭帝女讀二十一篇。宣帝下太常博士，時尚稱書難曉，名之曰傳，後更隸寫以傳誦。初，孔子孫孔安國以教魯人扶卿，官至荆州刺史，始曰《論語》。今時稱《論語》二十篇，又失齊、魯、河間九篇。本三十篇，分布亡失，或二十一篇。目或多或少，文讚或是或誤。❶說《論語》者，但知以剥解之問，以纖微之難，不知存問本根篇數章目。」以此論之，則劉歆所僞爲三十篇與《漢志》不同者，蓋歆作《七略》時，未僞河間之九篇也。此志尚用《漢志》説。

漢末，鄭玄以《張侯論》爲本，參考《齊論》、《古論》，而爲之注。魏司空陳羣、太常王肅、博士周生烈皆爲義説，吏部尚書何晏又爲《集解》。是後諸儒多爲之注。《齊論》遂亡，《古論》先無師説。梁、陳之時，唯鄭玄、何晏立於國學，而鄭氏甚微。周、齊，鄭學獨立。至隋，何、鄭並行，鄭氏盛於人間。其《孔叢》、《家語》，並孔氏所傳仲尼之旨。《爾雅》諸書，解古今之意，并「五經總義」附於此篇。

《漢志》以「五經雜議」、《爾雅》附《孝經》家。《隋志》用其例，又用《經典釋文》例，以《孝經》爲孔子作，移在《論語》先。若夫鄭氏注已參考《古論》，則《論語》已雜亂而「盛於人間」，抑可想矣。何晏更以孔安國爲主，而諸家多皆古學也。許慎《五經異義》，蓋專主僞古學者也。《爾雅》之僞辨見前。《孔叢》、《家語》二書，姚際恒《古今僞書考》已著之，今不及。

《易》曰：「河出圖，洛出書。」然則聖人之受命也，必因積德累業，豐功厚利，誠著天地，澤被生人，萬物之所歸往，神明之所福饗，則有天命之應。蓋龜龍銜負，出於河、洛，以紀易代之徵，其理幽昧，究極神道。先王

❶「文讚或是」，重刻本作「或是文讚」。

恐其惑人，祕而不傳。說者又云，孔子既敘六經以明天人之道，知後世不能稽同其意，故别立緯及讖，以遺來世。其書出於前漢，有《河圖》九篇，《洛書》六篇，云自黄帝至周文王所受本文。又别有三十篇，云自初起至於孔子九聖之所增演，以廣其意。又有《七經緯》三十六篇，並云孔子所作，并前合爲八十一篇。而又有《尚書中候》、《洛罪級》、《五行傳》，《詩推度災》、《氾曆樞》、《合神務》，《孝經句命決》、《援神契》，《雜讖》等書。漢代有郗氏、袁氏說。漢末，郎中郗萌集圖、緯、讖、雜占爲五十篇，謂之《春秋災異》，宋均、鄭玄並爲讖律之注。然其文辭淺俗，顛倒舛謬，不類聖人之旨。相傳疑世人造爲之，後或者又加點竄，非其實録。起王莽好符命，光武以圖讖興，遂盛行於世。漢時又詔東平王蒼正五經章句，皆命從讖。俗儒趨時，益爲其學，篇卷第目，轉加增廣。言五經者皆憑讖爲說，唯孔安國、毛公、王璜、賈逵之徒獨非之，相承以爲妖妄，亂中庸之典。故因漢魯共王、河間獻王所得古文，參而考之，以成其義，謂之古學。當世之儒，又非毁之，竟不得行。魏代王肅推引古學以難其義，王弼、杜預從而明之，自是古學稍立。至宋大明中，始禁圖讖。梁天監已後，又重其制。及高祖受禪，禁之踰切。煬帝即位，乃發使四出，搜天下書籍與讖緯涉者，皆焚之；爲吏所糾者，至死。自是無復其學，祕府之内亦多散亡。今録其見存，列於六經之下，以備異說。

緯書雖多誕奇之說，然出西漢以前，與今文博士說合，猶無劉歆僞說也。其時與古說合者，則歆所竄入，大致則與古文絶界分疆者也。孔安國、毛公，歆所僞託。王璜、賈逵，歆之傳衣。微恉在變易今文，故攻緯以爲妖妄，蓋今古學勢不兩立故也。緯與讖異。《漢書・王莽傳》「徵通圖讖者」，是讖乃歆、莽之學。

歆所攻者，蓋專在緯也。天監、隋煬兩次禁焚，緯書幾盡。孔子之學，一遇秦焚，再遇隋焚，❶何不幸也！後儒忘緯書之本原，附會歆、逵之説而並黜之，致使今學之説頓盡，而不得與秦焚並歎，豈不惜哉！然志稱「因魯共王、河間獻王所得古文以成古學，世儒又非毀之」，此敘今古學之異；又云「王弼、杜預明之，自是古學稍立」，古學實成於康成，此云「立」者，立於學官也。六朝受鄭學之餘，以古學爲主，而忘今古學之分，久矣。此志猶能別白言之。宋、明至今，罕有識今古學之殊矣。

孔子曰：「必也正名乎！」名謂書字。「名不正則言不順，言不順則事不成。」説者以爲書之所起，起自黄帝、蒼頡。比類象形謂之文，形聲相益謂之字，著於竹帛謂之書，故有象形、諧聲、會意、轉注、假借、處事六義之别。古者童子示而不誑，六年教之數與方名，十歲入小學學書計，二十而冠，始習先王之道，故能成其德而任事。然自蒼頡訖於漢初，書經五變：一曰古文，即蒼頡所作；二曰大篆，周宣王時史籀所作；三曰小篆，秦時李斯所作；四曰隸書，程邈所作；五曰草書，漢初作。秦世既廢古文，始用八體，有大篆、小篆、刻符、摹印、蟲書、署書、殳書、隸書。漢時以六體教學童，有古文、奇字、篆書、隸書、繆篆、蟲鳥；并藁書、楷書、懸針、垂露、飛白等二十餘種之勢，皆出於上六書，因事生變也。魏世又有八分書。其字義訓讀，有《史籀篇》、《蒼頡篇》、《三蒼》、《埤蒼》、《廣蒼》等諸篇章，《訓詁》、《説文》、《字林》、《音義》、《聲韻》、《體勢》等諸書。自後漢佛法行於中國，又得西域胡書，能以十四字貫一切音，文省而義廣，謂之婆羅門書，與八體六文之義殊

❶「一遇」至「隋焚」八字，重刻本作「再遇秦焚」。

別，今取以附「體勢」之下。又後魏初定中原，軍容號令皆以夷語，後染華俗，多不能通，故録其本言，相傳教習，謂之國語，今取以附「音韻」之末。又後漢鐫刻七經，著於石碑，皆蔡邕所書；魏正始中，又立《一字石經》，相承以爲七經正字。後魏之末，齊神武執政，自洛陽徙於鄴都，行至河陽，值岸崩，遂没於水，其得至鄴者不盈大半。至隋開皇六年，又自鄴京載入長安，❶置於祕書内省，議欲補緝，立於國學。尋屬隋亂，事遂寢廢，營造之司，因用爲柱礎。貞觀初，祕書監臣魏徵始收聚之，十不存一。其相承傳拓之本，猶在祕府，并秦帝刻石附於此篇，以備小學。

凡志所録《古今字詁》三卷，《古今字書》十卷，《古文官書》一卷，《古文奇字》一卷，《六文書》一卷，《古今八體六文書法》一卷，《古今篆隸雜字體》一卷，《古今文等書》一卷，《古今字圖雜録》一卷，蓋歆既作僞，復散所造古文字於天下，至隋、唐時所存，猶若是之多，抑可見矣。

❶「自」，原作「以」，據《隋書》改。

新學僞經考卷十二上

僞經傳授表第十二上

劉歆之撰僞經也，託於通人，傳於校書，統一於鄭玄，布濩衍溢於魏、晉、六朝之儒，決定於隋、唐之陸德明、孔穎達、賈公彦，遂至於今。千年中師儒傳授，黌舍講誦，衿纓侁侁，以究以宣，巨萬億千。洋蕩乎域外，日本、高麗、新羅、百濟之區，椎魁、編髮、文身之民，共尊傳之，其浩遠也如此。譬若僞朝，傳統數十，悉主悉臣，巨才鴻智，彌塞恢綸，青史氏不能廢掩焉。今爲之表，著其傳授。自西漢以前，爲歆僞託，不復録。自唐以後，辭章盛而專門之學衰。宋、明儒雖出僞經，而亦無傳經之派。今以陸、孔爲斷限焉。嗚呼！觀僞經所由始及僞經所由終，亦天地間教術之大變矣。按：《後漢書·儒林傳》云：「自是費氏興而京氏遂衰。」《經典釋文》云：「永嘉之亂，施、梁丘之《易》亡，孟、京之《易》，人無傳者。」又云：「《齊詩》久亡，《魯詩》不過江東，《韓詩》雖在，人無傳者。」《北史·儒林傳》云：「《公羊》、《穀梁》二傳，儒者多不厝懷。」蓋今學掃地盡矣。季漢之後，於《易》則有鄭氏、王氏，《書》則鄭氏、孔氏，《詩》則毛、鄭，《禮》則鄭氏、王氏，《春秋》有服氏、杜氏，故魏、晉、六朝之學盡僞經矣。近儒於《易》，以虞爲孟，以陸爲京。今考虞翻謂其先人解經「疏闊」，且以爲漢初以來「讀《易》者解之率少」，而獨與荀、馬、鄭、宋較長，又兼注《國語》，屢引《周官》，是深入歆蔀，出於費《易》而微異者，於其家學則全非矣。陸績與翟玄、姚信、蜀才、干寶之倫，皆爲荀氏《集解》所採，九家以荀爲主，則皆費學；而六日七分、飛伏世應之術，九家咸有者，則歆僞費主張卜筮，已兼採京説也；其以《繫辭》、《文言》十篇解經，則兼施、孟、梁丘説，故鄭、王二派範圍罔外，皆歆學也。夫自京出而孟微，其並稱京、孟者，皆京氏也；費出而京微，其號爲孟、京者，皆費氏也。范蔚宗「費氏興而京氏衰」一言，最足信據，持此以斷，億不失一矣。魏、晉《易》家，源派謬亂，世儒議論紛如，今辨正之，而録入僞費焉。《書》則僞中出僞，歆、玄之學，唯河北一綫存焉，大江南則王肅之學日盛。非歆先作俑焉，肅奚能託於古文哉！今大書王肅以著代興。然肅又與歆異，故爲肅學者不復列焉。其餘《詩》並主毛，《禮》同遵鄭。若《公》、《穀》二傳，唯王、接。范甯。二人，「庭堅不祀忽諸」久矣。其混一之迹，學者共見，不復論列也。綜拔厥緒，劉歆創之以居首，鄭玄行之以居中，孔穎達、賈公彦、陸德明大定之以居終，有傳授可考者敘之，無則以時代次焉。屬門人新會梁啓超搜集羣書，表之如左。首《易》，次《書》，次《詩》，次《禮》、《春秋》，僞經之序也，今亦依之。至《論語》、《孝經》本爲傳記，不當與六藝同科，其以《爾雅》附於《孝經》，小學附於六藝，尤爲巨謬，諸家目録率以爲準，今並革之，釐爲上下二卷，俾勿與經並行，以惑學者。

《論語》、《孝經》，南、北朝學者莫不通習，今唯取有撰述者著焉。文字、聲音、訓詁之學，爲歆創古文所僞造，而二千年來持以代聖統者，其流毒最甚矣，列爲一表。《爾雅》亦改從小學焉。其有達才通人，大有功於僞學者，及所著書爲羣經義者，或學人而無專經不見於諸表者，統名「通學」，別爲一表附於後。

費《易》	劉歆 王璜　劉歆傳業。
古文《尚書》	劉歆 胡常　劉歆傳業。 徐敖　胡常弟子。 王璜　徐敖弟子。 塗惲　徐敖弟子。 桑欽　塗惲弟子。 賈徽　塗惲弟子。
《毛詩》	劉歆 徐敖　劉歆傳業。 陳俠　徐敖弟子。 謝曼卿　陳俠弟子，有《毛詩訓》。 賈徽　謝曼卿弟子。
《周官》 三《禮》附	劉歆 杜子春　劉歆弟子。 陳參　劉歆傳業。 賈徽　劉歆弟子。
《左氏春秋》 《國語》附	劉歆 胡常　劉歆傳業。 賈護　劉歆傳業。 李守　劉歆弟子。 丁隆　劉歆弟子。 賈徽　劉歆弟子。有《左氏條例》。

陳欽 劉歆傳業。	鄭興 劉歆傳業。○按欽、興傳皆不言其傳《易》。然欽爲莽師，興，歆弟子，陳元、鄭衆並傳父業，則元、衆之費《易》，必自欽、興來也。		陳元 陳欽子。
		賈逵 賈徽子，有《尚書古文同異》。	杜林 有漆書《古文尚書》。
	鄭興 劉歆弟子。	賈逵 賈徽子，有《毛詩雜議難》十卷。	
	鄭興 劉歆弟子，有《周官解詁》。	賈逵 賈徽子，有《周官解詁》。	
陳欽 賈護弟子，王莽師。	鄭興 劉歆弟子，有《春秋條例》、《章句》、《訓詁》。	賈逵 賈徽子，有《左氏傳解詁》三十卷，《春秋左氏長經》二十卷，《春秋釋訓》一卷，《春秋三家經本訓詁》十二卷，《國語解詁》。	陳元 陳欽子，有《春秋訓詁》、《左氏同異》。

鄭衆　鄭興子。 **徐宣**　按宣爲王莽講《易》大夫，蓋亦歆傳業也，附於此。
衛宏　杜林弟子，有《古文尚書訓旨》。 **徐巡**　杜林、衛宏弟子。 **蘇竟**　按竟爲王莽講《書》祭酒，蓋亦歆傳業也，附於此。
鄭衆　鄭興子。 **衛宏**　謝曼卿弟子，有《毛詩序》。 **徐巡**　衛宏弟子。
鄭衆　鄭興子，有《周官解詁》。 **衛宏**　有《周官解詁》。
鄭衆　鄭興子，有《春秋難記條例》九卷，《春秋删》十九卷，《國語章句》。 **崔瑗**　賈逵弟子。 **馬嚴**　陳元弟子。 **鄭安世**　鄭衆子。 **賈伯升**　賈逵孫。 **堂谿典** **延篤**　賈伯升、堂谿典弟子。

韓歆 按歆建武中請立費氏易博士。 許淑	
蓋豫 周防 蓋豫弟子，有《尚書雜記》三十二篇。	張楷 有《尚書注》。 楊秉 周磐 尹敏 度尚 孫期 劉祐 按以上七人傳授無
	尹敏
	吕叔玉
韓歆 按歆建武中請立《左氏春秋》博士。 許淑 有《左氏傳注解》。 李封	寇恂 馮異 周磐 濮陽闓 尹敏 張馴 高彪

考，其是否治古文不可知，或受於歆弟子也，唯據本傳録之。他放此。

許伯升

虞俊

陳紀

按以上十人傳授無考，其是否治《左氏》不可知，或受於歆弟子及再傳弟子也。

丁鴻

楊倫

孔僖

按以上三人不傳古文，辨見《後漢書·儒林傳》篇。

孔奮

孔奇

孔奮弟。

孔嘉

孔奮子。○按孔奮不傳《左氏》，辨見《後漢書·儒林傳》篇。云奇作《左氏删》，嘉作《左氏説》，亦不足信也。

		張衡
孔喬 孔子建 按古文家每欲託於孔氏，而不知孔氏實無古文也；喬與子建亦爲人所誣耳。	劉陶 有《中文尚書》。	
孔子建 辨同上。		
		張衡 有《周官訓詁》。
孔喬 辨同上。	劉陶 有《春秋條例》。 士燮 劉陶弟子，有《春秋左氏傳注》十一卷。	

許慎　賈逵弟子。○按慎非孟《易》，詳《後漢書·儒林傳》篇。	
許慎　賈逵弟子。	
許慎　賈逵弟子。	
趙岐 蔡邕　有《明堂月令章句》。 許慎　賈逵弟子。 景鸞　有《禮略》二卷，《月令章句》。	
許慎　賈逵弟子。 服虔　有《春秋左氏傳解義》三十一卷，《春秋左氏膏肓釋痾》十卷，《春秋漢議駁》十一卷，《春秋成長説》九卷，《春秋塞難》三卷，《春秋音隱》一卷。	楊賜

穎容

楊賜弟子，有《春秋左氏條例》。

邊讓

楊俊

邊讓弟子。

謝該

有《左氏釋》。

樂詳

謝該弟子。

孔融

有《春秋雜議難》五卷。

王玢

有《春秋左氏達義》一卷。

荀爽 有《周易注》十一卷，《九家易解》十卷。	馬融 有《周易注》一卷。 鄭玄 馬融弟子，有《周易注》九卷。
荀爽 有《尚書正經》。	張恭祖 馬融 有《尚書注》十一卷。 盧植 馬融弟子，有《尚書章句》。 鄭玄 張恭祖、馬融弟子，有《尚書注》九卷，《尚書音》一卷，《書贊》。
荀爽 有《詩傳》。	馬融 有《毛詩注》十卷。 盧植 馬融弟子。 鄭玄 馬融弟子，有《毛詩箋》二十卷，《毛詩譜》三卷，《毛詩音》。
荀爽 有《禮傳》。	張恭祖 馬融 有《周官禮注》十二卷。 盧植 馬融弟子，有《三禮解詁》。 鄭玄 張恭祖、馬融弟子，有《周官禮注》十二卷，《周禮音》一卷，《三禮音》一卷，《三
彭汪 有《左氏奇説》。 荀爽 有《春秋條例》。	張恭祖 馬融 有《三傳異同説》。 鄭玄 張恭祖、馬融弟子，有《春秋左氏分野》一卷，《春秋十二公名》一卷，《駁何氏

程秉 鄭玄弟子，有《周易摘》。 許慈 鄭玄再傳。 孫炎 鄭玄再傳，有《周易例》。	宋忠 有《易注》十卷。
程秉 鄭玄弟子，有《尚書駁》。 許慈 鄭玄再傳。	
王基 鄭玄弟子，有《毛詩駁》一卷。 許慈 鄭玄再傳。 孫炎 鄭玄再傳，有《毛詩注》。 劉宣 孫炎弟子。	
禮圖》。 鄭小同 鄭玄孫，有《禮義》。 許慈 鄭玄再傳。 孫炎 鄭玄再傳，有《周禮注》。 薛綜 鄭玄再傳，有《述鄭氏禮五宗圖》。	
漢議》二卷，《駁何氏漢議敘》一卷。 王基 鄭玄弟子。 許慈 鄭玄再傳。 孫炎 鄭玄再傳，有《春秋三傳國語注》。 劉宣 孫炎弟子。	宋忠

劉表 有《周易章句》五卷。 李譔 宋忠再傳，有《古文易指歸》。	鍾會 有《周易無互體論》。○按會與王弼同業，其闢互體，亦弼宗旨，不得謂非費學也。
李譔 有《古文尚書指歸》。	王粲 田瓊 韓益 有《尚書釋問》四卷，粲問，瓊、益正。 范順 劉毅 有《尚書義》二卷，順問，毅答。
李譔 有《毛詩指歸》。	劉楨 有《毛詩義問》十卷。 劉璠 有《毛詩注》四卷，《毛詩箋傳是非》二卷。
李譔 有《三禮指歸》。	李咸 阮諶 有《三禮圖》一卷。 王孫滑
尹默 宋忠弟子。 潘濬 宋忠弟子。 李譔 宋忠再傳，有《左氏指歸》。	關羽 來敏 韓益 李敏

	王朗 有《易傳》。 王肅 王朗子，宋忠弟子，有撰定父朗《易傳》十卷，《易音》。	董遇 有《周易章句》十卷。 劉邠 有《易注》。
董景道 明馬氏《尚書》。	王肅 有《尚書駁議》五卷，《古文尚書注》十一卷。	
董景道 有《三禮通論》。	王肅 有《毛詩注》二十卷，《毛詩義駁》八卷，《毛詩奏事》一卷，《毛詩問難》二卷，《毛詩音》。	徐整 有《毛詩譜》三卷。 太叔裘
	王朗 有《周官傳》。 王肅 王朗子，有《周官禮注》十二卷，《周禮音》一卷。	
董景道	王朗 有《春秋左氏傳注》十二卷，《春秋左氏釋駁》一卷。 王肅 王朗子，宋忠弟子，有《春秋左氏傳注》三十卷，《春秋外傳章句》一卷。	董遇 有《左氏傳章句》。 李典 曹躭

管輅
有《周易通靈決》二卷，《周易通靈要決》一卷，《周易林》四卷。〇按輅等於《易》爲別派，即費氏長於卦筮之流也。

虞翻
有《周易注》九卷，《易律曆》一卷，《周易日月變例》六卷，〇按翻非孟《易》，詳《藝文志》篇。

陸績
有《周易注》十五卷。〇按績在荀氏

韋昭
有《毛詩譜注》二卷。

朱育
同有《毛詩答雜問》。

陸璣
有《毛詩草木鳥獸蟲魚疏》二卷。

嚴畯

有《春秋左氏音》四卷。

韋昭
有《春秋外傳國語注》二十二卷。

唐固
有《春秋外傳國語注》二十一卷。

虞翻
有《春秋外傳國語注》二十一卷。

周生烈

九家中，不得以其注京氏《易傳》而謂非費學也，詳見前。 姚信 有《周易注》十卷。 尚廣 有《周易雜占》九卷。 翟玄 有《易義》。				張紘 徵崇 賈洪 賈逵 高岱
荀顗 有《難鍾會易無互體論》。			荀顗	白侯子安 張昭 白侯子安弟子，有《春秋左氏傳解》。
王弼 有《周易注》六卷，		文立	文立	

《周易略例》一卷,《周易窮微論》一卷,《易辨》一卷。

何晏
有《周易私記》二十卷,《周易講説》十三卷。

荀煇
有《周易注》十卷。

阮籍
有《易通論》一卷。

嵇康
有《周易言不盡意論》。

桓玄
有《繫辭注》二卷。

裴秀
有《易論》。

范隆
有《三禮吉凶宗紀》。

杜寬
有《春秋左氏解》。

杜預
有《春秋左氏經傳集解》三十卷,《春秋世譜》七卷,《春秋釋例》十五卷,《春秋左傳音》三卷,《春秋左氏傳評》二卷,《春秋經傳長曆》。

嵇康

劉寔
有《春秋條例》十一卷,《左氏牒例》二十卷,《集解春秋序》一卷。

氾毓

衛瓘 有《易義》。
王宏 有《易義》。
鄒湛 有《周易統略》五卷。
劉兆 有《周易訓注》。
向秀 有《周易義》。
阮咸 有《周易難答論》二卷。
應貞 有《明易論》一卷。
王濟 有《周易義》。

司馬伷 有《周官寗朔新書》。
王懋約 有《周官寗朔新書注》。

有《春秋釋疑》。
虞溥
鍾繇
劉兆 有《春秋三家集解》十一卷，《春秋左氏全綜》，《春秋調人》。
王長文 有《春秋三傳》十二篇。
胡訥 有《春秋三傳評》十卷，《春秋集三師難》

皇甫謐
有《易解》。

阮渾
有《周易論》。

袁準
有《周易傳》。

王廙
有《周易注》三卷。

韓伯
有《繫辭注》二卷。

楊乂
有《周易卦序論》一卷。

郭璞
有《周易》三卷，《周易新林》九卷，《周易林》六卷，《易立

楊乂
有《毛詩辨異》三卷，《毛詩異義》二卷，《毛詩雜義》五卷。

郭璞
有《毛詩拾遺》一卷，《毛詩略》四卷。

袁準
有《周官傳》。

三卷，《春秋集三傳經解》十卷。

京相璠
有《春秋土地名》三卷。

王接

范甯
按接、甯雖注《公》、《穀》，實兼揉三傳，故並列之。

成林》二卷,《周易玄義經》一卷,《易斗圖》一卷,《易八卦命録斗内論》一卷。 荀崧 葛洪 有《周易雜占》十卷。 孫盛 有《易象妙於見形論》。 袁宏 有《周易略譜》一卷。 宣舒 有《通易象論》一卷。		牛寶 有《毛詩音》四卷。 謝沈 有《毛詩外傳》,《毛詩注》二十卷,《毛詩義疏》十卷,《毛詩釋義》十卷。 阮侃 有《毛詩音》。 袁瓌 有《詩注》。 孫毓 有《毛詩異同評》十卷。 陳統		孫毓 有《春秋左氏傳義注》十八卷,《春秋左氏傳賈服異同略》

張輝 有《易義》。

杜育 有《易義》。

楊瓚 有《易義》。

邢融 有《易義》。

裴藻 有《易義》。

許適 有《易義》。

楊藻 有《易義》。

張璠 有《周易集解》十卷，《略論》一卷。

有《難孫氏毛詩評》四卷，《毛詩表隱》二卷。

傅玄 有《周官論評》十二卷。

陳邵 有《周官禮異同評》十二卷。

五卷。

干寶 有《周易注》十卷，《周易宗塗》四卷，《周易爻義》一卷，《周易問難》二卷，《周易玄品》二卷。	殷融 有《象不盡意論》。	黃穎 有《周易注》四卷。	宋岱 有《周易論》一卷。	徐邈 有《周易音》一卷。	范宣 有《易論難》。
徐邈 有《毛詩音》十六卷，又二卷。					
干寶 有《周官禮注》十二卷，《答周官駁難》五卷。	孫琦	伊説 有《周官禮注》十二卷。	徐邈 有《周禮音》一卷。	范宣 有《三禮論難》。	
干寶 有《春秋左氏函傳義》十五卷，《春秋序論》二卷。	荀訥 有《春秋左氏傳音》四卷。	徐邈 有《春秋左氏傳音》三卷。			

李顒 有《周易卦象數音》六卷。 續咸 專鄭氏《易》。 劉和 習鄭氏《易》。 顧夷 有《周易難王輔嗣義》一卷。 李軌 有《周易音》一卷。 宋處宗 有《通易論》一卷。
袁喬 有《詩注》。 殷仲堪 有《毛詩雜義》四卷。 劉和 蔡謨 有《毛詩疑字》。 江熙 有《詩注》二十卷。 李軌 有《毛詩音》。 江惇 有《毛詩音》。 虞喜 有《毛詩略釋》。
李軌 有《周禮音》一卷。 虞喜 有《周官駁難》三卷。
劉和 李軌 有《春秋左氏傳音》一卷。 方範 有《春秋經例》十二卷。

李悦之
有《繫辭注》，《易音》。○《釋文》作「袁悦之」。

沈熊
有《周易譜》一卷，《周易雜音》三卷。

范長生
有《周易注》十卷○即蜀才。

謝萬
有《繫辭注》。

張該
有《講易疏》二十卷。○按以下爲南朝派。

徐廣
有《毛詩背隱義》二卷。○按以下爲南朝派。

裴松之

劉昌宗
有《周禮音》三卷。

孫略
有《周官禮駁難》四卷。

徐廣
有《答禮問》。○按以下爲南朝派。

臧燾

黃容
有《左傳抄》。

謝莊
有《春秋圖》。○按以下爲南朝派。

何始真
有《春秋左氏區別》三十二卷。

荀柔之　有《周易繫辭注》二卷，《易音》。

雷次宗　有《周易注》。

何諲之　有《周易疑通》五卷。

張浩　有《周易占》一卷。

徐爰　有《繫辭注》二卷，《易音》。

范歆　有《周易義》一卷。

卞伯玉　有《周易繫辭注》二卷。

雷次宗　有《毛詩義》一卷。

劉孝孫　有《毛詩正論》十卷。

徐爰　有《毛詩音》。

孫暢之　有《毛詩引辨》一卷，《毛詩序義》一卷。

周續之　有《毛詩序義》。

傅隆

吴苞

杜乾光　有《春秋釋例引序》一卷。

蕭子懋　有《春秋例苑》三十卷。

祖沖之 有《易義》。 顧歡 注王弼《易》、《二繫》。 徐伯珍 有《周易問答》一卷。 周顒 有《周易論》三十卷。 明僧紹 有《繫辭注》。 費元珪 有《周易注》九卷。❶		何偃 有《毛詩釋》一卷。 顧歡 有《毛詩集解序義》一卷。 阮珍之 有《毛詩序注》一卷。 蘇寶	明山賓	王延之 有《春秋旨通》十卷,《春秋左氏經傳通解》四卷。 臧榮緒

❶「卷」,原作「易」,據文義改。

尹濤 有《周易注》六卷。	劉瓛 有《周易乾坤義》二卷,《周易四德例》一卷,《周易繫辭義疏》二卷。 嚴植之 劉瓛弟子。 何胤 劉瓛弟子,有《周易注》十卷。
	劉瓛 有《毛詩序義》二卷,《毛詩篇次義》一卷,《毛詩雜義》一卷。 嚴植之 劉瓛弟子。 何胤 劉瓛弟子,有《毛詩總集》六卷,《毛詩隱義》十卷。
	劉瓛 范縝 劉瓛弟子。 司馬筠 劉瓛弟子。 嚴植之 劉瓛弟子。 何胤 劉瓛弟子,有《禮答問》五十卷。 司馬壽 司馬筠子。 孔僉 何胤弟子。
	嚴植之 劉瓛弟子。

			孔元素 孔僉兄子。	
蕭偉 有《周易幾義》一卷，《周易發義》一卷。 蕭巋 有《周易義記》。 伏曼容 有《周易注》八卷，《周易集林》十二卷。 蕭子政 有《周易義疏》十四卷，《繫辭義疏》二卷。 王承		謝曇濟 有《毛詩撿漏義》二卷。 伏曼容 崔靈恩 有《集注毛詩》二十四卷。 顧越 有《毛詩旁通義》、《毛詩義疏》。	司馬燮 司馬褧 司馬燮子。 許懋 何佟之 崔靈恩 有《集注周官禮》二十卷，《三禮義宗》三十卷。 傅談	劉之遴 有《春秋大意》、《左氏三傳同異》。 崔靈恩 有《春秋經傳解》六卷，《春秋申先儒論》十卷，《春秋左氏傳立義》十卷，《春秋序》一卷。

	沈驎士 有《周易繫辭訓注》、《易經要略》。 太史叔明 沈驎士弟子。
龔孟舒 舒瑗 有《毛詩義疏》二十卷。	
	沈驎士 沈峻 沈驎士弟子。 沈文阿 沈峻子。 沈宏 沈峻弟子。 沈熊 沈峻弟子。 劉嵒 沈峻弟子。
裴邃 田元休 有《春秋序注》一卷。	沈峻 沈文阿 沈峻子。有《春秋左氏經傳義略》二十五卷。 沈宏 沈峻弟子，有《春秋五辨》二卷，《春秋經傳解》六卷，《春秋文苑》六卷，《春秋嘉語》六卷。

陶弘景 有《易髓》三卷。	賀瑒 有《周易講疏》。
陶弘景 有《毛詩序注》一卷。	
張及 沈峻弟子。 孔子雲 沈峻弟子。 陶弘景 有《三禮目録》一卷。	賀道力 賀損 賀道力子。 賀瑒 賀損子，有《禮講疏》。 賀革 賀瑒子。
王元規 沈文阿弟子，有《續春秋左氏傳義略》十卷，《春秋發題辭》十一卷，《左傳音》三卷。 陸慶 徐伯陽	賀道養 有《春秋序注》一卷。 賀革

周弘正 有《周易義疏》十六卷。 張譏 周弘正弟子，有《周易義》三十卷。 潘徽 張譏弟子。○按徽本北人，以其受譏學，附於此。	卞華 庾詵 有《易林》二十卷。
潘徽 按徽受書於張沖，本爲北派，從其多者，列於此。	
張譏 有《毛詩義》。 施公 潘徽 施公弟子。	
賀琛 賀瑒兄子，有《三禮講説》。 皇侃 賀瑒弟子，有《禮記義》五十卷。 鄭灼 皇侃弟子。 潘徽 鄭灼弟子。○按徽本北人，以其受灼學，附於此。	徐勉 王儉 何承天 有《禮論》三百卷。
	王儉 有《春秋音》二卷。 虞僧誕

朱异 有《集注周易》一百卷，《周易集注》三十卷，《易講疏》。 孔子祛 有《續朱氏集注周易》一百卷。 姚規 有《周易注》七卷。 崔覲 有《周易注》十三卷，《周易統例》十卷。 馬楷 有《周易爻》一卷。 沈林 有《周易義》三卷。
朱异 有《禮講疏》。 王筠 孔子祛 有《續何氏禮論》一百五十卷。 沈洙 陸詡 沈德威 沈不害 孫詳 蔣顯 按詳、顯皆北人而學於南者。
王筠 沈洙 蕭濟 謝貞

武靖 有《易雜占》七卷。 梁蕃 有《周易開題義》十卷，《周易文句義疏》二十卷。 宋褰 有《繫辭注》二卷。 范述曾 有《文言注》。	褚仲都 有《周易講疏》十六卷。 褚脩 褚仲都子。 全緩 褚仲都弟子。
	沈重 有《毛詩義疏》二十八卷，《毛詩音》二卷。 全緩 有《毛詩義疏》。
賀德基	沈重 有《周官禮義疏》四十卷。 張衡 沈重弟子。

		魯弘度 有《易林》一卷。○按以下爲北朝派。
		關康之 有《毛詩義》。○按以下爲北朝派。
劉文紹 戚衮 劉文紹弟子，有《周禮音》、《三禮義》。 張崖 劉文紹弟子。	李曾 按以下爲北朝派。 李孝伯 李曾子。 李謐 李孝伯子。	王曉 有《周禮音》一卷。
	李曾 按以下爲北朝派。 李孝伯 李曾子。 李謐 李孝伯子，有《春秋叢林》。	衛冀隆 賈思同

崔浩　有《周易注》十卷。

闞駰　有《集王朗易傳》。

劉昞　有《周易注》。

關朗　有《易傳》一卷。

梁祚

元延明　有《毛詩誼府》三卷。

劉芳　有《毛詩箋音證》十卷。

高允　有《毛詩拾遺》。

元延明　有《三禮宗略》二十卷。

劉芳　有《周官義證》。

宇文愷　有《明堂圖議》。

令狐熙

邢虬

有《春秋傳駁》十卷。○按思同爲杜學，蓋北人而南派，以其書合衛冀隆之説而成，故亦次焉。其下姚文安、秦道静亦援此例。

劉休和

劉芳　有《推章昭所注國語音》。

高允　有《左氏釋》。

潘叔虔　有《春秋經合三傳》十卷。

衛覬

	牛天祐 張吾貴 牛天祐弟子。 董道貴
	王保安 劉蘭 王保安弟子。 程玄
	王保安 劉蘭 王保安弟子。 鄺詮 張吾貴 鄺詮弟子。 程玄
陳達 秦道静 姚文安 有《左氏駁安》。 李崇祖 有《左氏釋謬》。 楊愔 辛子馥 有《春秋三傳總》。	王保安 劉蘭 王保安弟子。 張吾貴 受於劉蘭。 程玄

孫惠蔚
董道貴弟子。
徐遵明
張吾貴弟子。
盧景裕
徐遵明弟子，有《周易注》。

王聰
徐遵明
王聰弟子。○按以下爲北朝派。
盧景裕
徐遵明弟子。
李周仁

劉獻之
程玄弟子，有《毛詩序義》一卷。
王聰
徐遵明
王聰弟子。
盧景裕
徐遵明弟子。
李周仁

孫惠蔚
程玄弟子。
張普惠
程玄弟子。
劉獻之
程玄弟子，有《三禮大義》四卷。
高望崇
董徵
劉獻之、高望崇弟子。
徐遵明
張吾貴弟子。
盧景裕
徐遵明弟子。

孫惠蔚
程玄弟子。
劉獻之
程玄弟子，有《三傳略例》三卷。
徐遵明
有《春秋義章》三十卷。
盧景裕
徐遵明弟子。

李鉉 徐遵明弟子，有《周易義例》。 樂遜 徐遵明弟子。 崔瑾 徐遵明弟子。 呂思禮 徐遵明弟子。
徐遵明弟子。 李鉉 徐遵明弟子。 樂遜 徐遵明弟子。 張文敬 徐遵明弟子。 呂思禮 徐遵明弟子。
劉獻之弟子。 李鉉 徐遵明、李周仁弟子，有《毛詩義疏》。 樂遜 徐遵明弟子。
房虬 李鉉 徐遵明、房虬弟子，有《三禮義疏》。 樂遜 徐遵明弟子。 祖儁 徐遵明弟子。 田元鳳 徐遵明弟子。 紀顯敬 徐遵明弟子。 呂黃龍 徐遵明弟子。 夏懷敬 徐遵明弟子。
鮮于靈馥 李鉉 徐遵明、鮮于靈馥弟子，有《三傳異同》十二卷。 樂遜 徐遵明弟子。 馬敬德 徐遵明弟子。 張奉禮 徐遵明弟子。 張彫武 徐遵明弟子。 鮑長宣 徐遵明弟子。 王元則 徐遵明弟子。

權會
徐遵明、盧景裕弟子。

權會
徐遵明弟子。

權會
徐遵明弟子。

張買奴
徐遵明、李鉉弟子。
鮑季詳
徐遵明、李鉉弟子。
邢峙
徐遵明、李鉉弟子。
劉晝
徐遵明、李鉉弟子。
熊安生
徐遵明、房虯、李鉉弟子。
權會
徐遵明弟子。
馮偉

張買奴
徐遵明弟子。
鮑季詳
徐遵明弟子。
邢峙
徐遵明弟子。
劉晝
徐遵明弟子。
馮偉

郭茂

盧景裕弟子。

郎茂

權會弟子。○按《北史·儒林傳序》兩言郭茂而無《郭茂傳》，又別有郎茂，則受業權會者，「郎」、「郭」形近，其爲一人二人不可知，並存之。

董令度

李周仁弟子。

程歸則

李周仁弟子。

張思伯

徐遵明、程歸則弟子，有《毛詩章句》。

郎茂

權會弟子。

劉敬和

程歸則弟子。

劉軌思

程歸則、張思伯、劉敬和弟子，有《毛詩義疏》。

徐遵明弟子。

郎茂

權會弟子。

刁柔

李鉉弟子。

孫靈暉

孫惠蔚曾孫，熊安生弟子。

郭仲堅

熊安生弟子。

徐遵明、李鉉弟子。

張思伯

徐遵明弟子，有《左氏刊例》十卷。

郎茂

張奉禮弟子。

馬元熙

馬敬德子。

解法選
權會弟子。

劉焯

劉炫

劉焯
劉軌思弟子，有《毛詩義疏》。

劉炫
劉軌思弟子，有《毛詩述義》一卷，《詩序注》一卷，《毛詩譜注》二卷。

監伯陽

丁恃德
熊安生弟子。

馬光
熊安生弟子。

劉焯
熊安生弟子。

劉炫
熊安生弟子。

郭懋

劉焯
郭懋弟子。

劉炫
郭懋弟子，有《春秋左傳杜預序集解》一卷，《春秋左氏傳述義》四十卷，《春秋攻昧》十二卷，《春秋規過》三卷，《春秋義囊》二卷。

游肇
有《易集解》。
李平
王貞
房暉遠
何妥
有《周易講疏》十三卷。
王通
有《讚易》十卷。
王又玄
有《周易注》十卷。
王凱沖
有《周易注》十卷。
虔薛
有《周易音注》。

張沖
房暉遠

游肇
李平
王貞
房暉遠
魯世達
有《毛詩章句義疏》四十卷，《毛詩注并音》八卷。
劉醜
有《毛詩義疏》。
王伯興
有《毛詩駁》五卷。
平鑒

游肇
房暉遠
褚暉
明克讓
劉禕
盧光
張文詡
夏侯伏朗
有《三禮圖》。
楊文懿
平鑒

張沖
房暉遠
辛德源
有《春秋三傳集注》三十卷。
庾信
顧啟期
有《大夫譜》十一卷。
元善

顏見遠 顏協之 顏見遠子。 顏之推 顏協之子。 顏師古 顏之推子。 魏徵 有《周易義》六卷。	孔穎達 有《周易正義》十四卷，《周易玄談》六卷。
顏見遠 顏協之 顏見遠子。 顏之推 顏協之子。 顏師古❶ 顏之推子。	孔穎達 有《毛詩正義》四十卷。
顏見遠 顏協之 顏見遠子。 顏之推 顏協之子。 顏師古 顏之推子。	孔穎達 有《禮記正義》六十三卷。 賈公彦 孔穎達弟子，有《周禮疏》五十卷。
顏見遠 顏協之 顏見遠子。 顏之推 顏協之子。 顏師古 顏之推子。	孔穎達 有《春秋左氏傳正義》三十六卷。

❶「師」，原作「之」，據重刻本改。

陸德明 有《周易文句義疏》二十四卷，《周易大義》二卷，《周易釋文》一卷。
陸德明 有《毛詩釋文》一卷。
陸德明 有《周禮釋文》二卷。
陸德明 有《春秋左氏傳釋文》六卷。

新學僞經考卷十二下

僞經傳授表第十二下

古《論語》	劉歆　桓譚
古《孝經》	劉歆　桓譚
小學	劉歆　張竦　楊雄有《蒼頡訓纂》一篇，《方言》十三卷。　桓譚　郭偉
通學	劉歆　張竦　楊雄　尹咸　房鳳　王龔　桓譚　鄭興　陳欽

鄭衆 有《論語傳》。
鄭衆 有《孝經注》一卷。
杜林 張竦弟子，有《蒼頡訓纂》、《蒼頡故》。 劉棻 劉歆子，楊雄弟子。 侯芭 楊雄弟子。
賈徽 杜子春 崔篆 以上並劉歆傳業。 杜林 張竦弟子。 劉棻 劉歆子，楊雄弟子。 侯芭 楊雄弟子。 鄭衆 鄭興子。 陳元 陳欽子。 賈逵 賈徽子。

				許慎			
				許慎			許沖 許慎子。
衛宏 杜林弟子，有《古文官書》。				許慎 有《説文解字》十五卷。		崔瑗 有《飛龍篇》。	許沖 許慎子。
衛宏 杜林弟子。	徐巡 杜林弟子。	崔駰 崔篆孫。	鄭安世 鄭衆子。	許慎 賈逵弟子，有《五經異義》十卷。	尹珍 賈逵弟子。	崔瑗 崔駰子，賈逵弟子。	許沖 許慎子。

劉珍
有《釋名》三十卷。

班固
有《大甲篇》、《在昔篇》。

蔡邕
有《勸學》、《聖皇篇》、《女史篇》。

周舉
張衡
劉珍
劉陶
劉騊駼
班彪
班固
班彪子。
王充
班彪弟子。
周舉
王符
仲長統
蔡邕
楊彪
韓説

馬融 有《論語解》。											鄭玄
馬融 有《孝經注》一卷。											鄭玄
樊光 有《爾雅注》三卷。	李巡 有《爾雅注》三卷。										鄭玄
陳寔 按寔爲樊英弟子，以英非大師，不列。後以爲例。	荀爽 陳寔弟子。	賈彪 陳寔弟子。	馬融 按融爲摯恂弟子。	盧植	延篤	馬日磾	范冉	楊克 按克亦爲呂叔公、朱叔明、白仲職弟子。			鄭玄

有《論語注》十卷,《古文論語注》十卷,《論語釋義》十卷。

程秉

鄭玄弟子,有《論語弼》。

有《孝經注》一卷。

高誘

有《孝經解》。

按玄爲僞學宗子,其詁訓諸經,皆歆小學也,特列之。

賈魴

有《滂喜篇》。

郭訓

有《雜字旨》一卷,《古文奇字》一卷。

有《六藝論》、《駁五經異義》。○以上並馬融弟子。○按玄亦爲張恭祖弟子。

劉德然

高誘

公孫瓚

以上並盧植弟子。

郗慮

國淵

崔琰

公孫方

孫皓

程秉

趙商

馬昭

張逸

陳羣
有《論語解》。

宋均
鄭玄弟子，有《孝經皇義》一卷。

劉熙
鄭玄弟子，有《釋名》八卷。

王基
任嘏
冷剛
田瓊
汜閣
炅模
焦喬
王權
鮑遺
陳鏗
崇精
劉熙
宋均
以上並鄭玄弟子。
鄭小同
鄭玄孫。

孫炎
有《爾雅注》七卷，《爾雅音》一卷。

服虔
有《通俗文》一卷。

張揖
有《廣雅》四卷，《古今字詁》三卷，《三倉訓詁》三卷，《埤倉》二卷，《難字》一卷，《錯誤字》一卷。

許慈
劉熙弟子。

薛綜
劉熙弟子。

孫炎
以上並鄭玄再傳。

許勛
許慈子。

劉宣
孫炎弟子。○以上並鄭玄三傳。

服虔

宋忠

司馬徽

潘濬
宋忠弟子。

向朗

張昭
有《論語注》。

虞翻
有《論語注》十卷。

王肅
有《論語注》十卷，《論語釋駁》三卷。

周生烈

虞翻
有《孝經注》。

蘇林
有《孝經注》一卷。

劉邵
有《孝經古文注》一卷。

王肅
有《孝經解》一卷。

李登
有《聲類》十卷。

曹彦
有《字義訓音》六卷，《古今字苑》一卷。

項峻

司馬徽弟子。

尹默
宋忠、司馬徽弟子。

李仁
宋忠、司馬徽弟子。

尹宗
尹默子。

李譔
李仁子。

隗禧
有諸經《解》。

王朗

王肅
王朗子，有《聖證論》十二卷。

董遇

周生烈

有《論語注》、《論語義例》。

譙周 有《論語注》十卷。

鄭沖

孫邕

曹羲

荀顗

何晏 有《論語集解》十卷。

王弼 有《論語釋疑》三卷。

衛瓘 有《論語集注》六卷。

徐邈

孫熙 有《孝經注》一卷。

韋昭 有《孝經解讚》一卷。

何晏 有《孝經注》一卷。

嚴畯 有《孝經傳》。

徐整 有《孝經嘿注》一卷。

有《始學篇》十二卷。

韋昭 有《辯釋名》一卷。

束晳 有《發蒙記》一卷。

郭璞 有《爾雅注》五卷，《爾雅圖讚》二卷，《音》一卷，《方言注》十三篇，《三倉注》三卷。

姜維

譙周 有《五經然否論》。

韋昭

傅咸 有《七經詩》。

何晏 有《五經大義》五卷。

束晳 有《五經通論》。

徐苗 有《五經同異評》一卷。

楊方 有《五經鉤沈》十卷。

徐邈

有《論語音》二卷。

崔豹
有《論語集義》八卷。

繆播
有《論語音序》二卷。

郭象
有《論語體略》二卷，《論語隱》一卷。

欒肇
有《論語釋疑》十卷，《論語駁序》二卷。

虞喜
有《論語讚鄭氏注》九卷，《新書對張論語》十卷。

曹毗
有《論語釋》一卷。

謝萬
有《集解孝經》一卷。

荀勗
有《集議孝經》一卷。

袁敬仲
有《集義孝經》一卷。

虞喜
有《孝經注》。

楊泓
有《孝經注》一卷。

李軌
有《小爾雅解》一卷。

陸機
有《吴章》二卷。

樊恭
有《廣倉》一卷。

有《五經音》十卷。

李軌
有諸經《音》。

孔衍

戴逵
有《五經大義》二卷。

周楊
有《五經咨疑》八卷。

應琛

有《論語藏集解》一卷。

庾翼

有《論語釋》一卷。

李充

有《論語集注》十卷，《論語釋》一卷。

范甯

有《論語注》。

孫綽

有《論語集解》十卷。

孟整

有《論語注》十卷。

梁覬

有《論語注釋》十卷。

袁喬

有《論語注釋》十卷。

王延

有《文字音》七卷。

李彤

有《字指》二卷，《單行字》四卷，《字偶》五卷。

葛洪

有《要周字苑》一卷。

周研

有《聲韻》四十一卷。

王義

有《小學章》一卷，《文字要記》三卷。

楊方

有《小學》九卷。

顧愷之

有《啟蒙記》三卷。

呂忱

尹毅 有《論語注釋》六卷。 王濛 有《論語義》一卷。 江熙 有《論語集解》十卷。 蔡謨 袁宏 江惇 蔡系 周懷 王珉 以上六家見皇侃《疏》。 張憑 有《論語注》十卷，《論語釋》一卷。 宋纖	袁宏 有《孝經注》一卷。 殷仲文 有《孝經注》一卷。 車胤 有《孝經注》一卷。 孔光 有《孝經注》一卷。	有《字林》十卷。 殷仲堪 有《常用字訓》一卷。 呂靜 有《韻集》六卷。	

有《論語注》。

暢惠明　有《論語義注》十卷。

張隱　有《論語釋》一卷。

郄原　有《論語通鄭》一卷。

姜處道　有《論語論釋》一卷。

孔澄之　有《論語注》十卷。

何承天　有《孝經注》一卷。

何約之　有《大明中皇太子講義疏》一卷。

荀昶　有《孝經注》一卷。

嚴植之　有《孝經注》一卷。

謝稚　有《孝經圖》一卷。

何承天　有《纂文》三卷。

謝康樂　有《要字苑》一卷。

顔延之　有《詁幼》一卷,《纂字》六卷。

荀楷　有《廣詁幼》一卷。

段宏　有《韻集》八卷。

吴恭　有《字林音義》五卷。

何承天　按以下爲南朝派。

徐廣

劉瓛

范縝

司馬筠

嚴植之

何胤　以上並劉瓛弟子。

張略 有《論語統》八卷。
王玄載 有《孝經注》一卷。 周顒 有《孝經義疏》。 費沈 有《孝經注》一卷。 陸澄 有《孝經義》。
侯洪伯 有《字類敘評》一卷。
司馬壽 司馬筠子。 孔僉 何胤弟子。 孔元素 孔僉兄子。 鮑泉 有《六經通數》十卷。 陸澄 王儉 朱异 孔子袪 劉之遴 庾黔婁

伏曼容
有《論語義》。
范廙
有《論語別義》十卷。
虞遐
有《論語注》十卷。
沈驎士
有《論語訓注》。
太史叔明
沈驎士弟子，有《論語集解》

明僧紹
有《孝經注》一卷。
李玉之
有《孝經義疏》二卷。
蕭子顯
有《孝經義疏》一卷，《孝經敬愛義》一卷。
太史叔明
有《孝經義》一卷。

戴規
有《辨字》一卷。
鄒誕生
有《要用字對誤》四卷。
鄒里
有《要用雜字》三卷。
李少通
有《雜字要》三卷，《今字辨疑》三卷。
劉霽
有《釋俗語》八卷。
劉杳
有《要雅》五卷。
阮孝緒
有《文字集略》六卷。
劉歆
有《古今文字序》一卷。

明僧紹
明山賓
明僧紹子。
明寶
明山賓子。
卞華
伏曼容
伏挺
伏曼容子。
崔靈恩
盧廣
沈驎士
太史叔明
沈驎士弟子。

十卷。

許容

有《論語注》十卷。

曹思文

有《論語注》十卷。

戴詵

有《論語述議》二十卷。

沈文阿

有《孝經義記》。

王元規

有《孝經義記》二卷。

庾曼倩

有《文字體例》。

范岫

有《字學音訓》。

周興嗣

有《千字文》一卷。

蕭子範

有《千字文》一卷。

蔡薳

有《千字文注》。

蕭子雲

有《千字文注》一卷。

顧野王

沈峻

沈驎士弟子。

沈文阿

沈峻子，有《經典大義》十二卷。

沈宏

沈熊

劉嵒

張及

孔子雲

以上並沈峻弟子。

王元規

沈文阿弟子，有《續經典大義》十四卷。

范述曾

吕道惠

顧野王

陶弘景　有《論語集注》十卷。

褚仲都　有《論語義疏》十卷。

皇侃　有《論語義疏》十卷。

陶弘景　有《集注孝經》一卷。

賀瑒　有《孝經講義》一卷，《孝經義疏》一卷。

曹思文　有《孝經注》一卷。

諸葛循　有《孝經序》一卷。

皇侃　有《孝經義疏》三卷。

江係之　有《孝經注》一卷。

有《爾雅音》，《玉篇》三十一卷。

夏侯詠　有《四聲韻略》十三卷。

周彥倫　有《四聲切韻》。

沈約　有《俗説四聲》一卷。

沈旋　沈約子，有《集注爾雅》十卷。

潘徽　有《萬字文韻纂》三十卷。

陶弘景

賀瑒　有《五經祕表要》十一卷。

賀革　賀瑒子。

賀季　賀瑒子。

賀琛　賀瑒兄子。

皇侃　賀瑒弟子。

鄭灼　皇侃弟子。

潘徽　鄭灼弟子。

			張譏 有《論語義》十卷。 張沖 有《論語義疏》二卷。 顧越 有《論語義疏》。
			周弘正 有《孝經私記》二卷。 張譏 有《孝經義》八卷。 張沖 有《孝經義》三卷。 顧越 有《孝經義疏》。
			王斌 有《四聲論》。 施乾 有《爾雅音》。 謝嶠 有《爾雅音》。 張諒 有《四聲韻林》。 崔浩 有《解急就章》二卷。
			周弘正 賀德基 張譏 賀德仁 並周弘正弟子。 孫暢之 有《五經雜義》六卷。 王焕 有《五經決録》五篇。 邯鄲綽 有《五經析疑》二十八卷。 元延明 有《五經宗略》二十三卷。○按以下爲北朝派。 崔浩

陳奇

有《論語注》。〇按奇常非馬、鄭解經失旨，則亦弼、肅、翻、譔之流。但今學久亡，雖好立異，亦以暴易暴耳。

陳奇

有《孝經注》一卷。

江灌

有《爾雅音》八卷，《爾雅圖讚》一卷。

陸暐

有《悟蒙章》。

房景先

有《五經疑問》十卷。

李同軌

封軌

封偉伯

封軌子。

李郁

李彪

王神貴

有《五經辨疑》十卷。

常爽

有《六經略注》。

劉蘭

按蘭爲王保安弟子。

張吾貴

劉蘭弟子。〇吾貴亦爲牛天祐、酈詮弟子。

李鉉 有《論語義疏》。 樂遜 有《論語序論》。
樂遜 有《孝經序論》。
江式 有《古今文字》四十卷。 李鉉 有《字辨》。
王聰 程玄 徐遵明 張吾貴、王聰弟子。 孫惠蔚 按惠蔚亦爲董道季弟子。 張普惠 劉獻之 並程玄弟子。 盧景裕 李鉉 按鉉亦爲房虯、鮮于靈馥弟子。 李業興 樂遜 崔瑾

宋世良

有《字略》。

諸葛穎

有《桂苑珠叢》一百卷。

李概

有《修續音韻決疑》十四卷，《音譜》四卷。

楊休之

有《韻略》一卷。

呂思禮

張文敬

祖儁

馬敬德

田元鳳

張奉禮

紀顯敬

張彫武

呂黄龍

鮑長宣

鮑季詳

夏懷敬

王元則

張買奴

權會

馮偉

熊安生
有《孝經義》一卷。

張思伯
邢峙
劉晝
熊安生
以上並徐遵明弟子。
李周仁
徐遵明、劉獻之弟子。
高望崇
董徵
劉獻之弟子。
郭茂
盧景裕弟子。
郎茂
權會、張奉禮弟子。
馬元熙
馬敬德子。
解法選

劉善經

權會弟子。

刁柔

李鉉弟子。

董令度

李周仁弟子。

程歸則

李周仁弟子。

劉軌思

張思伯、程歸則弟子。

孫靈暉

孫惠蔚曾孫，熊安生弟子。

李崇祖

李業興子。

郭仲堅

丁恃德

馬光

並熊安生弟子。

劉炫
有《論語述義》十卷。

徐孝克
有《論語講疏文句義》五卷。

史辟原
有《續注論語》十卷。

劉炫
有《古文孝經述義》五卷。

徐孝克
有《孝經義疏》六卷。

有《四聲指歸》一卷。

陸法言
有《切韻》五卷。

趙文深
有《刊定六體書》。

盧辯
有《稱謂》五卷。

王劭
有《俗語雜字》一卷。

曹壽
有《急就章解》一卷。

劉芳
有《急就篇續注音義證》三卷。

劉焯
有《五經述議》。

劉炫
有《五經正名》。並劉軌思、熊安生弟子。

沈重

樊文深
有《七經義綱》二十九卷，《七經論》三卷，《質疑》一卷。

張鳳
有《五經異同評》十卷。

蘇綽
有《七經論》。

劉芳

辛彥之
有《五經異義》。

賈公彥

有《論語疏》十五卷。

陸德明

有《論語釋文》一卷。

何妥

有《孝經義疏》三卷。

宇文弼

有《孝經注》。

孔穎達

有《孝經義疏》。

賈公彥

有《孝經疏》五卷。

陸德明

有《孝經釋文》一卷。

顔之推

有《訓俗文字略》一卷，《急就章注》一卷。

顔師古

顔之推子，有《匡謬正俗》八卷，《急就章注》一卷，《官樣》一卷。

陸德明

有《爾雅釋文》一卷。

蕭該

牛弘

何妥

有《五經大義》五卷。

王頍

有《五經大義》。

顔師古

孔穎達

賈公彥

孔穎達弟子。

陸德明

有《經典釋文》三十卷。

新學僞經考卷十三

書序辨僞第十三《尚書篇目異同真僞表》附

《尚書》二十八篇，爲孔子刪定大法，一亂於《泰誓》，再亂於張霸，三亂於劉歆，四亂於王肅。然張、王之僞，人皆知之，《泰誓》後得，人亦知之。若劉歆僞古文，二千年無人知之者。然劉歆之作僞，近儒劉逢禄、邵懿辰亦漸疑之，《書序》之爲歆僞，更無人知之者矣。此關不破，則《舜典》之争有無，篇目之争多少，聚訟紛紜，無能斷其獄者。且百篇之目，本之《禮記》、《左傳》、《史記》、諸子，根據至深，無可摇動。若不知孔子改制之義，則不知孔子之删《書》，而諸篇皆爲未修之《書》；雖有疑者，莫能破焉。竊歎是獄沈淪黑暗，昏翳天日久矣。疾雷破山，飀風振海，簸蕩霹靂，披掃昭蘇，庶走魅奔魑，共睹麗日。爰發其義例，屬門人同縣陳千秋辨之如左，並編《尚書篇目異同真僞表》附焉。《書序》之辨，原爲《漢書・藝文志》而發，以其篇章繁多，故别爲篇，而不附於《古文尚書僞證》中。注明於此。

第一，辨孔子《書》止二十八篇。

孔子定《書》二十八篇，傳在伏生，純備無缺，故博士之説皆以爲備。見《漢書・楚元王傳》。後人惑於《書序》百篇之目，以爲伏生《書》乃亡失之餘，於是洙、泗之遺經，遂爲斷爛之朝報。嘗推究其説，以爲二十八篇即孔門足本，《書序》之目僞妄難信。其證有五：《尚書大傳》引孔子曰：「六誓當作「五誓」，説見後。可以觀義，五誥可以觀仁，《甫刑》可以觀誡，《洪範》可以觀度，《禹貢》可以觀事，《皋陶謨》可以觀治，《堯典》可以觀美。」《尚書大傳》久佚，凡所引者皆據閩縣陳氏輯本。孔子總攬全經，提揭大義。果有百篇，則百篇中尚有《帝告》、《仲虺之誥》、《湯誥》、《康王之誥》，《尚書大傳》又引《揜誥》，何孔子不稱「十誥」，而稱「五誥」乎？何所稱諸篇又絶無一篇在二十八篇之外者乎？其證一也。信百篇之説者，不過因《史記·儒林傳》云「秦時焚書，伏生壁藏之。其後兵大起，流亡。漢定，伏生求其書，亡數十篇，獨得二十九篇」。故不敢致疑耳。不知伏生故秦博士。秦焚書止於民間，博士所職不在焚禁之列。見《史記·秦始皇本紀》。伏生何事藏匿？即何爲散亡？按之情事，顯然不合，其爲僞竄，又何足疑。其證二也。若謂《書序》出孔子，有諸書援引可證，不知篇目之引見諸書者，尚有《尹吉》、《禮記·緇衣》。《高宗》、《禮記·坊記》。《夏訓》、《左傳》襄四年。《伯禽》、《唐誥》、《左傳》定四年。《相年》、《墨子·尚同》。《禹誓》、《墨子·兼愛》《明鬼》。《湯説》、《墨子·兼愛》。《武觀》、《官刑》、《墨子·非樂》。《大戰》、《揜誥》、《多政》、《尚書大傳》。《大戊》、《史記·殷本紀》。《豐刑》，《漢書·律曆志》。凡十五篇，不在百篇之内。將謂引見諸書必孔子之《書》邪？則此十五篇并不在《書序》内，何也？將謂引見諸書不必孔子之《書》邪？則百篇之目雖有諸書可證，亦不能以爲果孔子之《書》，昭昭矣。其證三也。難者又曰：「《書序》拘於百篇爲孔子之《書》，或不可信，然偏見諸書所引者，烏知其必非孔子之《書》？」曰：《墨子》引今《甘誓》以爲《禹誓》，《明鬼》。再引《禹誓》又不在今《甘誓》中；《兼愛》。引今《湯誓》以爲《湯説》，《兼愛》。別引《湯誓》復不在今《湯誓》内；《尚賢》。則其所見顯非孔《書》，不過如《明鬼》引諸國《春秋》之類。以《墨子》

例之，則諸書所引，斷不能以爲即孔子《書》又明矣。其證四也。《漢書・藝文志》言「《詩》遭秦而全，以諷誦，不獨在竹帛」。《春秋》公、穀二傳，亦由口説相授。秦、漢經師，皆藉口誦。伏生經雖偶失，何至全無記誦，撫卷茫然，止《尚書大傳》所引者略記數語？其證五也。要之，《書序》與古文同出，古文爲劉歆之僞，則《書序》亦爲歆僞無疑。漢博士皆祖伏生，而皆以二十八篇爲備，知師師相傳，説本如此。不然，歆方以親近逞權，諸博士縱持門户，豈敢以虚辭相勝邪！

第二，辨今文《尚書》無序。

《書》無百篇，既有確證，《書序》之僞，自不足攻。唯近人於劉歆之學推尊不已，并以《書序》傳之伏生。陳氏壽祺著《今文尚書有序説》，見《左海經辨》。欲申其「伏《書》二十九篇《序》當其一」之説，立爲十七證；繁稱博引，强辭奪理，上誣先師，下誑學者，則不可以不辨。考武帝末，《泰誓》既出，博士讀説，即列於學官。既列學官，則必附入歐陽《書》方能傳教，斷無别本孤行之理。不然，則《漢志》諸書著録，必另列《太誓》三篇矣。武帝時止歐陽《書》立學，故必先附入歐陽《書》，迨夏侯《書》繼立，亦必附入夏侯《書》。蓋三家同爲博士，一則附入，一不附入，斷無此理。且果爾，則三家經文多寡不同，諸書必有言之者矣。果如陳氏「伏生《書》并《序》爲二十九篇」之説，則既增《太誓》，當爲三十篇，何《漢志》載大小夏侯《經》及《章句》、《解故》皆仍二十九卷乎？歐陽《經》及《章句》卷數譌誤，陳氏亦據爲説，辨見下。據此，則陳氏之説不攻而自破。唯近人主今文有《序》者甚多，以陳氏之説最爲强辨。今但録陳説，辭而闢之，餘子不必攻矣。

劉歆、班固、荀悦《漢紀》、袁宏《後漢紀》，並言孔子宅所得古文《尚書》多十六篇，百篇之《序》同出於孔壁。倘亦伏《書》所無，諸家言古文得多者何得不一及之也？

孔壁得多之説雖出於劉歆，然所論者乃經文，何爲并《序》數之乎？歆所譏「以《尚書》爲備」者，當時學者黨同妒真之辭，彼非果不知《尚書》有百篇也。伏生故爲秦博士，《論衡·正説篇》云「伏生抱百篇藏於山中」，此非未嘗肄業及之者。《尚書大傳》篇目尚有《九共》、《帝告》、《嘉禾》、《臩命》、《揜誥》諸逸《書》之名，爲今學者即未見《書序》，寧皆不讀《大傳》，竟不知二十八篇之非全書邪？

伏生藏《書》之説爲僞竄，辨已見前。王充時百篇之説已行。充見《史記》有藏書之説，因即以爲百篇耳。《尚書大傳》二十八篇外篇目與《書序》合者，雖有《九共》、《帝告》、《説命》、《太誓》、《嘉禾》、《臩命》六篇，然又有《大戰》、《揜誥》、《多政》三篇出《書序》外者，知《大傳》此類不能引爲《書序》之證。博士非不讀《大傳》，而「以二十八篇爲備」，則《大傳》此等師説不以爲孔子《書》又明矣。又，武帝止立施、孟《易》、歐陽《書》、公羊《春秋》博士，宣帝復增立梁丘《易》、大小夏侯《書》、穀梁《春秋》，諸儒未有排之者。至劉歆欲立古文，不獨博士排之，龔勝、師丹，名臣大儒，亦排之。以至新莽之世，公孫禄亦以「顛倒五經」罪之。知西漢博士本不持門户之見，而劉歆古文之僞，確有以招人口實者矣。陳氏猶拾劉歆唾餘，抑何愚而可笑也！

《藝文志》《尚書》家：「歐陽《經》三十二卷。」按：伏生經文二十八篇，增《太誓》三篇，止三十一卷，其一卷必百篇之《序》也。西漢經師不爲《序》作訓，故歐陽《章句》仍止三十一卷矣。或曰：夏侯《經》二十九卷，《章句》亦二十九卷，歐陽何以不然？曰：漢初爲傳訓者皆與經別行。以班《志》覈之，六藝家傳訓多寡，往往不與經符。如《詩經》有序，於《尚書》最爲近，乃魯、齊、韓《詩》皆二十八卷，唯《魯説》、《齊孫氏傳》卷與經合，而《魯故》、《齊孫氏故》、《齊后氏故》、《后氏傳》、《韓故》、《韓内傳》、《韓説》，卷皆與經異。《毛詩》二十九卷，而《毛詩故訓傳》卷亦與經異。齊《詩》有序無序，無以明之。魯、韓、毛之《詩》皆有序，而傳訓卷數參差若是，於歐陽、夏侯之《書》乎何疑？今文有《序》，其證一矣。

《漢志》卷數，誤文、脱文最多，顔師古已言之。其歐陽《經》三十二卷、《章句》三十一卷之數，並難引據。若謂二十八篇增《泰誓》三篇故三十一，考今文《書》凡一篇分爲數篇者，亦止以一篇計之。故漢石經《般庚》有三，據中篇末「建乃家」下、下篇首「般」字上空一格知之。而自來數今文卷數者，亦止以爲一篇。然則《泰誓》三篇增入今文之《書》，亦當以一篇計之，豈有仍爲三篇作三十一卷之理？若謂《泰誓》舊本三篇，不能并爲一以失其舊，然如《般庚》之例，不過篇數爲一而篇章仍三，又何嘗失其舊，而必篇數亦析爲三，以爲是乖刺之例乎？必不然矣。又陳氏據「西漢經師不爲《序》作訓」，以彌縫歐陽《經》、《章句》卷數不合之故。然《漢志》載大小夏侯《經》二十九卷，《章句》、《解故》亦皆二十九卷，豈大小夏侯獨爲《序》作訓邪？大小夏侯不爲《序》作訓，則二十九卷中無《序》可知。大小夏侯與歐陽同出一師，大小夏侯無《序》而歐陽有《序》，有是理乎？陳氏亦自知其不可通，又附會以西漢傳訓卷數不與經符之説。其意以爲大小夏侯《章句》、《解故》二十九卷，實釋二十八篇，非有一卷釋《序》；釋二十八篇而有二十九卷者，猶《魯説》等卷數與經不符之例。然《魯説》等乃卷數與經顯然不符者，大小夏侯《章句》、《解故》乃卷數與《經》顯然相符者。《漢志》所載傳訓卷數與經不符者固多，而符者正復不少。陳氏毫無證據，妄以符者爲不符，可謂拙於舞文矣。

班固稱「司馬遷從孔安國問故。遷書載《堯典》、《禹貢》、《微子》、《洪範》、《金縢》多古文説」。固言如此，則遷書五篇之外，蓋多取今文矣。《史記》載《尚書》逸篇，唯見《湯征》、《湯誥》。《湯征》又在古文逸十六篇外。餘絶無聞，獨於《書序》臚舉十之八九。至於序作《原命》爲「大戊贊伊陟於廟，言弗臣，伊陟讓」；序作《般庚》爲「五遷無定處，殷民咨胥皆怨」，又言「小辛立，殷道復衰，百姓思般庚」；序作《高宗肜日》及《高宗之訓》爲「武丁祭成湯」事，又言「祖庚立，祖己嘉武丁之以祥雉爲德，立其廟爲高宗」；序作《洪範》爲「武王克殷後二年」；序作《臩命》爲「穆王閔文武之道缺，乃命伯臩申戒太僕國之政」；序《文侯之命》爲「襄王使王子虎命晉文公」；序作《秦誓》爲「穆公封殽尸」後事；又序《夏社》在《典寶》後，序《咸有一德》在成湯時，以「太甲」爲「太甲訓」，以「伊陟」爲「太戊」，以「分器」爲「分殷之器物」，以「康王之誥」爲「康誥」；其他「女方」爲「女房」，「大坰」爲「泰卷」，「仲虺」爲「中鸓」，「遷囂」爲「遷隞」，「圮於耿」爲「遷於邢」，「升鼎耳」爲「登鼎耳」，「𨞎」爲「飢」，「歸狩」爲「行狩」，❶「異畝」爲「異母」，「歸禾」爲「餽禾」，「旅天子命」爲「魯天子命」，「無逸」爲「毋逸」，「肅慎」爲「息慎」，「俾榮伯」爲「賜榮伯」，「伯囧」爲「伯臩」，「粊誓」爲「獮誓」，「呂刑」爲「甫刑」；説義

❶「歸狩」，《書序》作「歸獸」。

文字往往與古文異，則顯然兼取之伏《書》也。且《尚書》古文、今文之《序》，或同或否，師傳則然。如《韓詩》之《序》可考者，「《關雎》，刺時也」，「《芣苢》，傷夫有惡疾也」，「《漢廣》，悅人也」，「《汝墳》，辭家也」，「《蝃蝀》，刺奔女也」，「《雞鳴》，讒人也」，「《夫移》，燕兄弟也」，「《賓之初筵》，衛武公飲酒悔過也」，與《毛詩序》互有同異。此今古文《書序》異同之例也。今文有《序》，其證二矣。

《史記》與《書序》同者，乃《書序》勦《史記》，非《史記》采《書序》。辨見後。《書序》既勦《史記》，復作異同者，蓋故作參差以彌縫其剽竊之迹，猶僞孔古文既勦諸書，仍作異同耳。辨亦見後。且即以爲《史記》采《書序》，其間聲音之少譌，訓詁之相代，文句之互有詳略，先後之少有差忒，乃《史記》引書之常例，觸處皆然，不可枚舉。然則其他諸書，豈亦有今古文之分乎？陳氏又引《詩》韓、毛異序，以爲《書》今古文異序之證。不知今文本無《序》，韓、毛自異，與《書》何關？且考《詩》四家異序，皆文字懸絶，未有如此之少少異同，即大義不同而辭語仍相放者。陳氏無聊之附會，尤不必也。

《論衡·佚文篇》曰：「東海張霸通《左氏春秋》，按百篇《序》，以《左氏》訓詁造作百二篇。」《漢書·儒林傳》曰：張霸「分析合二十九篇以爲數十，又采《左氏傳》、《書序》爲作首尾，凡百二篇。成帝時求治古文者，霸以能爲《百兩》徵。以中書校之，非是」。夫霸所分合者，夏侯《經》二十九篇，其所采《書序》即出今文，非古文也。何言之？孔氏古文，天漢後獻，遂秘於中，外不得見。庸生孤傳，衰微特甚。霸但見今文有百篇之《序》而不見孔書，故竊之作《百兩篇》以欺世。如所采《書序》出古文，是霸見孔壁之本矣，寧不知孔氏古文，天子自有中書可校，而敢更作之而遽獻之於朝哉？且霸見孔壁之本，則見其中逸《書》二十四篇，攟拾較易，乃不并取以爲《百兩篇》，而轉取《左氏傳》，何哉？故知霸所取《書序》出今文也。今文有《序》，其證三矣。

王充生劉歆之後，故祖述《漢書·儒林傳》之説，以爲張霸僞《書》實采《書序》。不知據張霸《書》有《百兩篇》，是即張霸不采《書序》，并霸時未有《書序》之明證。據葛洪《西京雜記跋》，班固《漢書》全本劉歆之舊，則《漢書·儒林傳》張霸采《書序》《左傳》、成帝求治古文、以中書校《百兩篇》等説，尚足信邪？若霸時果已有《書序》而采之，則經師傳本，百篇之目顯然。霸方僞《書》取信，安敢顯悖百篇之目，造爲《百兩篇》，悍然不顧以動天下之兵乎？緯書有百二篇之説。緯書僞起哀、平，在張霸後，蓋采霸説爲之。

孔穎達《尚書正義》曰：「伏生二十九卷，而《序》在外。」夫二十九卷而《序》在外者，夏侯之《書》，非伏生元本也。然言有《序》則可信。按《隋書·經籍志》、《唐書·藝文志》，皆「一字石經《尚書》六卷」，又云「相承傳拓之本猶在祕府」，則唐人於拓本漢石經《尚書》及見之也。穎達謂「今文則夏侯、歐陽所傳及蔡邕所勒石經」，是故於《堯典》篇首《正義》嘗引石經。其云「二十九卷而《序》在外」者，必見石經《尚書》有百篇之《序》，故爲是言耳。今文有《序》，其證四矣。

陳氏此説，❶最不足據。果如其説，二十九卷外尚有《序》一卷，則《漢書·藝文志》載大小夏侯《經》文當曰「三十卷」矣，何以仍曰「二十九卷」乎？孔既曰「《序》在外」，則二十九卷斷不能以爲并《序》數之，是二

❶「陳」，原作「孔」，據重刻本改。

十九卷乃既增《泰誓》之數。《志》并《泰誓》亦惟曰「二十九」，則大小夏侯之無《序》，斷矣。歐陽《經》及《章句》卷數難明。然夏侯無序，則歐陽亦無《序》審矣。

歐陽、大小夏侯《尚書》亡於永嘉之亂，今無可考。請以《尚書大傳》徵之。《周書·成王政》序曰：「成王東伐淮夷，遂踐奄。」《尚書音義》曰：「踐，《尚書大傳》云『籍也』。」《詩·豳風·破斧》正義引《書傳》云：「『遂踐奄。』踐之者，籍之也。籍之，謂殺其身，執其家，豬其宮。」按，《將蒲姑》序言「成王踐奄，遷其君於蒲姑」，是奄君猶存。《書傳》謂「殺其身」，此今文説之異。蓋《書傳》體近《韓詩外傳》，往往旁臚異聞，非盡釋經。然而「遂踐奄」三字，則明出於《成王政》之序。今文有《序》，其證五矣。

《尚書大傳》未嘗曰「書序」。且《大傳》「殺其身」之説，顯與《序》異，是即其非據《書序》之明驗。今、古文異序之説不足信，辨見上。或更謂《大傳》云「『遂踐奄』，踐之者，籍之也」，如非據《書序》，何以釋之？不知自爲申釋，古書有此體。如《孟子》「夏曰校，殷曰序，周曰庠。庠者，養也；校者，教也；序者，射也」，是亦其例。不然，西漢經師不爲《序》作訓，豈伏生獨異邪？

《周書·亳姑》序曰：「周公在豐，將殁，欲葬成周。公薨，成王葬之於畢，告周公。」《尚書大傳》曰：「周公致政封魯，三年之後，老於豐，心不敢遠成王，而欲事文、武之廟。周公疾，曰：『吾死，必葬於成周，示天下臣於成王。』周公薨，成王欲葬之於成周，天乃雷雨以風，禾盡偃，大木斯拔，國人大恐。王與大夫開金縢之書，執書以泣曰：『周公勤勞王家，予幼人弗及知。』乃不葬於成周，而葬之於畢，示天下不敢臣也。」《書傳》言葬周公事，本於《亳姑》序也。《論衡·感類篇》引《書》「乃得周公死自以爲功代武王之説」。蓋古文「所」字，今文作「死」，形近致譌。故以《金縢》之事，與《亳姑》之事聯爲一也。今文有《序》，其證六矣。然難者猶謂與《書序》有兩端也。《大傳》又曰：「武丁祭成湯，有雉飛升鼎耳而雊。」此出《商書·高宗肜日》之序也。今文有《序》，其證七矣。《大傳》又曰：「成王在豐，欲宅洛邑，使召公先相宅。」此述《周書·召誥》之序也。其下即述經文云：「六月乙未，王朝步自周，至於豐，唯太保先周公相宅。」今文有《序》，其證八矣。《大傳》又曰：「夏刑三千條。」此本《周書·甫刑》之序也。《甫刑》序曰：「穆王訓夏贖刑，作《吕刑》。」按經曰「五刑之屬三千」，不言「夏」；《吕氏春秋·孝行覽》云，《商書》曰「刑三百，罪莫大於不孝」，亦不及「夏」；《左氏傳》曰「夏有亂政而作《禹刑》」，雖言夏刑而不舉其目。若非見《書序》「訓夏贖刑」之文，何以知三千條爲夏刑也？今文有《序》，其證九矣。

《尚書大傳》不明曰「書序」。陳氏必以爲據《書序》，已屬武斷。《書序》之作，攟拾諸書爲之。《亳姑》序與《史記·魯世家》文更類，當即采《史記》。《高宗肜日》、《召誥》序，蓋即采《大傳》耳。《高宗肜日》序，亦見《史記·殷本紀》，當並采之。《大傳》言「夏刑三千條」，伏生去古未遠，古籍之舊文，先師之遺説，考見尚多。陳氏律以今人之耳目，以爲「非見《書序》何以知之」，尤爲不可。要之，《書序》之僞，既有明徵，諸書之與合者，正可以考其剽竊之迹。果如陳氏之説，則《荀子·解蔽篇》「人心之危」數語亦與僞孔《書》同，亦可以爲《荀子》采僞孔《書》乎？

《大傳》篇目有《九共》、《帝告》、《粊命》，《序》又有《嘉禾》、《揜誥》，此皆在二十九篇外。若非見《書序》，何以得此篇名也？今文有《序》，其證十矣。

《尚書大傳》中《大戰》、《揜誥》、《多政》三篇，不見於《書序》。若以爲《大傳》二十八篇外篇名據《書序》采入，則此三篇又何處得來邪？

《書傳》既有明文，請更徵之《白虎通》。《白虎通》引《尚書》悉用今文家説。《誅伐篇》稱《尚書序》曰「武王伐紂」，此《周書·太誓》序及《武成》序之文也。其引《尚書》用今文，則《序》亦出之今文無疑。今文有《序》，其證十一矣。

《白虎通》雖用今文，然亦有用古文者。他不徵引，即如《爵篇》引《書·亡逸篇》，《社稷篇》引《尚書》逸篇之類，獨非古文邪？《書序》、逸《書》同出劉歆之手。《白虎通》既引逸《書》，何以知其必不引《書序》乎？

虎觀諸儒如賈逵之等乃治古文者，班固之學亦雜揉今古，其引古文，何足怪也！

《漢書·孫寶傳》：「平帝立，寶爲大司農，孔光、馬宫等咸稱王莽功德比周公。寶曰：『周公上聖，召公大賢，尚猶有不相説，著於經典。』」此引《周書·君奭》之序也。考《儒林傳》，平帝時立古文《尚書》，《王莽傳》元始四年益博士員，而寶爲大司農在元始二年。是時古文未立，寶受公羊顔氏《春秋》於筦路，成帝初以明經爲郡吏，亦非爲古學者，則其所誦之經亦今文也。古文《毛詩》，平帝已立，而康成注《禮》時尚未之見，則孫寶之不見古文《尚書》，不足疑也。今文有《序》，其證十二矣。

《列子·楊朱篇》曰：「周公攝天子之政，邵公不悦，四國流言。」然則孫寶所謂「著於經典」者，自指《君奭》一篇，而所謂「不説」者，何以知其必據《書序》乎？

《後漢書·楊震傳》：「曾孫彪議遷都，曰：『般庚五遷，殷民胥怨。』」此引《商書·般庚》之序也。彪世傳歐陽

《尚書》，所據乃其本經。今文有《序》，其證十三矣。

後漢古文之學盛行。楊彪雖世傳今文，偶引古文不足異。若謂學者一習今文，即古文一字不得寓目，有其理邪？如《儒林傳》載李育傳《公羊》，而亦嘗讀《左傳》，是即今文家兼讀古文之明證。彪生當賈、馬大盛之後，其引《書序》宜也。左海安得知此？

《法言·問神篇》曰："《易》損其一，雖蠢知闕焉。至《書》之不備過半矣，而習者不知。惜乎！《書序》之不如《易》也。"按，楊子雲引《書》皆用今文。"《書》不備過半"，唯今文唯然。❶若古文則前漢存者五十八篇，不得云爾。今文有序，其證十四矣。《法言》又曰："古之説《書》者序以百，而《酒誥》之篇俄空焉，今亡矣夫！"按《酒誥》唯今文有脱簡，故其言如此。今文有《序》，其證十五矣。

楊雄乃劉歆之徒。《後漢書·桓譚傳》言"譚尤好古學，數從劉歆、楊雄辨析疑異"，則雄正古學家。故攻《書》二十八篇之不備，與劉歆同，蓋從歆學者。其據《書序》，乃其宜也。且雄二説乃攻今文，烏知其非如劉歆之故智，以古文攻今文乎？左海未知今古派别，宜其妄也。

《論衡·正説篇》駁或説《尚書》二十九篇"法斗七宿"曰："按百篇之序，闕遺者七十一篇，獨爲二十九篇立法，如何？"《論衡》此篇所引或説，乃今文家言。其駁詰亦據今文爲説。若古文，則按百篇之序，二十九篇外尚有逸《書》二十四篇，不得云"闕遺者七十一篇"。今文有《序》，其證十六矣。

---

❶ 下"唯"字，依文義疑當作"爲"。

王充亦以古文駁今文，其云「獨爲二十九篇立法，如何」，蓋謂二十九篇何足立法耳。未見其必據今文《序》駁詰之也。

杜預《春秋左傳後序》曰：「『《紀年》稱伊尹放太甲於桐，乃自立也。伊尹即位於太甲十年，太甲潛出自桐，殺伊尹。』此爲大與《尚書序》說太甲事乖異。不知老叟之伏生或致昏忘，將此古書亦當時雜記，未足以取審也。」詳預此言，直以《書序》爲出自伏生。預時三家《尚書》見存，目驗援據，致爲明確。今文有《序》，其證十七矣。

杜預時，劉歆《書序》盛行久矣。預不過以伏生乃首傳《書》之人，故凡《書》即歸之伏生耳。伏生無《序》，證驗如此之確，且兩漢人皆無謂伏生有《序》者。預時代在後，從何得此説邪？

第三，辨秦漢經傳諸子引《書》篇名皆孔子不修之《書》。

秦、漢經傳、諸子引《書》篇名，所在散布，主張《書序》者愈有藉口。不知諸篇皆孔子不修之《書》也。蓋孔子制作五經，陰寓改制，苟不關改制之事者，雖詳勿録。故《詩》三千篇而唯取三百五，見《史記·孔子世家》。禮經三百、威儀三千而唯取十七。❶其别裁獨斷如此。❷《詩》、《禮》如此，《尚書》可知。故《尚書緯》云：「孔

❶「十七」，重刻本作「十六」，下注：「孔子經十六篇，《喪服》乃傳，別有説。」

❷「其別裁獨斷如此」，重刻本無此七字。

子求《書》，得黄帝玄孫帝魁之書，迄於秦穆公，凡三千二百四十篇，斷遠取近，定可以爲世法者百二十篇，以百二篇爲《尚書》，十八篇爲《中候》。」《尚書正義》一引。緯書雖僞，要皆本西漢前説而附會之，如「百二篇」之説即本張霸。則「帝魁」之説雖不可信，而孔子定《書》多所去取，其説非全無據矣。以此故逸《詩》、逸《書》雜見羣書，以考今本，率多岨峿。若謂諸書引《書》篇名果皆出孔子，則何以解於《墨子》之以《甘誓》爲《禹誓》，《湯誓》爲《湯説》乎？此猶可諉曰篇名之偶異也。若《墨子》他引《禹誓》不在今《甘誓》内，他引《湯誓》不在今《湯誓》内；今《甘誓》、《湯誓》文完無缺，必非佚文。然則《墨子》所據將何書邪？且今《甘誓》啟事，而以爲禹。《湯誓》、《湯説》本自並引，尤不能以尋常篇名異同論之。據《墨子》如此，則雖謂諸書引《書》篇名皆孔子《書》，矇瞽不信也。或曰：孔子有不修之《書》固矣，然孟子爲孔子嫡傳，《禮記》出七十後學，豈所讀之《書》亦非孔《書》？曰：「不修《春秋》」述於《公羊》，莊七年。曲引旁稱，聖門不廢。若以爲不修《春秋》，公羊能引之，不修《書》、《禮記》，孟子不能引之，豈通人之論乎？荀子亦孔子嫡傳，兼爲《詩》、《禮》大宗，而引逸《詩》，亦其證也。

第四，辨《尚書大傳》内《九共》諸篇亦孔子不修之《書》。

或難曰：子以爲伏生《書》二十八篇即孔門足本，而斥亡失數十篇之説爲僞，今考《尚書大傳》有《九共》、《帝告》、《説命》、《太誓》、《大戰》、《嘉禾》、《揜誥》、《多政》、《臩命》九篇，苟非伏生所有，何以引之？答曰：《大傳》又稱孔子告子夏，言「六誓可以觀義，五誥可以觀仁，《甫刑》可以觀誡，《洪範》可以觀度，《禹貢》可以觀事，《臯陶謨》可以觀治，《堯典》可以觀美」，《大傳》述孔子自稱亦止二十八篇，中「六誓」當作「五誓」，辨見後。則其餘非孔子《書》，而爲孔子不修之《書》可知。伏生之言，還以伏生之言定之，《九共》諸篇何足爲難乎？伏生傳授孔《經》而兼引他書，亦猶《公羊》引不修《春秋》之例。彼大惑不解者，豈非知二五而不知十哉！

第五，辨《史記》所載篇目，乃《書序》襲《史記》，非《史記》采《書序》。

僞撰古書，必有依據，乃易附會。故王肅之《書》，《周官》之禮，皆陰摭舊文，自創新制。《書序》之作，何獨不然！而後人見《史記》之文與《書序》多同，以爲史公已據《書序》，不知此《書序》之襲《史記》也。請以七證明之。《序》以爲「般庚五遷，將治亳，殷民咨胥怨，作《般庚》三篇」。《殷本紀》則以爲「帝般庚崩，百姓思般庚，乃作《般庚》三篇」。若謂《史記》所載本於《書序》，何與《書序》又自乖異？今、古文異《序》之説不足信，辨見前。《史記》非采《書序》，證一。《序》以爲「秦穆公伐晉，襄公帥師敗諸殽，還歸，作《秦誓》」。《秦本紀》則以爲繆公敗於殽，「復益厚孟明等，使將兵伐晉，以報殽之役，晉人皆城守不敢出。於是繆公乃自茅津渡河，封殽中尸，爲發喪，哭之三日，乃誓於軍，以申思不用蹇叔、百里傒之謀，故作此誓」。亦與《書序》不合。《史記》非采《書序》，證二。《序》以爲「祖己訓諸王，作《高宗肜日》、《高宗之訓》」。《殷本紀》則以爲武丁崩，「祖己嘉武丁之以祥雉爲德，立其廟爲高宗，遂作《高宗肜日》及《訓》」。亦與《書序》不合。《史記》非采《書序》，證三。《序》以爲「平王錫晉文侯秬鬯、圭瓚，作《文侯之命》」。《晉世家》則以爲晉文公重耳獻楚俘於王，王「命晉侯爲伯，賜大路、彤弓矢百、玈弓矢千、秬鬯一卣、珪瓚、虎賁三百人，作《晉文侯命》」，亦與《書序》不合。《史記》非采《書序》，證四。《書序》無《大戊》而《殷本紀》有之。《史記》若采《書序》，此篇又從何來？據此篇非采《書序》，則其他可以例推。《史記》非采《書序》，證五。若謂《本紀》、《世家》層疊引用，如非孔子之《書》，何以詳載？不知《史記》雜采諸書，如《逸周書》之類，不乏引用。即《湯征》，據劉歆所造逸篇亦無之，而《殷本紀》明載其文。知史公經典之外多所援用。《史記》非采《書序》，證六。《湯誥》一篇，古文逸篇有之，然不過劉歆所爲，真《書》中安得有此？而《殷本紀》乃載其文，是亦史公不必定據經典之明證。《史記》非采《書序》，證七。觀此七證，彼猶張國師之壘者，亦可以少息也夫！

第六，辨孔子作《書序》之説，始於劉歆，《史記》無此説。

《書序》一書，附會剽竊，汩亂經義，且傳之孔子，託體愈尊，惑衆愈甚。然孔子作《書序》之説，自來所無。一見於《漢書・藝文志》，再見於《漢書・楚元王傳》，三見於《漢書・儒林傳》。《藝文志》、《楚元王傳》，皆劉歆之言。班固亦在歆後，其即歆僞説，又復何疑？考其所以敢創此説者，蓋以《史記・三代世表》云：「孔子因史文，次《春秋》，紀元年，正時月日，蓋其詳哉！至於敘《尚書》，則略無年月。」《孔子世家》又云：「序《書傳》。」兩文皆有「序」字，故得影造其説。然考《史記》所謂「序」者，不過次序之謂。《孔子世家》又云：「孔子晚而喜《易》，序《彖》、《繫》、《象》、《説卦》、《文言》。」此豈亦「作序」之「序」？尤其明證。且《世表》所謂「正時月日」者，指《春秋》本經。上下文義相承，則所謂「略無年月」者，亦指《尚書》本經，無所謂「序」明甚。然則「孔子作《書序》」，《史記》本無其文，後人紛紛附會，誣史公甚矣。

第七，辨孔子《書》并無《太誓序》，此篇亦僞。

今據伏生傳《書》二十八篇，以爲孔子全經篇數止此，而近人每持伏《書》有《太誓》之説。請得條其説而辨之。《太誓》後得，漢人劉向、《尚書正義》引《別録》。劉歆、《漢書·楚元王傳》、《文選注》引《七略》。王充、《論衡·正説》。馬融、《尚書正義》引。鄭康成、《尚書正義》引《書論》。趙岐、《孟子·滕文公》章句。房宏等《尚書正義》引。皆同此説。王充、房宏等以爲宣帝時得，爲小異。衆口一辭，未必舉國盡誤。伏《書》之無《太誓》，一。《史記·儒林傳》稱「伏生獨得二十九篇」，語已僞竄。辨見前。然即二十九篇之説論之，亦不過如孔沖遠「武帝世見《太誓》入伏生《書》内，故并云伏生所出」之説耳。不然，《史記》非僻書，諸儒豈未之見？事關經文增減，諸儒縱不能援《史記》以折異説，亦豈敢蔑《史記》而搆虚辭？又《史記》「伏生獨得二十九篇」之説，《漢書·儒林傳》亦襲之。馬融嘗從曹大家受《漢書》業，豈得不知？而「《太誓》後得」之説，馬融持之尤力，知「獨得二十九篇」之説，諸儒固知其非，故不援據。伏《書》之無《太誓》，二。《漢書·藝文志》《書》家「《經》二十九卷」，自注曰：「大小夏侯二家。歐陽《經》三十二卷。」蓋《太誓》，博士讀説傳教之後，即附入歐陽、大小夏侯《書》，辨見前。既附入歐陽、大小夏侯《書》，則經文卷數自當并數之。《志》載大小夏侯《經》二十九卷，即由於此。歐陽《經》卷數難明，無可考據，辨見前。王氏《經義述聞》以爲「皆當作三十三卷」，然無明據而改古本，學者豈信之乎！或謂《志》載大小夏侯《經》二十九卷中有後得《太誓》一卷，何以不別白其説？不知《藝文志》即劉歆《七略》之舊。《七略》又言「武帝末，民間得《太誓》」，《文選注》引。則固已別白其説。《志》引《七略》，其辭未盡耳。

伏《書》之無《太誓》，三。《尚書大傳》雖有《太誓》，然《大傳》所載亦不盡伏生之《書》。辨見前。《大傳》又有「六誓可以觀義」及「《周書》自《太誓》就《召誥》而盛於《洛誥》」之言，以《太誓》與二十八篇並稱，似爲真孔子《書》。考《大傳》稱「六誓觀義」，乃引孔子告子夏之言。漢儒淳樸，附益古書則有之，斷不敢假託古人之語，然必後人據既增《太誓》，改「五」爲「六」。至「《周書》自《太誓》」一語，更後人據既增《太誓》竄入無疑。否則伏《書》二十九篇有《大傳》爲據，《大傳》之書，人所誦習，鄭康成并爲之注，豈得皆不知而猶以爲《太誓》後得乎？知《大傳》以《太誓》與二十八篇並稱，當時固知其非矣。伏《書》之無《太誓》，四。《史記·周本紀》雖載有《太誓》，然《史記》網羅放失，非純據伏生之《書》。辨見前。如《周本紀》下文「斬紂頭」及「武王至於周，自夜不寐」之類，即引《逸周書》。其引《太誓》，烏知其必據伏《書》？伏《書》之無《太誓》，五。《漢書·董仲舒傳》，仲舒對策引「《書》曰」，即《太誓》之文。仲舒對策未及武帝之末，似伏《書》無《太誓》，何由引之？不知《春秋繁露》引《君陳》文亦稱「《書》曰」。若仲舒引「《書》曰」者必伏《書》，豈《君陳》亦伏《書》所有乎？伏《書》之無《太誓》，六。《漢書·武帝紀》，元朔元年，有司奏議曰「附下罔上者死」云云，文見《説苑·臣術篇》引《太誓》；又終軍白麟奇木之對，司馬相如封禪之奏，見《漢書·終軍傳》《司馬相如傳》。皆未及武帝末年而皆已引《太誓》，似非據伏《書》而何？然諸所引不明言《太誓》。即以爲《太誓》，亦不過如董仲舒對策所引之例，未必即伏生《書》。伏《書》之無《太誓》，七。平當習歐陽《書》，見《漢書·儒林傳》。班伯習小夏侯《書》，見《漢書·儒林傳》《敘傳》。而《漢書·平當傳》《敘傳》，二家嘗引《太誓》。歐陽、大小夏侯即伏生所傳，似伏《書》當有《太誓》。然二家皆元、成以後人，爾時《太誓》入歐陽、大小夏侯《書》已久；二家既習歐陽、小夏侯《書》，自當肆業及之，其引《太誓》何足爲異？伏《書》之無《太誓》，八。《毛詩·思文》正義引《太誓》曰：「有火自上復於下，至於王屋，流之爲雕。」《鄭注》曰：「『雕』當爲『雅』。」《史記·周本紀》作「流爲烏」，王氏《經義述聞》以爲作「雕」古文，作「烏」伏生今文。然考《史記》引《書》，每多改易其字，見於諸篇者班班可考，其作「烏」者，何以知其爲今文？伏《書》之無《太誓》，九。《漢書·藝文志》云：「劉向以中古文校歐陽、大小夏侯三家經文，《酒誥》脱簡一，《召誥》脱簡二，文字異者七百有餘，脱字數十。」似伏《書》無《太誓》，更當脱《太誓》一篇，何得止曰「脱簡」、「脱字」而已？不知劉向以古文校三家之説，乃劉歆所造。然即如其説，向校書在三家增《太誓》後，三家並有《太誓》，何得復以爲脱？伏《書》之無《太誓》，十。或謂古文雖劉歆所僞，然伏生篇數，歆必知之。伏《書》誠止二十八篇，則古文《太誓》并爲伏生所無，歆當以爲孔安國考二十八篇得多十七篇。今曰「考二十九篇得多十六篇」，以上據《漢書·藝文志》，《藝文志》即劉歆之言也。則伏《書》有《太誓》審矣。曰：其人之言，必當還以其人之言解之，方不鑿枘。歆之説以爲「共王得《書》」、「安國考二十九篇」皆在武帝之末。亦據《漢書·藝文志》，即爲劉歆之言。武帝末《太誓》既入博士《書》，故歆以「爲考二十九篇得多十六篇」。不然，「考二十九篇得多十六篇」及「《太誓》後得」皆歆《七略》之言，歆雖荒謬，何至矛盾若是乎？伏《書》之無《太誓》，十一。以十一説觀之，《書》二十八篇之爲全經益明，《序》百篇之爲僞作愈顯矣。

《書序》條辨

昔在帝堯，聰明文思，光宅天下，將遜於位，讓於虞舜。作《堯典》。

據今《堯典》，「月正元日」以下皆舜即位後事，經文班班可考。《序》唯言「將遜於位，讓於虞舜」，止及堯事，顯違經文。曾是出於孔門而有是邪？《正義》引鄭注以爲「舜之美事，在於堯時」。不知「月正元日」以下皆堯殂落後事。其堯時與否，豈鄭氏所能顛倒其説？蓋劉歆將別造《舜典》一篇，故於《堯典序》抹殺舜事一節，以彌縫其説。王肅所僞古文遂截「往欽哉」以上爲《堯典》，而別析「慎徽五典」以下爲《舜典》以求合《序》説，亦可謂幻中出幻矣。

虞舜側微，堯聞之聰明，將使嗣位，歷試諸難。作《舜典》。

古止有《堯典》，而無《舜典》。其《舜典》一篇，止見於古文及《書序》。其可疑有三。今《堯典》備載舜事，并總敘「徵庸」、「在位」生死年數以結之，是舜之事實已完，何得別有紀載？可疑一。《大學》引《堯典》作「帝典」。《孔叢子・論書篇》同。堯、舜同德，故紀録同篇。其《孟子》及伏生稱「堯典」者，蓋堯、舜同篇，而篇首曰「粤若稽古帝堯」，故即舉堯該之。否則堯、舜兩典各有其篇，《大學》單稱「帝典」，何以分別乎？可疑二。古文《舜典》雖不可見，然據《序》説如此。夫既謂之「典」，則一朝實録，徵信所關，豈有實事强羼先帝之篇，而本紀唯書勸進之事？蓋舜事既具《堯典》，不能重出，故作僞時敷衍遜位之事，以充其數。可疑三。以此觀之，《書序》之矯誣，尚足辨邪！《尚書中候・考河命》云：「曰若稽古帝舜，曰重華，欽翼皇象，授政改朔。」《太平御覽・皇王部》引。魏高堂隆《改朔議》，亦引《書》「粤若稽古帝舜，曰重華，建皇授政改朔」。見《宋書・禮志》。按：魏時劉歆古文傳布已久，所引當即歆古文；且歆總領圖讖，時竄僞經於緯候中以自證應，《中候》此文與十六篇逸《書》有《舜典》合，益可見其僞也。趙臺卿《孟子・萬章》章句并謂「《孟子》諸所言舜事，皆《舜典》及逸《書》所載」。然據《堯典》，則舜在下之時已有「蒸蒸乂不格姦」之效，豈有被舉之後，尚有殺舜及禁不得娶之事？此蓋戰國時人妄説而孟子未闢之。顧氏《日知録》已言之。乃近人猶惑於趙氏之説，取《孟子》所引以補《舜典》，顯然與《堯典》刺謬而不顧，豈非無目人哉！

《尚書大傳》之目，有《唐傳》、《虞傳》、《虞夏傳》、《夏傳》。《大傳》説《堯典》謂之《唐傳》，陳氏喬樅《今文尚書經説考》因謂「伏生以《舜典》爲《虞書》」。然《大傳》諸家所引者，無《舜典》一篇，且伏生不過以説唐事者謂之「唐」，説虞事者謂之「虞」，合説虞、夏事者謂之「虞夏」，説夏事者謂之「夏」，隨事分合，文無定稱，無以見其有「舜典」也。

帝釐下土，方設居方，别生分類。作《汩作》、《九共》九篇、《槀飫》。

《尚書大傳》有《九共篇》，即劉歆所本。歆僞《左傳》所謂「八索九丘」，亦同此蹈襲也。《汩作》、《槀飫》今不可考，或歆時别有所本，未可知也。《大傳·九共篇》，非孔子《書》，辨見前。

皋陶矢厥謨，禹成厥功，帝舜申之。作《大禹》、《皋陶謨》、《棄稷》。

禹别九州，隨山濬川，任土作貢。

《史記·河渠書》云：「以别九州，隨山浚川，任土作貢。」即劉歆所本。《序》本《史記》，文字仍有異同，蓋有意爲之以泯其迹。今但明其勦襲，小小異同，不暇詳也。

啟與有扈，戰於甘之野。作《甘誓》。

《史記·夏本紀》云：「有扈氏不服，啟伐之，大戰於甘，將戰，作《甘誓》。」即劉歆所本。

太康失邦，兄弟五人須於洛汭。作《五子之歌》。

《史記・夏本紀》云：「帝太康失國，昆弟五人須於雒汭，作《五子之歌》。」即劉歆所本。

羲和湎淫，廢時亂日，胤往征之。作《胤征》。

《史記・夏本紀》云：「帝中康時，羲和湎淫，廢時亂日，胤往征之，作《胤征》。」即劉歆所本。

自契至於成湯八遷，湯始居亳，從先王居，作《帝告》、《釐沃》。

《史記・殷本紀》云：「成湯，自契至湯八遷，湯始居亳，從先王居，作《帝誥》。」即劉歆所本。《序》有《釐沃》，而《史記》無之。歆或採自他書增之以足百篇之數者也。

湯征諸侯，葛伯不祀，湯始征之。作《湯征》。

《史記・殷本紀》云：「湯征諸侯。葛伯不祀，湯始伐之。作《湯征》。」即劉歆所本。

伊尹去亳適夏，既醜有夏，復歸於亳，入自北門，乃遇汝鳩、汝方。作《汝鳩》、《汝方》。

《史記・殷本紀》云：「伊尹去湯適夏，既醜有夏，復歸於亳，入自北門，遇女鳩、女房。作《女鳩》、《女房》。」即劉歆所本。

湯既勝夏，欲遷其社，不可。作《夏社》、《疑至》、《臣扈》。

《史記・殷本紀》云：「湯既勝夏，欲遷其社，不可，作《夏社》。」即劉歆所本。《序》有《疑至》、《臣扈》，而《史記》無之，亦歆增之以足百篇之數者也。

伊尹相湯伐桀，升自陑，遂與桀戰於鳴條之野。作《湯誓》。

《史記・殷本紀》云：「伊尹從湯，湯自把鉞以伐昆吾，遂伐桀。作《湯誓》。」即劉歆所本。

夏師敗績，湯遂從之。遂伐三朡，俘厥寶玉。誼伯、仲伯作《典寶》。

《史記・殷本紀》云：「夏師敗績，湯遂伐三㚇，俘厥寶玉，義伯、仲伯作《典寶》。」即劉歆所本。

湯歸自夏，至於大坰，中虺作誥。

《史記・殷本紀》云：「湯歸至於泰卷陶，中鸓作誥。」即劉歆所本。

湯既黜夏，命復歸於亳。作《湯誥》。

《史記・殷本紀》云：「既黜夏命，還亳，作《湯誥》。」即劉歆所本。

伊尹作《咸有一德》。

《史記・殷本紀》云：「伊尹作《咸有一德》。」即劉歆所本。

咎單作《明居》。

《史記・殷本紀》云：「咎單作《明居》。」即劉歆所本。

成湯既没，太甲元年，伊尹作《伊訓》、《肆命》、《徂后》。

《史記・殷本紀》云：「帝太甲元年，伊尹作《伊訓》，作《肆命》，作《徂后》。」即劉歆所本。

太甲既立，不明，伊尹放諸桐，三年，復歸於亳，思庸。伊尹作《太甲》三篇。

《史記・殷本紀》云：「帝太甲既立三年，不明，暴虐不遵湯法，亂德。於是伊尹放之於桐宮，三年。伊尹攝行政當國，以朝諸侯。帝太甲修德，諸侯咸歸殷，百姓以寧。伊尹嘉之，迺作《太甲訓》三篇。」即劉歆所本。

沃丁既葬伊尹於亳，咎單遂訓伊尹事，作《沃丁》。

《史記·殷本紀》云："帝沃丁之時，伊尹卒。既葬伊尹於亳，咎單遂訓伊尹事，作《沃丁》。"即劉歆所本。

伊陟相大戊，亳有祥，桑穀共生於朝，伊陟贊於巫咸，作《咸乂》四篇。

《史記·殷本紀》云："帝太戊立，伊陟爲相，亳有祥，桑穀共生於朝，一暮大拱。帝太戊懼，問伊陟，伊陟曰：『臣聞妖不勝德，帝之政其有闕與？帝其修德。』太戊從之，而祥桑枯死而去。伊陟贊言於巫咸。巫咸治王家有成，作《咸艾》，作《太戊》。"即劉歆所本。《史記》有《太戊》而《序》無之，是即《史記》非采《書序》之明證。彼猶固執《史記》采《書序》之説者，妄也。辨亦見前。

太戊贊於伊陟，作《伊陟》、《原命》。

《史記·殷本紀》云："太戊贊伊陟於廟，言弗臣，伊陟讓。作《原命》。"即劉歆所本。《序》有《伊陟》而《史記》無之，亦歆增之以足百篇之數者也。

仲丁遷於囂，作《仲丁》。

《史記·殷本紀》云："帝仲丁遷於隞。"即劉歆所本。

河亶甲居相，作《河亶甲》。

《史記·殷本紀》云："河亶甲居相。"即劉歆所本。

祖乙圮於耿，作《祖乙》。

《史記·殷本紀》云：「祖乙遷於邢。」即劉歆所本。

盤庚五遷，將治亳，殷民咨胥怨。作《盤庚》三篇。

《史記·殷本紀》云：「帝盤庚之時，殷已都河北。盤庚渡河南，復居成湯之故居。殷民咨胥皆怨，不欲徙。盤庚乃誥喻諸侯大臣曰：『昔高后成湯，與爾之先祖俱定天下，法則可修，舍而弗勉，何以成德！』乃遂涉河，南治亳，行湯之政。然後百姓由寧，殷道復興，諸侯來朝，以其遵成湯之德也。帝盤庚崩，百姓思盤庚，乃作《盤庚》三篇。」《序》以爲遷時作，《史記》以爲盤庚崩後作，顯然不同。《史記》非采《書序》，亦其證也。《序》與《史記》異者，《盤庚》、《高宗肜日》、《高宗之訓》、二篇合序。《文侯之命》、《秦誓》五篇。《序》本《史記》，而復有異同者，蓋作僞時故爲錯迕，以泯其迹。猶王肅所僞古文勦襲諸書，仍故作異同耳，不足爲異。難者或曰：《序》采《史記》可有異同，然則《史記》采《序》，何以不可有異同？答曰：《序》采《史記》而有異同，蓋由有意爲之，以泯其勦襲。若《史記》采摭古書，方求徵信，聲音訓詁之通借，先後詳略之同異，則或有之，何嫌何疑，使之剌謬至此乎？《史記》之非采《書序》，斷矣。

高宗夢得説，使百工營求諸野，得諸傅巖。作《説命》三篇。

《史記·殷本紀》云：「武丁夜夢得聖人，名曰説，以夢所見視羣臣百吏，皆非也。於是迺使百工營求之野，得説於傅險中。」即劉歆所本。

高宗祭成湯，有飛雉升鼎耳而雊，祖己訓諸王，作《高宗肜日》、《高宗之訓》。

《尚書大傳》云：「武丁祭成湯，有飛雉升鼎耳而雊。」《史記·殷本紀》云：「帝武丁祭成湯，明日，有飛雉登鼎耳而呴，祖己乃訓王。武丁修政行德，殷道復興。帝武丁崩，祖己嘉武丁之以祥雉爲德，立其廟爲高宗，遂作《高宗肜日》及《訓》。」《序》以爲祖己訓王時作，《史記》以爲武丁崩後作，不同，《史記》非采《書序》，亦其證也。

殷始咎周，周人乘黎。祖伊恐，奔告於受。作《西伯戡黎》。

《史記·殷本紀》云：「西伯伐飢國，滅之，紂之臣祖伊聞之而咎周，恐，奔告紂。」即劉歆所本。

殷既錯天命，微子作誥，父師、少師。

唯十有一年，武王伐殷。一月戊午，師渡孟津。作《太誓》三篇。

《史記·周本紀》云：「以東伐紂。十一年十二月戊午，師畢渡盟津。武王乃作《太誓》。」即劉歆所本。唯《史記》作「十二月」而《序》作「一月」，蓋殷之十二月即周之正月，《序》用周正。然既改十二月爲一月，自當稱爲十二年。《呂氏春秋·首時篇》，武王立十二年而成甲子之事，蓋以周正計。《序》仍曰「十一年」，此其妄也。《漢書·律曆志》引《書序》亦作「十一年」，知非傳寫之誤。

武王戎車三百兩，虎賁三百人，與受戰於牧野。作《牧誓》。

《史記·周本紀》云：「遂率戎車三百乘，虎賁三千人，甲士四萬五千人，以東伐紂。二月甲子昧爽，武王朝至於商郊牧野，乃誓。」即劉歆所本。唯《序》「虎賁三百人」，《史記》作「三千人」。《孟子·盡心篇》亦作「三千人」。考《後漢書·順帝紀》注引《漢官儀》曰：「《書》稱虎賁三百人。」《漢官儀》之説即本《書序》。又，《墨子·明鬼篇》以爲「武王虎賁之卒四百人」，《風俗通·三王篇》以爲「《尚書》武王虎賁八百人」，是古虎賁之數，最多異説，《書序》改「三千」爲「三百」，未可遽以爲後來傳寫之譌。孫氏星衍《尚書今古文注疏》云：「《司馬法》云『革車一乘，士十人』，《樂記》云『虎賁之士説劍』，則虎賁即士也。一乘十人，三百兩則三千人矣。」據此，則《序》之作「虎賁三百人」者，謬也。

武王伐殷，往伐歸獸，識其政事。作《武成》。

《史記·周本紀》云：「乃罷兵西歸，行狩，記政事，作《武成》。」即劉歆所本。

武王勝殷殺受，立武庚，以箕子歸。作《洪範》。

《史記·周本紀》云：「乃出，封商紂子禄父殷之餘民。已而命召公釋箕子之囚。武王已克殷後二年，問箕子殷所以亡，箕子不忍言殷惡，以存亡國宜告。武王亦醜，故問以天道。」《宋世家》云：「武王封紂子武庚、禄父以續殷祀。武王既克殷，訪問箕子。」即劉歆所本。

武王既勝殷，邦諸侯，班宗彝。作《分器》。

《史記·周本紀》云：「封諸侯，班賜宗彝，作《分殷之器物》。」即劉歆所本。

西旅獻獒，太保作《旅獒》。

巢伯來朝，芮伯作《旅巢命》。

武王有疾，周公作《金縢》。

《史記·魯世家》云：「武王有疾不豫，周公於是乃自以爲質，告於太王、王季、文王。周公藏其策金縢匱中。」即劉歆所本。

武王崩，三監及淮夷叛，周公相成王，將黜殷。作《大誥》。

《史記·周本紀》云：「管叔、蔡叔羣弟疑周公，與武庚作亂畔周，周公奉成王命伐誅武庚、管叔，放蔡叔。故初作《大誥》。」《魯世家》云：「管、蔡、武庚等果率淮夷而反，周公乃奉成王命興師東伐，作《大誥》。」即劉歆所本。

成王既黜殷命，殺武庚，命微子啟代殷後，作《微子之命》。

《史記·周本紀》云：「周公奉成王命伐誅武庚，以微子開代殷後。作《微子之命》。」《宋世家》云：「周公既承成王命誅武庚，乃命微子開代殷後，作《微子之命》以申之。」即劉歆所本。

唐叔得禾，異畝同穎，獻諸天子，王命唐叔歸周公於東，作《歸禾》。

《史記·周本紀》云：「晉唐叔得嘉穀，獻之成王，成王以歸周公於兵。所作《歸禾》。」《魯世家》云：「唐叔得禾，異母同穎，獻之成王，成王命唐叔以餽周公於東土，作《餽禾》。」即劉歆所本。

周公既得命禾，旅天子之命，作《嘉禾》。

《史記·周本紀》云：「周公受禾東土，魯天子之命。作《嘉禾》。」《魯世家》云：「周公既受命禾，嘉天子命，作《嘉禾》。」即劉歆所本。

成王既伐管叔、蔡叔，以殷餘民封康叔。作《康誥》、《酒誥》、《梓材》。

《史記·衛世家》云：「周公旦以成王命興師伐殷，殺武庚、禄父、管叔，放蔡叔，以武庚殷餘民封康叔爲衛君，乃申告康叔。故謂之《康誥》、《酒誥》、《梓材》以命之。」即劉歆所本。

成王在豐，欲宅洛邑，使召公先相宅。作《召誥》。

《尚書大傳》云：「成王在豐，欲宅洛邑，使召公先相宅。」《史記·周本紀》云：「成王在豐，使召公復營洛邑。作《召誥》。」即劉歆所本。

召公既相宅，周公往營成周，使來告卜。作《洛誥》。

《史記·周本紀》云：「周公復卜，申視卒營築。作《洛誥》。」即劉歆所本。

成周既成，遷殷頑民，周公以王命誥，作《多士》。

周公作《無逸》。

《史記·周本紀》云：「成王既遷殷遺民，周公以王命告。作《多士》、《無佚》。」《魯世家》云：「乃作《多士》，作《毋逸》。」即劉歆所本。

召公爲保，周公爲師，相成王爲左右，召公不説，周公作《君奭》。

《史記·周本紀》云：「召公爲保，周公爲師。」《燕世家》云：「成王既幼，周公攝政，當國踐祚，召公疑之。作《君奭》。」《列子·楊朱篇》云：「周公攝天子之政，召公不悦，四國流言。」即劉歆所本。

成王東伐淮夷，遂踐奄，作《成王征》。

《尚書大傳》云：「遂踐奄。」《史記·周本紀》云：「東伐淮夷，殘奄。」即劉歆所本。

成王既踐奄，將遷其君於蒲姑，周公告召公。作《將蒲姑》。

《史記·周本紀》云：「東伐淮夷，殘奄，遷其君薄姑。」即劉歆所本。

成王歸自奄，在宗周，誥庶邦。作《多方》。

《史記·周本紀》云：「成王自奄歸，在宗周，作《多方》。」即劉歆所本。

成王既黜殷命，滅淮夷，還歸在豐。作《周官》。

《史記·周本紀》云：「既黜殷命，襲淮夷，歸在豐，作《周官》。」《魯世家》云：「成王在豐，天下已安，周之官政未次序，於是周公作《周官》。」即劉歆所本。

周公作《立政》。

《史記·魯世家》云：「官別其宜，作《立政》。」即劉歆所本。

成王既伐東夷，肅慎來賀，王俾榮伯，作《賄肅慎之命》。

《史記·周本紀》云：「成王既伐東夷，息慎來賀，王賜榮伯，作《賄息慎之命》。」即劉歆所本。

周公在豐，將沒，欲葬成周。公薨，成王葬於畢，告周公。作《亳姑》。

《尚書大傳》云：「周公致政封魯。三年之後，周公老於豐，心不敢遠成王，而欲事文、武之廟。然後周公疾，曰：『吾死必葬於成周，示天下臣於成王。』成王曰：『周公生欲事宗廟，死欲聚骨於畢。』畢者，文王之墓也。故周公薨，成王不葬於成周，而葬之於畢，示天下不敢臣也。」《史記·魯世家》云：「周公在豐，病，將歿，曰：『必葬我成周，以明吾不敢離成王。』周公既卒，成王亦讓，葬周公於畢。」即劉歆所本。

周公既没，命君陳分正東郊成周。作《君陳》。

《禮記·坊記》《緇衣》引《君陳》，即劉歆所本。

成王將崩，命召公、畢公率諸侯相康王。作《顧命》。

《史記·周本紀》云：「成王將崩，乃命召公、畢公率諸侯以相太子而立之。作《顧命》。」即劉歆所本。

康王既尸天子，遂誥諸侯。作《康王之誥》。

《史記·周本紀》云：「康王即位，徧告諸侯。作《康誥》。」即劉歆所本。

康王命作册畢，分居里，成周郊。作《畢命》。

《史記·周本紀》云：「康王命作策畢公，分居里，成周郊，作《畢命》。」即劉歆所本。

穆王命君牙爲周大司徒，作《君牙》。

《禮記·緇衣》引《君雅》，即劉歆所本。

穆王命伯冏爲周大僕正，作《冏命》。

《史記·周本紀》云：「穆王閔文、武之道缺，乃命伯臩申誡太僕國之政，作《臩命》。」即劉歆所本。

蔡叔既没，王命蔡仲踐諸侯位。作《蔡仲之命》。

《史記·管蔡世家》云：「蔡叔度既遷而死，其子曰胡。胡乃改行，率德馴善。周公聞之，而舉胡以爲魯卿士，魯國治。於是言於成王，復封胡於蔡，以奉蔡叔之祀，是爲蔡仲。」《左傳》定四年云：「見諸王而命之以蔡。」即劉歆所本。

魯侯伯禽宅曲阜，徐夷並興，東郊不開。作《費誓》。

《史記·魯世家》云：「伯禽即位之後，有管、蔡等反也。淮夷、徐戎亦並興，反。於是伯禽率師伐之於肸，作《肸誓》。」即劉歆所本。

吕命，穆王訓夏贖刑。作《吕刑》。

《史記·周本紀》云：「甫侯言於王，作修刑辟。命曰《甫刑》。」即劉歆所本。

平王錫晉文侯秬鬯、圭瓚。作《文侯之命》。

《史記·晉世家》云：「天子使王子虎命晉侯爲伯，賜大輅，彤弓矢百，玈弓矢千，秬鬯一卣，珪瓚，虎賁三百人。周作《晉文侯命》。」《序》以爲平王錫晉文侯，《史記》以爲襄王錫晉文公，彼此不同。《史記》非采《書序》，亦其證也。

《經典釋文》云：「馬本無『平』字。」然《正義》引鄭注云：「『義』讀爲『儀』，儀、仇皆訓匹也，故名『仇』，字『儀』。」據此，則鄭本有「平」字，文侯非重耳，與《史記》異矣。鄭本亦出於杜林，爲劉歆以來相傳之本。且鄭注明謂文侯爲仇，如非杜、賈以來有此説，鄭氏何以稱之？《正義》引王肅云：「遭天之大愆，謂幽王爲犬戎所殺。」肅亦古文之學，兼好與鄭爲難，如非杜、賈舊説如此，何以亦同此説？馬本無「平」字，特其偶漏耳。馬注今引見諸書者，亦無以爲晉文公重耳明文。考《新序·善謀篇》亦以爲晉文公重耳，《史記》亦無平王錫晉文侯事，知西漢以前本無異論。其以爲平王錫晉文侯者，特《書序》之妄耳。據《史記·秦本紀》，犬戎之難，平王室者唯秦襄公。《周本紀》、《晉世家》皆無晉文侯勤王之事，文侯何功德於周而受此錫命？唯《左傳》隱六年云「周之東遷，晉、鄭焉依」，《國語·鄭語》云「晉文侯於是乎定天子」，與《書序》合。《書序》、《左傳》、《國語》皆劉歆之學，其爲一綫，又何疑乎？

秦穆公伐鄭，晉襄公帥師敗諸崤。還歸，作《秦誓》。

《史記·秦本紀》云：「繆公復益厚孟明等，使將兵伐晉，以報殽之役。晉人皆城守不敢出。於是繆公乃自茅津渡河，封殽中尸，爲發喪，哭之三日，乃誓於軍，以申思不用蹇叔、百里傒之謀，故作此誓。」《序》以爲敗殽還歸即誓，《史記》以爲報殽役封尸後乃誓，兩説不同。《史記》非采《書序》，亦其證也。又《序》敗殽還歸即誓之説與《左傳》同。《書序》、《左傳》皆出於劉歆，其爲一手僞造，斷然矣。

《尚書》篇目異同真僞表

《書序》之僞明，百篇之妄祛矣。然篇目真僞雜出，今古淆亂。且真《書》中亦自有辨，有孔子之《書》，有孔子未修之《書》，異説繽紛。學者耳目猶易惑焉，今以伏生所傳二十八篇，爲孔子定制之《書》，經傳諸子及《史記》所引篇名，爲孔子未修之《書》。《書序》暨十六篇僞古文之目附於下，分而表之。劉歆以後，《書序》大行，諸儒徵引均祖之。既明《書序》之僞，根本既除，枝葉自去，今置不議。其王肅所僞古文，辨之皆明，亦不復列焉。

伏生書篇目	經傳諸子引書篇目	史記引書篇目	書序篇目	十六篇僞古文篇目
堯典第一	堯典《孟子・萬章》。〇《禮記・大學》作「帝典」。		堯典第一	
			舜典第二	舜典
			汩作第三	汩作
	九共《尚書大傳》。		九共九篇第四	九共九篇
			槀飫第五	
			大禹謨第六	大禹謨
皋陶謨第二			皋陶謨第七	
			棄稷第八	
禹貢第三			禹貢第九	
甘誓第四		甘誓《夏本紀》。	甘誓第十	

		五子之歌《夏本紀》。	五子之歌第十一	
		胤征《夏本紀》。	胤征第十二	胤征
	帝告《尚書大傳》。	帝誥《殷本紀》。	帝告第十三	
			釐沃第十四	
		湯征《殷本紀》。	湯征第十五	
		女鳩《殷本紀》。	汝鳩第十六	
		女房《殷本紀》。	汝方第十七	
		夏社《殷本紀》。	夏社第十八	
			疑至第十九	
			臣扈第二十	
湯誓第五	湯誓《孟子·梁惠王》、《國語·周語》、《墨子·尚賢》。○説見前。	湯誓《殷本紀》。	湯誓第二十一	

		典寶《殷本紀》。	典寶第二十二	
	仲虺之告《墨子·非命》。○《左傳》襄三十年作「仲虺之志」。	中𤳹之誥《殷本紀》。	仲虺之誥第二十三	
		湯誥《殷本紀》。	湯誥第二十四	湯誥
		咸有一德《殷本紀》。	咸有一德第二十五	
		明居《殷本紀》。	明居第二十六	
	伊訓《孟子·萬章》。	伊訓《殷本紀》。	伊訓第二十七	伊訓
		肆命《殷本紀》。	肆命第二十八	
		徂后《殷本紀》。	徂后第二十九	
	太甲《禮記·表記》《緇衣》《大學》、《孟子·公孫丑》《離婁》、	太甲訓三篇《殷本紀》。	太甲三篇第三十	

	《説苑・敬慎》。〇西漢伏《書》既定一尊，諸儒引者咸本之。今既録伏《書》，且以文繁悉不載，唯取在伏《書》外者録之。			
		沃丁《殷本紀》。	沃丁第三十一	
		咸艾《殷本紀》。	咸乂四篇第三十二	
			伊陟第三十三	
		原命《殷本紀》。	原命第三十四	
			仲丁第三十五	
			河亶甲第三十六	
			祖乙第三十七	

般庚第六	盤庚之誥《左傳》哀十一年。	盤庚三篇《殷本紀》。○《吳世家》作「盤庚之誥」。	盤庚三篇第三十八	
	兑命《禮記・文王世子》《學記》《表記》《緇衣》。○《尚書大傳》作「説命」。		説命三篇第三十九	
高宗肜日第七		高宗肜日《殷本紀》。	高宗肜日第四十	
		高宗之訓《殷本紀》。	高宗之訓第四十一	
西伯戡耆第八			西伯戡黎第四十二	
微子第九			微子第四十三	
	太誓《禮記・坊記》，《左傳》成二年、	太誓《周本紀》、《齊世家》。	太誓三篇第四十四	

	昭元年、二十四年，《孟子·滕文公》《萬章》，《國語·周語》《鄭語》，《荀子·議兵》，《管子·法禁》，《墨子·尚同》《兼愛》《天志》《非命》，《尚書大傳》，《説苑·臣術》。			
牧誓第十		牧誓《魯世家》。	牧誓第四十五	
	武成《孟子·盡心》。	武成《周本紀》。	武成第四十六	武成
洪範第十一			洪範第四十七	
		分殷之器物《周本紀》。	分器第四十八	
			旅獒第四十九	
			旅巢命第五十	

大誥第十二今文 《大誥》在《金縢》前，與《書序》不同。		大誥《周本紀》、《魯世家》。	金縢第五十一	
金縢第十三			大誥第五十二	
		微子之命《周本紀》、《宋世家》。	微子之命第五十三	
		歸禾《周本紀》。○《魯世家》作「餽禾」。	歸禾第五十四	
	嘉禾《尚書大傳》。	嘉禾《周本紀》、《魯世家》。	嘉禾第五十五	
康誥第十四	康誥《禮記・緇衣》《大學》，《左傳》僖三十三年、昭二十年、定四年，《孟子・萬章》，《荀子・富國》。	康誥《周本紀》、《衛世家》。	康誥第五十六	

酒誥第十五		酒誥《周本紀》、《衛世家》。	酒誥第五十七	
梓材第十六		梓材《周本紀》、《衛世家》。	梓材第五十八	
召誥第十七		召誥《周本紀》。	召誥第五十九	
雒誥第十八		洛誥《周本紀》。	洛誥第六十	
多士第十九		多士《周本紀》、《魯世家》。	多士第六十一	
毋佚第二十		無佚《周本紀》。○《魯世家》作「毋逸」。	無逸第六十二	
君奭第二十一	君奭《禮記・緇衣》。	君奭《燕世家》。	君奭第六十三	
			成王征第六十四	
			將蒲姑第六十五	

多方第二十二		多方《周本紀》。	多方第六十六	
		周官《周本紀》、《魯世家》。	周官第六十七	
立政第二十三		立政《魯世家》。	立政第六十八	
		賄息慎之命《周本紀》。	賄肅慎之命第六十九	
			亳姑第七十	
	君陳《禮記·坊記》《緇衣》。		君陳第七十一	
顧命第二十四		顧命《周本紀》。	顧命第七十二	
		康誥《周本紀》。○《書序》「康王之誥」，《史記》本作「康誥」。	康王之誥第七十三	
		畢命《周本紀》。	畢命第七十四	

	君雅《禮記・緇衣》。		君牙第七十五	
	臩命《尚書大傳》。	臩命《周本紀》。	囧命第七十六	囧命
	蔡仲之命《左傳》定四年。		蔡仲之命第七十七	
鮮誓第二十五		肸誓《魯世家》。	費誓第七十八	
甫刑第二十六	甫刑《禮記・表記》《緇衣》、《孝經》。○《墨子・尚賢》《尚同》作「吕刑」。	甫刑《周本紀》。	吕刑第七十九	
文侯之命第二十七		晉文侯命《晉世家》。	文侯之命第八十	
秦誓第二十八	秦誓《禮記・大學》。	秦誓《秦本紀》。	秦誓第八十一	
	禹誓《墨子・兼愛》《明鬼》。○説見前。	太戊《殷本紀》。此篇《書序》無。		
	夏訓《左傳》襄四年。			

武觀《墨子·非樂》。

湯説《墨子·兼愛》。

○説見前。

官刑《墨子·非樂》。

尹吉《禮記·緇衣》。

○鄭注「吉」當爲「告」，《書序》以爲「咸有一德」。按所引雖有「咸有一德」之言，而明日「尹吉」，篇名顯異。即以「吉」爲「告」，亦不能以辭句偶同，即斷爲《咸有一德》。鄭注不足據。

右凡二十八篇	右凡三十三篇	右凡五十三篇	右凡百篇	右凡十六篇
	高宗《禮記·坊記》。○按所引非高宗之言，而曰「高宗云」，其爲篇名可知。人名名篇，《太甲》即其例，未必即《高宗之訓》也。			
	大戰《尚書大傳》。			
	伯禽《左傳》定四年。			
	唐誥《左傳》定四年。			
	揜誥《尚書大傳》。			
	多政《尚書大傳》。			
	相年《墨子·尚同》。			

豐刑《漢書·律曆志》。○劉歆以後引《書》篇名者，率本《書序》，兹不復載。唯《律曆志》引此篇出《書序》外，故并録之，附於《書序》篇目後，從其類也。

新學僞經考卷十四

劉向經説足證僞經考第十四

漢大儒領袖當時，傳書今日者，自史遷外，董仲舒、劉向而已。孔子改制，統於《春秋》。仲舒傳《公羊》，向傳《穀梁》，皆博極羣書，兼通六藝，得孔子之學者也。然考孔子真經之學，必自董子爲入門；考劉歆僞經之學，必以劉向爲親證。二子者各有宜焉。蓋人以爲《七略》出於劉向而信之，不知其盡出於歆也；又以爲《别録》出於劉向而信之，不知其亦僞於歆也。然歆之作僞，自龔勝、公孫禄以來，人多疑之，但不知其徧僞羣經。故東漢校書高才，莫不尊信，終以託於中祕，莫得而攻焉。今爲之證其僞曰：歆任校書，向亦任校書，凡歆所見之書，向亦見之，歆不能出向外也。以向説考歆，無不鑿枘。向則今學説也，歆則古學説也，則真僞具白矣。歆早料天下將以向之説攻之，故於僞造《左傳》，則云「向不能難」，於僞造《周官》，則云「向不能識」。所以拒塞天下之口者，防之早密矣。夫向之陳外家封事也，折王氏，而歆以宗室子，佐莽篡漢。向之尊述六經也，守孔學，而歆以世儒業，而抑儒篡孔。向之持守《魯詩》也，奉元王，而歆以作僞經，而誣父悖祖。其爲臣、爲弟、爲子，果何如也？今採《向傳》及《五行志》、《説苑》、《新序》、《列女傳》屬門人新會梁啓超剌取經説，與歆僞經顯相違忤者，録著於篇。倘以歆之説爲可信乎，則向説其反僞邪非歟！

周大夫祭伯乖離不和，出奔於魯，而《春秋》爲諱，不言來奔。

《左傳》：「祭伯來，非王命也。」不以爲出奔。

是後尹氏世卿而專恣。

僞《左傳》欲没《春秋》譏世卿之義，而改「尹氏」爲「君氏」，以王朝大夫爲侯國夫人，可哂極矣。見《左傳僞證》。

周室多禍，晉敗其師於貿戎。

成元年：「秋，王師敗績於貿戎。」《公羊傳》：「孰敗之？蓋晉敗之也。」僞《左傳》乃以爲「戎敗之」。

王者必通三統。

此《公羊》大義，《春秋繁露·三代改制質文篇》發之至詳。僞《左》無之。

以上《漢書·劉向傳》。按《向傳》有「上方精於《詩》、《書》，觀古文」，此是歆僞竄者，向時無古文。

田狩有三驅之制。

師古曰：「三驅之禮，一爲乾豆，二爲賓客，三爲充君之庖。」此《王制》、《公》、《穀》之禮。

《春秋》桓公十四年：「八月壬申，御廩災。」劉向以爲：「御廩，夫人八妾所舂米，藏之以奉宗廟者也。❶時夫人有淫行，挾逆心，天戒若曰：『夫人不可以奉宗廟。』桓不寤，與夫人俱會齊。夫人譖桓公於齊侯，齊侯殺桓公。」劉歆以爲：「御廩，公所親耕藉田以奉粢盛者也，棄法度亡禮之應也。」

按：劉向説「夫人八妾」，亦「一娶九女」之證。

釐公二十五年：❷「五月己酉，❸西宮災。」劉向以爲：「釐立妾母爲夫人，以入宗廟，故天災愍宮。」《左氏》以爲：「西宮者，公宮也，言西，知有東。」

向説與《孟子》「毋以妾爲妻」同，孔子大義也。歆説杜撰。

宣公十六年：「夏，成周宣榭火。」劉向以爲：「十五年，王札子殺召伯、毛伯，天子不能誅。天戒若曰：『不能行政令，何以禮樂爲而藏之？』」《左氏經》曰：「成周宣榭火，人火也。人火曰火，天火曰災。榭者，講武之坐屋。」

「火」與「災」，《公羊》無兩義，❹歆爲僞《左》妄説。

---

❶「藏之」，《漢書·五行志上》作「之臧」，從上讀。

❷「五」，《漢書補注·五行志上》無此字，當是。

❸「己酉」，據清錢大昭《漢書辨疑》，《左傳》及南雍本、閩本《漢書·五行志上》俱作「乙巳」。

❹「公羊」，重刻本作「公穀」。

桓公元年：❶「秋，大水。」劉向以爲：「桓弑兄隱公，民臣痛隱而賤桓。後宋督弑其君，諸侯會，將討之，桓受宋賂而歸，又背宋，諸侯由是伐魯。」劉歆以爲：「桓易許田，不祀周公。」歆每事必與向反，而最惡《春秋》之誅亂賊。至其所尊者，則周公也。許田爲魯朝宿邑，實王田，不得有周公廟，即有，亦爲别廟。安有因易田而不祀周公者乎？詳見《左氏僞證》。

隱公九年：「三月癸酉，大雨，震電。庚辰，大雨雪。」大雨，雨水也；震，雷也。劉歆以爲：「三月癸酉，於曆數春分後一日，始震電之時，當雨，而不當大雨。大雨，常雨之罰也。」劉向以爲：「周三月，今正月也，當雨水，雪雜雨，雷電未可以發也。」

釐公十五年：「九月己卯晦，震夷伯之廟。」劉向以爲：「晦，暝也。震，雷也。夷伯，世大夫，正晝雷，❷其廟獨冥，天戒若曰：『勿使大夫世官，將專事，暝晦。』明年，公子季友卒，果世官。」劉歆以爲：「《春秋》及朔言朔，及晦言晦，人道所不及，則天震之。展氏有隱慝，故天加誅於其祖夷伯之廟，以譴告之也。」歆最惡《春秋》之義。故向屢言譏世卿，而歆必易之。

宣公三年：「郊牛之口傷，改卜牛，牛死。」劉向以爲：「近牛禍也。是時宣公與公子遂謀共殺子赤而立，又以喪娶。」

---

❶ 「元」，原作「二」，據《春秋》及《漢書·五行志上》改。

❷ 「晝」，原作「書」，據《漢書·五行志下》改。

宣元年《左傳》云：「公子遂如齊逆女，尊君命也，遂以夫人婦姜至自齊，尊夫人也。」欲没《春秋》譏喪娶之義。歆非爲墨，何至主張喪娶？可謂全無人心者矣。

成公五年：「夏，梁山崩。」劉向以爲：「梁山在晉地，自晉始而及天下也。」劉歆以爲：「梁山，晉望也。古者三代命祀，祭不越望，吉凶禍福，不是過也。」

隱公三年：「二月己巳，日有食之。」《穀梁傳》曰：「言日不言朔，食晦。」《公羊傳》曰：「食二日。」劉向以爲：「其後戎執天子之使，鄭獲魯隱，滅戴，衛、魯、宋咸殺君。」《左氏》、劉歆以爲：「正月二日，燕、越之分野也。凡日所躔而有變，❶則分野之國失政者受之。周衰，天子不班朔，魯曆不正，置閏不得其月，月大小不得其度。史記日食，或言朔而實非朔，或不言朔而實朔，或脱不書朔與日，皆官失之也。」

歆以《春秋》爲斷爛朝報，故屢有此説。

桓公三年：「七月壬辰，日有食之，既。」劉向以爲：「前事已大，後事將至者又大，則既。先是魯、宋弑君，魯又成宋亂，易許田，亡事天子之心；楚僭稱王。後鄭拒王師，射桓王；又二君相篡。」劉歆以爲：「六月，趙與晉分。先是晉曲沃伯再弑晉侯，是歲晉大亂，滅其宗國。」

十七年：「十月朔，日有食之。」劉向以爲：「是時衛侯朔有罪出奔齊，天子更立衛君。朔藉助五國，舉兵伐之而自立，王命遂壞。魯夫人淫失於齊，卒殺威公。」劉歆以爲：「楚、鄭分。」

❶「躔」，原作「纏」，據《漢書·五行志下》改。

嚴公十八年：「三月，日有食之。」劉向以爲：「周天子不明，齊桓將奪其威。」劉歆以爲：「晦，魯、衞分。」

二十六年：「十二月癸亥朔，日有食之。」劉向以爲：「時戎侵曹，魯夫人淫於慶父、叔牙，將以弑君，故比年再蝕以見戒。」劉歆以爲：「十月二日，楚、鄭分。」

三十年：「九月庚午朔，日有食之。」劉向以爲：「後魯二君弑，夫人誅，兩弟死，狄滅邢，徐取舒，晉殺世子，楚滅弦。」劉歆以爲：「八月，秦、周分。」

僖公五年：「九月戊申朔，日有食之。」劉向以爲：「晉滅虢，楚圍許，諸侯伐鄭，晉弑二君，狄滅温，楚伐黄，齊桓不能救。」劉歆以爲：「七月，秦、晉分。」

十二年：「三月庚午朔，日有食之。」劉向以爲：「是時楚滅黄，狄侵衞、鄭，莒侯滅杞。」劉歆以爲：「三月，齊、衞分。」

十五年：「五月，日有食之。」劉向以爲：「象晉文公將行伯道。」劉歆以爲：「二月朔，齊、越分。」

文公元年：「二月癸亥，日有食之。」劉向以爲：「先是大夫始執國政，公子遂如京師；後楚世子商臣殺父，齊公子商人弑君，皆自立；宋子哀出奔，晉滅江，楚滅六，大夫公孫敖、叔彭生並專會盟。」劉歆以爲：「正月朔，燕、越分。」

十五年：「六月辛丑朔，日有食之。」劉向以爲：「後宋、齊、莒、晉、鄭八年之間，五君殺死，楚滅舒、蓼。」劉歆以爲：「四月二日，魯、衞分。」

宣公十年：「四月丙辰，日有食之。」劉向以爲：「後陳夏徵舒弑其君，楚滅蕭，晉滅二國，王札子殺召伯、毛伯。」劉歆以爲：「二月，魯、衞分。」

十七年：「六月癸卯，日有食之。」劉向以爲：「後邾支解鄫子，晉敗王師於貿戎，敗齊於鞌。」劉歆以爲：「三月晦，朓，魯、衞分。」

此但云「邾支解鄫子」，於宋無與。僞《左》欲没宋襄之讓德而文致其罪，故云「宋使之」。

成公十六年：「六月丙寅朔，日有食之。」劉向以爲：「後晉敗楚、鄭於鄢陵，執魯侯。」劉歆以爲：「四月二日，魯、衞分。」

十七年：「十二月丁巳朔，日有食之。」劉向以爲：「後楚滅舒、庸，晉弑其君，宋魚石因楚奪君邑，莒滅鄫，齊滅萊，鄭伯弑死。」劉歆以爲：「九月，周、楚分。」

襄公十四年：「二月乙未朔，日有食之。」劉向以爲：「後衞大夫孫、甯共逐獻公，立孫剽。」劉歆以爲：「前年十二月二日，宋、燕分。」

十五年：「八月丁巳，日有食之。」劉向以爲：「先是晉爲雞澤之會，諸侯盟，又大夫盟，後爲溴梁之會，諸侯在而大夫獨相與盟，君若綴斿，不能舉手。」劉歆以爲：「五月二日，魯、趙分。」

二十年：「十月丙辰朔，日有食之。」劉歆以爲：「八月，秦、周分。」

二十一年：「九月庚戌朔，日有食之。」劉歆以爲：「七月，秦、晉分。」

「十月庚辰朔，日有食之。」劉歆以爲：「八月，秦、周分。」

二十三年：「二月癸酉朔，日有食之。」劉歆以爲：「前年十二月二日，宋、燕分。」

二十四年："七月甲子朔，日有食之，既。"劉歆以爲："五月，魯、趙分。"

"八月癸巳朔，日有食之。"劉歆以爲："六月，晉、趙分。"

二十七年："十二月乙亥朔，日有食之。"劉向以爲："自二十年至此歲，八年間日食七作，禍亂將重起，故天仍見戒也。後齊崔杼弑君，宋殺世子，北燕伯出奔，鄭大夫自外入而篡位。"劉歆以爲："九月，周、楚分。"

昭公七年："四月甲辰朔，日有食之。"劉向以爲："先是楚靈王弑君而立，會諸侯，執徐子，滅賴，後陳公子招殺世子，楚因而滅之，又滅蔡，後靈王亦弑死。"❶劉歆以爲："二月，魯、衛分。"傳曰："晉侯問於士文伯，曰：『誰將當日食？』對曰：『魯、衛惡之，衛大，魯小。』公曰：『何故？』對曰：『去衛地，如魯地，於是有災，其衛君乎？魯將上卿。』是歲八月，衛襄公卒，十一月，魯季孫宿卒。"

十五年："六月丁巳，朔，日有食之。"劉歆以爲："三月，魯、衛分。"

十七年："六月甲戌朔，日有食之。"劉歆以爲："六月二日，魯、趙分。"

二十一年："七月壬午朔，日有食之。"劉歆以爲："五月二日，魯、趙分。"

二十二年："十二月癸酉朔，日有食之。"劉歆以爲："十月，楚、鄭分。"

二十四年："五月乙未朔，日有食之。"劉向以爲："自十五年至此歲，十年間天戒七見，人君猶不寤。後楚殺戎蠻子，晉滅陸渾戎，盜殺衛侯兄，蔡、莒之君出奔，吴滅巢，公子光殺王僚，宋三臣以邑叛其君。"劉歆以

---

❶ "弑"，原作"殺"，據《漢書·五行志下》改。

爲：「二日，魯、趙分。」

三十一年：「十二月辛亥朔，日有食之。」劉向以爲：「時吴滅徐而蔡滅沈，楚圍蔡，吴敗楚入郢，昭王走出。」劉歆以爲：「二日，宋、燕分。」

定公五年：「三月辛亥朔，日有食之。」劉向以爲：「後鄭滅許，魯陽虎作亂，竊寶玉大弓，季桓子退仲尼，宋三臣以邑叛。」劉歆以爲：「正月二日，燕、趙分。」

十二年：「十一月丙寅朔，日有食之。」劉向以爲：「後晉三大夫以邑叛，薛弑其君，楚滅頓、胡，越敗吴，衛逐世子。」劉歆以爲：「十二月二日，楚、鄭分。」

十五年：「八月庚辰朔，日有食之。」劉向以爲：「盜殺蔡侯，齊陳乞弑其君而立陽生，孔子終不用。」劉歆以爲：「六月，晉、趙分。」

歆造分野之説，散布《周禮》、《左氏》、《國語》諸書，并入之費《易》，其徵應可謂多矣。向上封事歷敘災異，而云「當是時禍亂輒應，故弑君三十六，亡國五十二」云云。故其《五行傳》，屬辭比事，一一不爽。歆欲獎借逆篡，故爲此例以攙亂之，務使與經所書方圓不入而已。此與《向傳》所載「恭、顯等言日變歸罪堪、猛」，同一小人心事。《志》稱：「孝武時，夏侯始昌通五經，善推《五行傳》，以傳族子勝，下及許商，皆以教所賢弟子。其傳與劉向同。唯劉歆爲異。」若以歆爲是，則自董子、夏侯以下逮於子政，其皆非矣。今並列之，學者自擇焉。

以上《漢書·五行志》。

棄母姜嫄者，邰侯之女也。當堯之時，行見巨人跡，好而履之，歸而有娠，寖以益大。心怪惡之，卜筮禋祀，以求無子。終生子，以爲不祥，而棄之隘巷，牛羊避而不踐。乃送之平林之中，後伐平林者咸薦之覆之。乃取置寒冰之上，飛鳥傴翼之。姜嫄以爲異，乃收以歸，因命曰棄。《棄母姜嫄傳》。

契母簡狄者，有娀氏之長女也。當堯之時，與其妹娣浴於玄丘之水。有玄鳥銜卵，過而墜之，五色甚好，簡狄與其妹娣競往取之。簡狄得而含之，誤而吞之，遂生契焉。《契母簡狄傳》。

《五經異義》云："《詩》齊、魯、韓説聖人，皆無父，感天而生。"《毛詩正義》引。《史記·三代世表》褚先生説、《春秋繁露·三代改制質文篇》並同。蓋相傳舊説無不如是，僞學出後始有異義耳。别詳《毛詩僞證》中。

有㜸之妃湯也，統領九嬪，後宫有序，咸無妒媢逆理之人，卒致王功。君子謂妃明而有序。《詩》云："窈窕淑女，君子好逑。"言賢女爲君子和好衆妾，其有㜸之謂也。《湯妃有㜸傳》。

按：此與《毛傳》逑匹之訓不合。《鄭箋》亦云："能爲君子和好衆妾之怨。"鄭用韓説，三家同義也。以九嬪爲衆妾，亦歆僞説。此文有羼亂也，辨見下。

衛姑定姜者，衛定公之夫人，公子之母也。公子既娶而死，其婦無子，畢三年之喪。定姜歸，其婦自送之至於野，恩愛哀思，悲心感慟，立而望之，揮泣垂涕。乃賦《詩》曰："燕燕于飛，差池其羽。之子于歸，遠送於野。瞻望不及，泣涕如雨。"送去，歸，泣而望之。又作《詩》曰："先君之思，以畜寡人。"《衛姑定姜傳》。

《坊記》："《詩》云：'先君之思，以畜寡人。'"注："此衛夫人定姜之詩也。"鄭用韓説，三家同義。閩縣陳喬樅引《後漢書・和熹鄧皇后紀》「《燕燕》之詩，曷能喻焉」，以爲送娣之證。見《三家詩遺説考》。不知賦詩斷章，安必其事盡同，不足爲難也。僞説之謬，别詳《毛詩僞證》、《左氏僞證》中。

傅母者，齊女之傅母也。女爲衛莊公夫人，號曰莊姜。姜交好，始往，操行衰惰，有冶容之行，淫泆之心。傅母見其婦道不正，喻之云：「子之家世世尊榮，當爲民法則。子之質聰達於事，當爲人表式。儀貌壯麗，不可不自修整，衣錦絅裳，飾在輿馬，是不貴德也。」乃作《詩》曰：「碩人其頎，衣錦絅衣。齊侯之子，衛侯之妻，東宫之妹，邢侯之姨，譚公維私。」砥厲女之心以高節，以爲人君之子弟，爲國君之夫人，尤不可有邪僻之行焉。女遂感而自修。君子善傅母之防未然也。莊姜者，東宫得臣之妹也，無子，姆戴嬀之子桓公。公子州吁，嬖人之子也，有寵，驕而好兵，莊公弗禁，後州吁果殺桓公。《詩》曰「毋教猱升木」，此之謂也。《齊女傅母傳》。

按：僞《毛傳》以《碩人》詩爲衛人閔莊姜而作，違戾古義，辨見《毛詩僞證》、《左氏僞證》。此題爲「齊女傅母」，何緣忽另敘莊姜、戴嬀之事，與上下文不應？此爲《左傳》文，當爲歆竄。將此節删去，則引《詩》「毋教猱升木」，正與防未然之義相屬。歆每改易父書以申己説，見於《别録》者不可悉數，此亦其羼入之顯迹也。

魯季敬姜者，莒女也，號戴己，魯大夫公父穆伯之妻，文伯之母，季康子之從祖叔母也。《魯季敬姜傳》。

《左傳》以戴己爲别是一人，公孫敖之妻，文伯穀之母，敖亦謚穆伯，則與向説異。蓋歆所改也。

《詩》不云乎：「好樂無荒，良士休休。」言不失和也。《楚子發母傳》。

《毛詩》：「休休，樂道之心。」

晉人殺懷公而立公子重耳，是爲文公，迎齊姜以爲夫人。《晉文齊姜傳》。

《左傳》無迎齊姜之事。襄三十三年云「文嬴請三帥」。文六年云：「杜祁以君故讓偪姞而上之，以狄故讓季隗而己次之，故班在四。」然則一文嬴，二偪姞，三季隗，四杜祁，無復齊姜位置矣，其有意顛倒如是。

夫禮：天子十二，諸侯九，卿大夫三，士二。《宋鮑女宗傳》。

天子一娶十二女，諸侯一娶九女，古傳記並同。《昏義》：「古者天子后立六宮，三夫人，九嬪，二十七世婦，八十一御妻，以聽天子之內治，以明章婦順。」此自指公、卿、大夫、士之命婦而言。劉歆牽合以爲後宮之制，乃大謬也。詳見《劉歆王莽傳辨僞》中。

許穆夫人者，衛懿公之女，許穆公之夫人也。《許穆夫人傳》。

《左傳》、《毛詩》皆言許穆夫人爲公子頑烝於宣姜所生，而此《傳》及《史記》不然。烝淫何事，妄誣古人，顛倒是非至此。詳《左傳僞證》、《毛詩僞證》中。

齊靈仲子者，宋侯之女，齊靈公之夫人也。初，靈公娶於魯，聲姬生子光，以爲太子。夫人仲子與其娣戎子皆嬖於公，仲子生子牙。戎子請以牙爲太子，代光，公許之，仲子不可。《齊靈仲子傳》。

按：《左傳》作「齊侯娶於魯，曰顏懿姬，無子，其姪鬷聲姬生光」。「夫人仲子」又作「諸子」，與此不同。此事與「惠公元妃孟子」一條相近，或歆竊此聲子、仲子之名入之於彼，而復點竄此傳歟！

周之康王夫人晏出朝，《關雎》預見，思得淑女以配君子。夫雎鳩之鳥，猶未嘗見乘居而匹處也。《魏曲沃負傳》。

《關雎》之義有三：《論語》云：「師摯之始，《關雎》之亂。」三家亦皆以爲刺時，此作詩者之意也。《史記》云：「《關雎》爲《風》始。」四始皆爲文王之詩，此編詩者之意也。《列女傳》云：「夫人晏出，《關雎》預見。」《漢書·杜欽傳》云：「佩玉晏鳴，《關雎》歎之。」李奇注：「詩人歌而傷之。」此誦詩者之意也。毛於三義皆不合，詳見《毛詩僞證》。此篇「思得淑女以配君子」，爲歌詩者「思得」。《毛序》「樂得淑女以配君子」，爲君子「樂得」。襲此文而失其意，亦可哂矣。

召南申女者，申人之女也。既許家於酆，夫家禮不備而欲迎之。女與其人言，以爲：「夫婦者人倫之始也，不可不正。《傳》曰：『正其本則萬物理，失之豪釐，差之千里。』是以本立而道生，源治而流清。故嫁娶者，所以承重傳業，繼續先祖，爲宗廟主也。夫家輕禮違制，不可以行。」遂不肯往。夫家訟之於理，致之於獄，女終以一物不具，一禮不備，守節持義，必死不往。而作詩曰：「雖速我獄，室家不足。」言夫家之禮不備足也。君子以爲得婦道之儀，故舉而揚之，傳而法之，以絶無禮之求，防淫慾之行焉。又曰「雖速我訟，亦不女從」，此之謂也。《召南申女傳》。

《韓詩外傳》、《易林》義同。作僞者見有「絶無禮之求，防淫慾之行」及《易林》「貞女不行」之文，遂以爲强暴不能侵陵，以次在《甘棠》之後，故以爲召伯聽訟也。詳《毛詩僞證》。

伯姬者，魯宣公之女，成公之妹也。其母曰繆姜，嫁伯姬於宋恭公。恭公不親迎，伯姬迫於父母之命而行。既入宋，三月，廟見，當行夫婦之道。伯姬以恭公不親迎，故不肯聽命。宋人告魯，魯使大夫季文子於宋，致命於伯姬。還復命，公享之。繆姜出於房，再拜曰：「大夫勤勞於遠道，辱送小子，不忘先君以及後嗣。使下而有知，先君猶有望也，敢再拜大夫之辱。」伯姬既嫁於恭公，十年，恭公卒，伯姬寡。至景公時，伯姬嘗遇夜失火。左右曰：「夫人少避火。」伯姬曰：「婦人之義，保傅不俱，夜不下堂，待保傅來也。」保母至矣，傅母未至也，左右又曰：「夫人少避火。」伯姬曰：「婦人之義，傅母不至，夜不可下堂。越義而生，不如守義而死。」遂逮於火而死。《春秋》詳録其事，爲賢伯姬，以爲婦人以貞爲行者也，伯姬之婦道盡矣。當此之時，諸侯聞之，莫不悼痛，以爲死者不可以生，財物猶可復故，相與聚會於澶淵，償宋之所喪，《春秋》善之。君子曰：「禮，婦人不得傅母，夜不下堂，行必以燭。」伯姬之謂也。《詩》云：「淑慎爾止，不愆於儀。」伯姬可謂不失儀矣。《宋恭伯姬傳》。

歆作僞經，首欲奪《春秋》之義，故每事必彌縫周内之。譏不親迎，孔子之通禮。歆抑《禮經》爲士禮，以爲不得推之天子、諸侯、卿大夫，於是爲「上卿逆夫人」之説。成九年傳「季文子如宋致女」一條，録此文而删其「以恭公不親迎，故不肯聽命」云云，豈知魯以恭姬之故，特使季文子致命，故穆姜出房拜勞，《左氏》删竄之，豈復成文義邪？《春秋》書伯姬之事凡八，二傳皆以爲賢伯姬，聖人之情見乎辭矣。《左氏》譏以爲「女而不婦」，而於其餘皆没之。澶淵之會，二傳善之而《左氏》尤之，與聖人同好惡者，固如是邪？餘説詳《左氏僞證》中。

夫人者，齊侯之女也。嫁於衛，至城門，而衛君死。保母曰：「可以還矣。」女不聽，遂入，持三年之喪畢。弟立，請曰：「衛，小國也，不容二庖，願請同庖。」夫人曰：「唯夫婦同庖。」終不聽。衛君使人愬於齊兄弟。齊兄弟皆欲與後君，使人告女。女終不聽，乃作詩曰：「我心匪石，不可轉也。我心匪席，不可卷也。」厄窮而不閔，勞辱而不苟，然後能自致也；言不失也，然後可以濟難矣。《詩》曰：「威儀棣棣，不可選也。」言其左右無賢臣，皆順其君之意也。君子美其貞壹，故舉而列之於《詩》也。《衛寡夫人傳》。

衛寡夫人高節如此，僞毛謂「《柏舟》仁而不遇」，非獨望文生義，意在掩抑節義也。詳《毛詩僞證》。

蔡人之妻者，宋人之女也。既嫁於蔡，而夫有惡疾。其母將改嫁之。女曰：「夫不幸，乃妾之不幸也，奈何去之？適人之道，壹與之醮，終身不改。不幸遇惡疾，不改其意。且夫采采芣苢之草，雖其臭惡，猶始於捋采之，終於懷擷之，寖以益親，况於夫婦之道乎！彼無大故，又不遣妾，何以得去？」終不聽其母，乃作《芣苢》之詩。君子曰：宋女之意甚貞而壹也。《蔡人之妻傳》。

《毛詩》，凡《周南》皆以爲后妃之所致，已爲無理。《辨命論》「冉耕歌其芣苢」，皆以芣苢爲臭草，而以爲「宜子」，何其謬乎！詳《毛詩僞證》。

黎莊夫人者，衛侯之女，黎莊公之夫人也。既往而不同欲，所務者異，未嘗得見，甚不得意。其傳母閔夫人賢，公反不納，憐其失意，又恐其已見遣而不以時去，謂夫人曰：「夫婦之道，有義則合，無義則去，今不得意，胡不去乎？」乃作詩曰：「式微式微，胡不歸？」夫人曰：「婦人之道，壹而已矣，彼雖不吾以，吾何可以離於婦道乎！」乃作詩曰：「微君之故，胡爲乎中路？」終執貞壹，不違婦道，以俟君命。君子故序之以編《詩》。《黎莊夫人傳》。

按此詩一問一答，即後世聯句之祖。僞毛以爲黎侯寓於衛，其臣勸以歸。不知黎侯正是思歸不得。如有可歸，豈待羣臣之勸邪？ 可謂無稽之言。「泥中，衞邑」，亦嚮壁虚造也。

夫人者，息君之夫人也。楚伐息，破之，虜其君，使守門，將妻其夫人而納之於宫。楚王出游，夫人遂出見息君，謂之曰：「人生要一死而已，何至自苦！ 妾無須臾而忘君也，終不以身更貳醮。生離於地上，豈如死歸於地下哉！」乃作詩曰：「穀則異室，死則同穴。謂予不信，有如皎日！」息君止之。夫人不聽，遂自殺，息君亦自殺，同日俱死。楚王賢其夫人守節有義，乃以諸侯之禮合而葬之。君子謂夫人説於行善，故序之於《詩》。夫義動君子，利動小人，息君夫人不爲利動矣。《詩》云：「德音莫違，及爾同死。」此之謂也。《息君夫人傳》。

此是息詩，而序之《王風》者。王得統諸國，故息繫之也。歆事二君，於義當爲《春秋》所誅絶，故凡於名節之事，務湮滅之，排擠之，如譏孔父、仇牧，貶宋恭姬之類皆是。息夫人尤以烈顯，故其《左傳》深文誣之，以爲一婦人而事二夫，可謂悍然不顧而敢於與孔子爲難者矣。僞《左》盛行，息夫人遂爲千古口實，後世桃花夫人之廟，瀆媟嫚神，問諸淫昏之鬼，誰使然乎？ 真令人拔劍髪指也！ 謂《大車》爲刺周大夫，亦望文生義。詳《左氏僞證》、《毛詩僞證》中。

君子謂懷嬴善處夫婦之間。《晉圉懷嬴傳》。

此傳，子政入之節義中，亦不言其有後事。然則《左氏》所言「懷嬴與焉」，「辰嬴嬖於二君」，亦與抑息夫人同意。

宣姜者，齊侯之女，衞宣公之夫人也。初，宣公夫人夷姜生伋子，以爲太子，又娶於齊曰宣姜，生壽及朔。《衞宣公姜傳》。

《左傳》以爲「衛宣公烝於夷姜」，又云「爲伋取於齊而美，公取之」，與此傳及《史記·衛世家》不合。誣宣公爲烝，又與誣懷嬴淫同。古人名節皆顛倒於歆手，後世以爲實事。若非今日其僞發露，古人之誣，竟無日申矣。詳《左氏僞證》中。

公使大夫宗婦用幣見大夫，夏甫不忌曰。《魯莊哀姜傳》。

《左傳》「夏甫不忌」作「御孫」。

以上《列女傳》。

是以《詩》正《關雎》，而《春秋》褒伯姬也。《雜事第一》。

《關雎》、伯姬之義並見前。

哀公曰：「然則五帝有師乎？」子夏曰：「有。臣聞黄帝學乎大真，顓頊學乎緑圖，帝嚳學乎赤松子，堯學乎尹壽，舜學乎務成。」《雜事第五》。

五帝與《大戴禮》、《史記》同。西漢以前無不如是，無以黄帝爲皇而添入少昊者也。辨見《史記經説足證僞經考》中。

子臧讓千乘之國，可謂賢矣，故《春秋》賢而褒其後。《節士第七》。

此《公羊》説也。子政習《穀梁》而用之，不得以「安其所習」相誣矣。《左氏》於「公孫會自鄸出奔宋」條下無傳，欲没「《春秋》賢讓國」與「善善從長」之義也。許悼公疾瘧，飲藥，毒而死。太子止自責，不嘗藥，不立其位，與弟緯專哭泣，啜餰粥，嗌不容粒，痛己之不嘗藥，未逾年而死。故《春秋》義之。《節士第七》。《左氏》曰「飲太子止之藥卒，太子奔晉」，則止之獄成矣。欲没《春秋》惡惡從短之義也。詳《左氏僞證》中。

衛宣公之子，伋也，壽也，朔也。伋，前母子也；壽與朔，後母子也。壽之母與朔謀，欲殺太子伋而立壽也，使人與伋乘舟於河中，將沈而殺之。壽知不能止也，因與之同舟，舟人不得殺伋。方乘舟時，伋傅母恐其死也，閔而作詩，《二子乘舟》之詩是也。其詩曰：「二子乘舟，汎汎其景，願言思子，中心養養。」於是壽閔其兄之且見害，作憂思之詩，《黍離》之詩是也。其詩曰：「行邁靡靡，中心摇摇，知我者謂我心憂，不知我者謂我何求。悠悠蒼天，此何人哉！」《節士第七》。

按：韓《詩》以《黍離》爲尹吉甫信後妻之讒而殺孝子伯奇，其弟伯封求而不得作。《太平御覽·人百一十》《百穀六》《羽族十》三引。義雖不同，而其事正與此絶類。故《説苑·奉使篇》、《韓詩外傳》八並引魏太子擊好《黍離》事。蓋於父子間借以爲諷，古義相傳，大略同也。至《毛詩》列於《王風》，韓以爲尹吉甫之《詩》，則毛編之《王風》或本韓舊歟。而以爲憫宗周，乃大謬矣。以《二子乘舟》爲伋、壽死後國人追憫之詩，亦不實。詳見《毛詩僞證》。

魯宣公者，魯文公之弟也。文公薨，文公之子子赤立爲魯侯。宣公殺子赤而奪之國，立爲魯侯。公子肹者，宣公之同母弟也。宣公殺子赤而肸非之。宣公與之禄，則曰：「我足矣，何以兄之食爲哉？」織屨而食，終身不食宣公之食。❶其仁恩厚矣，其守節也固矣。故《春秋》美而貴之。《節士第七》。

《左氏》宣十七年傳云：「冬，公弟叔肸卒，公母弟也。凡太子之母弟，公在曰公子，不在曰弟。凡稱弟，皆母弟也。」僅釋一「弟」字，而於此事若不知者，欲没《公羊》「興滅繼絶」之義也。《春秋》最重禮讓節義之士，故孔父、仇牧、荀息、蔡季、叔武、子臧、叔術、季札、叔肸皆詳録之。兩漢《公》、《穀》之學盛行，故上有伏節死義之臣，下多砥行立名之士，風俗淳厚，職此之由。《左氏》一出，於此等高節，大則加以譏彈，小則没其情實，而所録者乃唯是争奪相殺之事，奬借逆篡之謀，於是二千年之人心變壞極矣。子政《節士》一篇，斤斤言之，喪心子亦何以見若翁於地下乎！

仇牧聞君死，趨而至，遇萬於門，攜劍而叱之。萬臂擊仇牧而殺之，齒著於門闔。仇牧可謂不畏彊禦矣，趨君之難，顧不旋踵。《義勇第八》。

《左氏》於仇牧不下一褒語，而擠之與宋督並列，惡其不事二君也。杜注：「宋督不書，宋不以告。」猶欲假「赴告必書」之例以蔽曶大義，尤令人憤絶。

崔杼弑莊公，令士大夫盟者皆脱劍而入。言不疾、指不至盟者，死，所殺十人。次及晏子，晏子奉桮血，仰天歎曰：「惡乎！崔子將爲無道，殺其君。」盟者皆視之。崔杼謂晏子曰：「子與我，我與子分國；子不吾與，

❶「宣」，原作「襄」，據《新序》改。

吾將殺子。直兵將推之，曲兵將鉤之，唯子圖之！」晏子曰：「嬰聞回以利而背其君者，非仁也；刼以刃而失其志者，非勇也。」《詩》云：「愷悌君子，求福不回。」嬰可謂不回矣。直兵推之，曲兵鉤之，嬰不之回也。崔子舍之。晏子趨出，授綏而垂。其僕將馳，晏子拊其手曰：「虎豹在山林，其命在庖厨。馳不益生，緩不益死。」按之成節，然後去之。《詩》云「彼己之子，舍命不渝」，晏子之謂也。《義勇第八》。

《左傳》敘晏子事，與此文有勇怯之别矣。故由《左氏》而言之，則晏子一懦夫也，荀息一僉人也，孔父因妻得禍，無形色之義也，仇牧至門遇害，無叱萬之事也。贊趙盾之越竟乃免，託於孔子之言，謂篡逆之可末減也。實許止之行弑，欲因《春秋》之書葬，謂亂賊亦有時而不誅絶也。貶宋共姬，爲其由禮也，誣息夫人，爲其守節也。是皆明目張膽與孔子爲難，欲使萬世之名節埽地以盡，以文其貳君之罪也。

其後三年，文公遂再會諸侯以朝天子。天子錫之弓矢秬鬯，以爲方伯，《晉文公之命》是也。《權謀第九》。

按：此與《史記·晉世家》合。《書序》以爲平王錫文侯者，妄也。詳見《書序辨僞》中。

四嶽三塗。《權謀第九》。

此與《左氏》昭三年傳同，蓋《國語》原文尚無五嶽之謬説。

古者諸侯百里。《善謀第十》。

此與今文諸傳記合，無五百里、四百里、三百里、二百里之謬説也。

以上《新序》。

周公踐天子之位，布德施惠，遠而逾明。《君道》。

周公踐天子之位，皆歆杜撰以媚莽者，不足信。《史記·魯世家》、《列子·楊朱篇》皆有竄亂，辨見《古文尚書僞證》。歆本佞人，其自作傳，誣爲「以《左氏》難向，向不能非間」，蓋無父也甚矣。改易父書以申己說，乃其常事耳。

湯問伊尹曰：「三公，九卿，二十七大夫，八十一元士，知之有道乎？」《君道》。

此皆今學家言，非《周官》六卿之制也。

孔子曰：「文王似『元年』，武王似『春王』，周公似『正月』。文王以王季爲父，以太任爲母，以太姒爲妃，以武王、周公爲子，以泰顛、閎夭爲臣，其本美矣。武王正其身以正其國，正其國以正天下，伐無道，刑有罪，一動而天下正，其事正矣。春致其時，萬物皆及生。君致其道，萬人皆及治。周公戴己而天下順之，其成至矣。」《君道》。

《春秋》爲明義之書，非斷爛朝報也。「春王正月」之義，二傳備矣，未有若僞《左》之無理者。詳見《左傳僞證》。

三公者，所以參五事也。九卿者，所以參三公也。大夫者，所以參九卿也。列士者，所以參大夫也。故參而有參，是謂事宗。《臣術》。

辨見前。

周召公年十九，見正而冠。冠則可以爲方伯、諸侯矣。《建本》。

卿大夫無冠禮，天下無生而貴者。辨見《古文禮僞證》。

今隱公貪利而身自漁濟上，而行八佾。《貴德》。

按：「八」字當爲「六」字。《公羊傳》：「天子八佾，諸公六，諸侯四。」《左傳》以六佾爲合禮，僞説之妄也。

以宋殤公不知孔父之賢乎？安知孔父死，己必死，趨而救之？趨而救之者，是知其賢也。《尊賢》。

《左氏》欲掩孔父之義，故云「孔父爲司馬，十年十一戰」，又云「督攻孔氏，殺孔父而取其妻」。百般舞文，惡孔父之爲君子而已。以賢爲不賢，倒亂天常，疑惑後世，且誣孔子自貶其正直之祖父。無怪公孫禄請誅以慰天下也。

《春秋》之辭有相反者四。既曰「大夫無遂事，不得擅生事」矣，又曰「出竟可以安社稷、利國家者，則專之可也」。既曰「大夫以君命出，進退在大夫」矣，又曰「以君命出，聞喪徐行而不反」者。何也？曰：此四者各止其科，不轉移也。「不得擅生事」者，謂平生常經也；「專之可」者，謂救危除患也；「進退在大夫」，謂將帥用兵也；「徐行而不反」者，謂出使道聞君親之喪也。公子結擅生事，《春秋》不非，以爲救莊公危也。公子遂擅生事，《春秋》譏之，以爲僖公無危事也。故君有危而不專救，是不忠也。君無危而擅生事，是不臣也。傳曰：「《詩》無通故，《易》無通占，《春秋》無通義。」此之謂也。《奉使》。

此文本《春秋繁露·精華篇》，蓋公羊家説。《左氏》唯不知此義，故於宋之盟，貶叔孫豹爲違命也。夫《春秋》之義賾矣，曲學阿世之劉歆，烏足以知之？

文侯曰：「子之君何業？」倉唐曰：「業《詩》。」文侯曰：「於《詩》何好？」倉唐曰：「好《晨風》、《黍離》。」文侯自讀《晨風》，曰：「鴥彼晨風，鬱彼北林。未見君子，憂心欽欽。如何如何？忘我實多。」文侯曰：「子之君以我忘之乎？」倉唐曰：「不敢，時思耳。」文侯復讀《黍離》，曰：「彼黍離離，彼稷之苗。行邁靡靡，中心搖搖。知我者謂我心憂，不知我者謂我何求。悠悠蒼天，此何人哉！」文侯曰：「子之君怨乎？」倉唐曰：「不敢，時思耳。」《奉使》。

《黍離》非憫宗周《詩》。辨見前。

夫子行說七十諸侯，無定處，意欲使天下之民各得其所，而道不行，退而修《春秋》。采毫毛之善，貶纖介之惡，人事浹，王道備，精和聖制，上通於天而麟至。《至公》。

孔子改制應天之誼大矣。歆欲抑以斷爛朝報，❶蓋唯恐《春秋》之道不滅也。其不著此説也固宜。

八荒之内有四海，四海之内有九州，天子處中州而制八方耳。兩河間曰冀州，河南曰豫州，河西曰雍州，漢南曰荊州，江南曰揚州，濟南間曰兗州，濟東曰徐州，燕曰幽州，❷齊曰青州。《辨物》。

古祇有九州，其言十二州者，僞説也。辨見《漢書·王莽傳》。

五嶽者，何謂也？泰山，東嶽也；霍山，南嶽也；華山，西嶽也；常山，北嶽也；嵩高山，中嶽也。《辨物》。

古經傳皆言四嶽，其言五嶽者，僞説或竄入也。别詳《周官僞證》中。此亦其竄入者。

❶「報」，原作「服」，據文義改。

❷「幽」，原作「函」，據《説苑》改。

大旱則雩祭而請雨。《辨物》。

《公羊傳》「雩，旱祭也」，今文家説皆同。《左傳》「龍見而雩」，僞禮也。

《春秋》乃正天下之位，徵陰陽之失，直責逆者不避其難，是亦《春秋》之不畏强禦也。故刼嚴社而不爲驚靈，出天王而不爲不尊上，辭蒯聵之命而不爲不聽其父，絶文姜之屬而不爲不愛其母。其義之盡邪！其義之盡邪！《辨物》。

此《春秋》非常異義，所謂不可著之竹帛者也。漢大儒唯董仲舒、劉子政深知之。僞《左》摭拾皮毛，顛倒師説，芟夷大義如草木焉，而以云「義深於君父」，不亦妄乎！

夏，公如齊逆女，何以書？親迎，禮也。《修文》。

《左氏》此經無傳。《左氏》以爲「卿爲君逆，禮也」。

《春秋》曰：「正月，公狩於郎。」傳曰：「春曰蒐，夏曰苗，秋曰獮，冬曰狩。」苗者奈何？曰：苗者，毛也，取之不圍澤，不揜羣，取禽不麛卵，不殺孕重者。春蒐者，不殺小麛及孕重者。冬狩皆取之。百姓皆出，不失其馳，不抵禽，不詭遇，逐不出防。此苗、獮、蒐、狩之義也。故苗、獮、蒐、狩之禮，簡其戎事也。故苗者毛取之，蒐者搜索之，狩者守留之。夏不田何也？曰：天地陰陽盛長之時，猛獸不攫，鷙鳥不搏，蝮蠆不螫。鳥獸蟲蛇且知應天，而况人乎哉！《修文》。

此篇明言「夏不田」，又再釋名義皆不釋「獮」字，則本爲三田可知矣。作僞者以《左傳》之説羼入之，而不能彌縫其隙，蓋心勞日拙矣。觀此可信向書有爲歆竄亂者。

天子諸侯無事，則歲三田。一爲乾豆，二爲賓客，三爲充君之庖。《修文》。

三田之制，《公羊傳》兼采兩義，蓋皆古説也。詳見《左傳僞證》中。

以上《説苑》。

按：向、歆同校書。古文，向在前不見，歆在後乃見之，其僞固不待辨矣。難者曰：「向習《魯詩》、《穀梁》。漢人引經最重家法，則《毛詩》、《左傳》，向不引者，乃其家法之不同，非其耳目之未及也。」釋之曰：向本通學，無家法之可言。故向習《魯詩》而引《韓詩外傳》者甚多，習《穀梁》而引《公羊》者亦甚多。如《新序·節士篇》「子臧」一條即《公羊》之義，《義勇篇》「仇牧」一條即《公羊》之文。如向果以《毛詩》、《左傳》爲背家法故不引用，則《韓詩》、《穀梁》獨非背家法，而引用者何邪？向《魯詩》、《穀梁》之外兼引《韓詩》、《公羊》，而不及《毛詩》、《左傳》，則《毛》、《左》爲向時未有，斷斷矣。且向書時引《左傳》，其文同而義異者，如《新序·義勇篇》「晏子」事、《列女傳》四「伯姬」事之類。其同一事而文有小同異者，尤不可勝數。是向並非不見《左氏》，而與歆乖異如此，蓋向所采爲《國語》舊文，非歆改竄之《左傳》，情事最爲明確。而二千年無人細心剖析者，蓋僞書之難辨久矣。

附録：重刻僞經考後序

人無教則爲禽獸，故宜有教。孔子之教不遠人以爲道，故不可離。既爲人身矣，莫宜于孔子之教。孔子之教何在？在六經。内之窮理盡性以至于命，外之修身以至家國天下，及于鬼神山川草木咸得其所，故學者莫不宜爲經學。

雖然，今之談經者，浩浩若溟海，茫茫如沙漠，迷亂如《八陣圖》，乖迕無所從，障塞無所入，愈行而去愈遠。故青年授簡，白首窮經而未之能通，良有以也。于是弱者中廢，疑者徙居，悍者反攻。至于今也，並二千年教主之孔子而攻之，何有于所作之經！即未攻孔子，而政府布令于學官，已廢讀經，何有于經説！蓋孔教衰，人道廢，固由政俗致之。

方今四海棣通，百國寶書並出，新學有精深以利用前民，多中國所無而爲學者所必從事者，後生學子，分功並騖，既寡暇日，若又責以講汗牛充棟、浩如烟海、乖迂錯亂、迷如沙漠之經學，❶有以知其不能也。加以經生宿儒，日就凋謝，傳授無自，向若興歎，雖有好學者，不得其門而入，則厭倦乘之，終歸于廢盡經學而已。經學廢盡，則孔教毁，人道亡，吾滋懼焉。

---

❶「迂」，據下文疑當作「迕」。

夫推經學所以迷亂乖迕之由，蓋出于劉歆僞爲古學以亂真經之故。以劉歆僞經寫以古文，遂目真經爲今文，自漢季來，經學遂有「今文」、「古文」之異。今文者，西漢世立于學官，若《詩》則齊、魯、韓，《書》則歐陽、大小夏侯，《禮》則《儀禮》、大小戴《記》，《易》則施、孟、梁丘，《春秋》則《公羊》、《穀梁》，與夫齊、魯《論》，凡此皆孔子之真經，七十子後學之口説傳授；今雖有竄亂，然大較至可信據者也。古文者，毛氏《詩》，孔氏《書》，費氏《易》，《周禮》與《左氏春秋》，與其他名古文者及與古文證合者，皆劉歆所僞撰而竄改者也。鄭康成不辨今、古之真僞，和合今古，雜揉真僞，號爲經學之集成，實則僞古行而今文廢。于是孔子之微言絶，大義乖，大同太平之道闇塞而不明，孔經雖未全亡，然變亂喪失亦已甚矣。故宋人求之經，已有疑之，乃舍棄經而求之傳，得《論語》、《孟子》，至朱子選最粹之《大學》、《中庸》合爲《四書》，祧六經而代之，以教天下，垂範幾千年，雖多今文傳説，然實同于一隅割據偏安，迥非大一統之舊觀矣。及國朝高談漢學，祖述許、鄭，則不過揚僞古文之殘灰而已，于今文之真經説乃多疑難，豈非所謂「盜憎主人」耶！暨道、咸後，今學萌芽，然與僞經並行尊信，未能別白真僞，決定是非，令學者舍僞從真而知所從事也。

吾鄉亦受古文經説，然自劉申受、魏默深、龔定菴以來，疑攻劉歆之作僞多矣，吾蓄疑于心久矣。吾居西樵山之北銀塘之鄉，讀書澹如之樓，卧七檜之下，碧陰茂對，籐牀偃息，藏書連屋，拾取《史記》，聊以遮目，非以考古也。偶得《河間獻王傳》、《魯共王傳》讀之，乃無「得古文經」一事，大驚疑；乃取《漢書·河間獻王》《魯共王傳》對較《史記》讀之，又取《史記》、《漢書》兩《儒林傳》對讀之，則《漢書》詳言古文事，與《史記》大反，乃益大驚大疑。又取《太史公自序》讀之，子長自偁「天下郡國羣書皆寫副集于太史公，太史公仍世父子纂其業，乃緐金匱石室之藏，厥協六經異傳，整齊百家雜語」。則子長於中祕之書，郡國人間之藏，蓋無所不見；其生又當河間獻王、魯共王之後，有獻書開壁事，更無所不知；子長對此孔經大事，更無所不紀。然而《史記》無之，則爲劉歆之僞竄無疑也。加以師丹大怒，公孫禄、范升嚴劾，龔勝偁病，諸博士嚴拒，乃知古文之全爲僞，䁥然以解矣。于是以《史記》爲主，徧考《漢書》而辨之；以今文爲主，徧考古文而辨之。徧考周、秦、西漢羣書，無不合者。雖間有竄亂，或儒家以外雜史有之，則劉歆採擷之所自出也。于是涣然冰釋，怡然理順，萬理千條，縱横皆合矣。吾憂天下學者窮經之入迷途而苦難也，乃先撰《僞經考》，粗發其大端，俾學者明辨之，舍古文而從今文，辨僞經而得真經。

夫今文經説甚少，同條而不亂，一致而無歧，學者通之，至易至簡，讀三數月可通一經，數歲可通羣今文經，通不過十餘種，所謂用力少而畜德多，孔子之微言大義昭然發矇矣。視向之爲經學者，徧讀正續《皇清經解》、《經義考》、《通志堂經解》、《經苑》及《四庫全書提要·經部》諸書凡萬千種，其倍于今文經説以千百計，窮年不能畢其業，皓首不能言其故，迷亂支離，乖迕不可究詰，較其所得，豈不遠哉！

今世亦有好學深思之士，談今古之辨，或闇有相合者。惜其一面尊今文而攻古文，一面尊信僞《周官》以爲皇帝王霸之運，矛盾自陷，界畛自亂，其他所在多有，脈絡不清，條理不晰，其爲半明半昧之識，與前儒雜揉今古者無異。何以明真教而導後士！或者不察，聽其所言，則觀其尊僞《周禮》一事，而知其道不相謀，翩其反而也。

當《僞經考》初出時，海内風行，上海及各直省翻印五版。徐研甫編修仁鑄督湖南學，以之試士。時湘士莫不誦讀，或攜入場屋，又有以分贈英、美、日本書藏，吾亦以之進呈睿覽矣。然篤守許、鄭之徒則怒而相攻，甚至朝野譁然。時吾尚以諸生試場屋，侍郎汪鳴鑾，于典粵試者授以《僞經考》，令其途中熟讀，遇持是説者則黜勿中，而吾持説不改。張文襄請吾勿攻古文，願養弟子以萬鍾，辨達旦。吾謂：「置總督于古今經學中，不能比太倉之一粟，吾豈能以大教真經所繫易之也！」于是御史褚成博草疏，交給事中余聯沅劾于朝，請焚《僞經考》，革舉人，且禁吾講學，比于太公之誅華士，❶孔子之誅少正卯。章下粵督李瀚章查辦。李文忠公、翁文恭公及故人黄紹基仲弢、文廷式道希兩學士、沈郎中曾植子培與夫曾編修廣鈞重伯，多爲余緩頰，乃僅得免，然猶燒版。已而戊戌難作，僞旨特毁此書版。及庚子，將立溥雋，廢德宗，又再奉僞旨毁此書版。于是此書絶迹于天下蓋二十年矣。

丁巳，復辟既敗，幽居于美森院。悼經學之墮地，憂僞古之亂真，慮後學之迷難，乃搜訪原本，重刻是書而敘其本末。夫古今一書之成，寡有忤朝意歷三焚者。凡物所遇至險難，其所發亦至久。嗚呼！今何時耶，其可援此例耶！然苟孔教猶存，聖經具在，則吾此考必爲後士信據，必不能滅。

孔子二千四百六十八年丁巳十月，康有爲序于京師美使館之美森院。

❶「太公」，原作「太史公」，據文義改。

「《儒藏》精華編選刊」選目

經部

周易鄭注
漢魏二十一家易注
周易注
周易正義
周易口義（與《洪範口義》合册）*
温公易説（與《司馬氏書儀》《孝經注解》《家範》合册）
漢上易傳
誠齋先生易傳
易學啓蒙
周易本義
楊氏易傳
易學啓蒙通釋
周易本義附録纂注
周易啓蒙翼傳
易纂言
周易本義通釋
易經蒙引
周易述
周易述補（江藩）（與李林松《周易述補》合册）
周易述補（李林松）
易漢學
御纂周易折中
周易虞氏義
雕菰樓易學
周易集解纂疏
周易姚氏學
尚書正義（全二册）
鄭氏古文尚書
洪範口義
書傳（與《書疑》《尚書表注》合册）
書疑
尚書表注
書纂言
尚書全解（全二册）
尚書要義

讀書叢説
書傳大全(全二册)
古文尚書攷(與《九經古義》合册)
尚書集注音疏(全二册)
尚書後案
毛詩注疏
詩本義
吕氏家塾讀詩記
慈湖詩傳
詩經世本古義(全四册)
毛詩稽古編
毛詩説
毛詩後箋(全二册)
詩毛氏傳疏(全三册)
詩三家義集疏(全三册)
儀禮注疏

儀禮集釋(全二册)
儀禮圖
儀禮鄭註句讀
儀禮章句
儀禮正義(全六册)
禮記正義
禮記集説(衛湜)
禮記集説(陳澔)(全二册)
禮記集解
禮書
五禮通考
禮經釋例
禮經學
司馬氏書儀
春秋左傳正義(全五册)
左氏傳説

左氏傳續説
左傳杜解補正
春秋左氏傳賈服注輯述
春秋左氏傳舊注疏證(全四册)
春秋左傳讀(全二册)
公羊義疏
春秋穀梁傳注疏
春秋集傳纂例
春秋權衡(與《七經小傳》合册)
春秋集注
春秋經解
春秋胡氏傳
春秋尊王發微(與《孫明復先生小集》合册)
春秋本義
春秋集傳

春秋集傳大全(全三册)
孝經注解
孝經大全
白虎通德論
七經小傳
九經古義
經典釋文
群經平議(全二册)
新學僞經考
論語集解(正平版)
論語義疏
論語注疏
論語全解
論語學案
孟子注疏
孟子正義(全二册)

四書集編(全二册)
四書纂疏(全三册)
四書集註大全(全三册)
四書蒙引(全二册)
四書近指
四書訓義
四書賸言
四書改錯
四書説
廣雅疏證(全三册)
説文解字注

史部

逸周書
國語正義(全二册)
貞觀政要

歷代名臣奏議
御選明臣奏議(全二册)
孔子編年
孟子編年
陳文節公年譜
慈湖先生年譜
宋名臣言行録
伊洛淵源録
道命録
考亭淵源録
道南源委
聖學宗傳
元儒考略
理學宗傳
明儒學案
宋元學案

四先生年譜
洛學編
儒林宗派
程子年譜
學統
伊洛淵源續録
豫章先賢九家年譜
閩中理學淵源考（全三册）
清儒學案
經義考
文史通義

子部

孔子家語（與《曾子注释》合册）
曾子注釋
孔叢子
新書
鹽鐵論
新序
説苑
太玄經
論衡
昌言
傅子
大學衍義
大學衍義補
朱子語類
龜山先生語録
胡子知言（與《五峰集》合册）
木鐘集
西山先生真文忠公讀書記
性理大全書（全四册）
居業録
困知記
思辨録輯要
家範
小學集註
曾文正公家訓
勸學篇
仁學
習學記言序目
日知録集釋（全三册）

集部

蔡中郎集
李文公集
孫明復先生小集
直講李先生文集

歐陽脩全集
伊川擊壤集
元公周先生濂溪集
張載全集
温國文正公文集
公是集（全二册）
游定夫先生集
和靖尹先生文集
豫章羅先生文集
梁溪先生文集
斐然集（全二册）
五峰集
文定集
渭南文集
誠齋集（全四册）
晦庵先生朱文公文集

東萊吕太史集
止齋先生文集
攻媿先生文集
象山先生全集（全二册）
陳亮集（全二册）
絜齋集
文山先生文集（全二册）
勉齋先生黄文肅公文集
北溪先生大全文集（全二册）
西山先生真文忠公文集
鶴山先生大全文集
閑閑老人滏水文集
郝文忠公陵川文集
仁山金先生文集
静修劉先生文集
雲峰胡先生文集

許白雲先生文集
吴文正集（全三册）
道園學古録　道園遺稿
師山先生文集
曹月川先生遺書
康齋先生文集
敬齋集
涇野先生文集（全三册）
重鐫心齋王先生全集
雙江聶先生文集
歐陽南野先生文集（全二册）
念菴羅先生文集（全二册）
正學堂稿
敬和堂集
涇皋藏稿
馮少墟集

高子遺書
劉蕺山先生集（全二册）
霜紅龕集（全二册）
南雷文定
桴亭先生文集
西河文集（全六册）
曝書亭集
三魚堂文集外集
紀文達公遺集
考槃集文録
復初齋文集
述學
揅經室集（全三册）
劉禮部集
籀廎述林
左盦集

出土文獻

郭店楚墓竹簡十二種校釋
上海博物館藏楚竹書十九種校釋（全二册）
秦漢簡帛木牘十種校釋
武威漢簡儀禮校釋

*合册及分册信息僅限已出版文獻。